khul-khaal

Bransolety Egipcjanek

Nayra Atiya

khul-khaal
Bransolety Egipcjanek

Przekład:
Agnieszka Nowak

smak słowa

Sopot 2008

Tytuł oryginału: *Khul-khaal. Five Egyptian Women Tell Their Stories*

Wydanie pierwsze w języku polskim

Edytor: Anna Świtajska
Redakcja i korekta: Magdalena Kossak i Anna Mackiewicz
Projekt graficzny książki: Intergraf Gdańsk
Projekt okładki: Agnieszka Wójkowska
Zdjęcie na okładce: Yi Nam Jahe
Motyw arabski wykorzystany w książce © Dover Publications, Inc.

Dziękujemy butikowi orientalnemu Kardamon z Sopotu (Krzywy Domek) za udostępnienie rycin.

Wszystkie wyrazy arabskie zostały zapisane w transkrypcji, aby ułatwić polskiemu
Czytelnikowi ich wymowę. Zostawiono jedynie zapis tytułowego Khul-khaal (chulchal)
ze względu na zachowanie spójności polskiego wydania z edycjami w innych językach.
Dziękujemy Katarzynie Górak-Sosnowskiej i Dalii Nazmi za wykonanie transkrypcji.

ISBN 978-83-925897-1-6

Wskazówki dla bibliotekarzy: 1/ literatura 2/ biografie 3/kultura Bliskiego Wschodu

Druk: Druk Intro
ul. Świętokrzyska 32, 88-100 Inowrocław

Smak Słowa
ul. Fiszera 15/1b, 81-784 Sopot
tel./fax 58 551 01 98
www.smakslowa.pl

Spis treści

Przedmowa do polskiego wydania

Świat arabski stanowi konglomerat wzorów i zjawisk, do dzisiaj na jego obszarach przetrwało wiele dawnych zwyczajów. Ich symbolem jest *khul-khaal* (chulchal), niezamknięta bransoleta na nodze kobiety, ze złota lub srebra, pobrzękująca na każdym kroku. *Khul-khaal* wprowadza w tajniki kobiecości w Egipcie i na ziemiach arabskich, wraz ze wszystkimi zawiłościami i rozległą problematyką. Oznacza żywą tradycję, od dawien dawna zdobiąc kobiece kostki widoczne spod ludowych galabijji. Dzisiaj dla Egipcjanek ubranych na modłę zachodnią czy po islamsku w hidżaby (długie płaszcze i chusty) *khul-khaal* jest biżuterią anachroniczną, choć pociągającą – jeśli zdobią nim nogi, stanowi to stylizację na dawną modę. *Khul-khaal* otwiera perspektywę na wiele znaczeń: gruby i ciężki wskazuje na majątek i brzemię zobowiązań jego właścicielki, swoimi rozmiarami podkreślając jej kruchość i słabość jako atrybuty kobiecości.

W okresie globalizacji świat styka się coraz częściej z islamem, nic dziwnego więc, że kobieta z tego obszaru budzi rosnące zainteresowanie. Wciąż pociąga swoją zagadkowością, zachęcając do romantycznych westchnień nad jej losem i urodą. Mówiąc z pewną emfazą: pół świata jej współczuje, a drugie pół ją podziwia. Jej tajemniczość wynika jednak w pierwszym rzędzie ze słabej przystawalności do wzorów kultury zachodniej. Tradycyjnie jest postrzegana jako zależna od mężczyzny i poddana jego decyzjom. Tego wymaga patriarchalizm odziedziczony przez świat arabski po starożytnym Wschodzie. Patriarchalizmem przesiąknęło też arabskie prawo zwyczajowe o beduińskim rodowodzie, powstałe na długo przed islamem jako kanon życia pustynnej Arabii. W jego ramach oczywiste było, że honor wymaga, aby rodzinę utrzymywał mężczyzna, który szukając po temu środków wśród piasków pustyni i walk plemiennych, uzależniał swoje kobiety. Wzorzec patriarchalny umacniał się wśród Beduinów, bardzo wrażliwych na punkcie honoru, jak wszelkie ludy pasterskie. Modulowany był następnie przez kulturę islamu, rozwijającą się wraz z powstaniem tej religii w 622 roku. Islam wchłonął wiele z kodeksu zwyczajowego wcześniejszego okresu, lecz otaczającemu światu nadawał nowe, bardziej oświecone oblicze, tworząc zręby cywilizacji. Podniósł też rangę kobiety, uznając ją za równą mężczyźnie. Jako ostatnia z religii uniwersalnych, rozwijając się po linii judeochrześcijańskiej, utrzymał patriarchat, dowodząc przy tym, że kobieta nie jest gorsza od mężczyzny, ale słabsza fizycznie oraz bardziej skłonna do emocji, dlatego też potrzebuje jego opieki. Jeśli opieka przeobraża się w rodzaj uzależnienia, jest to niezgodne z Koranem i prawem islamu. Przy tym owo prawo ściśle określa męskie obowiązki, kładąc nacisk na ich wymiar materialny. Tak jak to było od niepamiętnych czasów, mężczyzna jest zobowiązany do utrzymania żony i rodziny, a nawet – jak dowodzą czasem prawnicy – powinien jej zapewnić nie gorszy status majątkowy, niż miała w domu ojca. Prawo zabrania mężowi oczekiwać, nawet od majętnej małżonki, partycypowania w kosztach utrzymania domu. Mężczyzna wydaje krocie na ceremonie ślubne i prezenty dla narzeczonej. Prawo się ich nie domaga, stawia proste wymogi. Wystarczy, że małżonkowie spiszą umowę ślubną, po czym mężczyzna zabiera żonę do siebie (zgodnie z zasadą patrylokalizmu kobieta po ślubie zawsze przenosi się do domu męża) i rozpoczyna z nią życie małżeńskie. Najczęściej jednak związek powstaje stopniowo i jest to złożony proces – jedno wielkie pasmo rytuałów i ceremonii. Proces ten dopiero od zaręczyn i narzeczeństwa prowadzi do spisania umowy ślubnej, *katb el-kitab*, w której wyniku kobieta i mężczyzna zostają małżonkami pod względem prawnym, choć ich małżeństwo nie może być jeszcze dopełnione fizycznie, chyba że zaraz nastąpi wesele i noc poślubna. Może też minąć jakiś czas od podpisania umowy do uroczystości weselnych, okres, w którym rodziny zbierają pieniądze na mieszkanie dla państwa młodych. W trakcie oczekiwania na dalsze ceremonie małżonkowie zachowują się jak narzeczeni, a kobieta pozostaje dziewicą do owej nocy swojego życia. Dziewictwo młodych, wychodzących za mąż kobiet jest tak zasadniczą sprawą w życiu rodzinnym i społecznym, że tradycyjna defloracja stanowi jeden z wielkich obrzędów inicjacyjnych, a jej znaczenie ma uzasadniać drastyczny przebieg wydarzenia. Trudno sobie bowiem wyobrazić rozmiary tragedii, jaką przeżywa rodzina dziewczyny, która okazuje się nie być dziewicą. Spada na nią hańba, a mężczyzna rozwodzi się z kobietą, która przecież w świetle prawa jest już jego żoną. Warto dodać, że współcześnie zwyczaje związane z defloracją w krajach arabskich łagodnieją, a noce poślubne małżonków przypominają te na całym świecie. Upraszcza się cały proces ceremoniałów ślubnych (co słusznie zauważa jedna z bohaterek książki) i słabnie presja tradycji.

Wiele z niej jednak pozostało, wciąż jest punktem odniesienia dla dzisiejszych małżeństw. Jak dawniej, w czasie ceremoniałów brzęczy złoto, a mężczyzna ponosi wysokie koszty. Dziewczęta egipskie, jak i inne arabskie, nadal dostają cenną biżuterię od swoich narzeczonych. Symbolem niemal tej rangi, co *khul-khaal*, jest *szabka*, bransoleta zaręczynowa, pierwszy prezent, jaki mężczyzna wręcza narzeczonej. Owa bransoleta zazwyczaj jest pokaźnych rozmiarów, wykonana ze złota i tradycyjnie zwieńczona kwiatem ze szlachetnych kamieni. Współcześnie *szabka* może obejmować jeszcze kolczyki, pierścionki, łańcuszki, a jej rozmiary z biegiem czasu wzrastają. Nie wszystkich mężczyzn pragnących się zaręczyć stać jednak na drogie klejnoty, dlatego jedna z kobiet, wspominających na kartach książki swoją historię, otrzymuje bransoletę filigranową.

Tradycyjne zaręczyny to huczna uroczystość, niemal tej rangi, co wesele, z udziałem wielu gości, zajadających słodycze i owoce oraz popijających sorbety (oczywiście bezalkoholowe) za zdrowie państwa młodych. Dzisiaj prezent zaręczynowy bywa wręczany na skromniejszym spotkaniu, w restauracji czy w domu. *Szabka* to początek drogi usianej złotem, którą dziewczyna zmierza do ślubu. Nieubłagane prawo zwyczajowe wymaga, aby przyszły mąż obdarowywał ją nadal złotą biżuterią, a kobieta zyskuje w ten sposób sporych rozmiarów majątek, którym się cieszy i szczyci. Otrzymane złoto raduje jej serce i budzi zazdrość przyjaciółek czy rywalek. W tamtym kręgu kulturowym kobiety stroją się i zdobią dla innych kobiet, spędzają bowiem wiele czasu we własnym gronie.

Kobieta dysponuje swoim złotem i majątkiem w sposób suwerenny. Po okresie przedmuzułmańskim, w którym niczego nie dziedziczyła – a nawet po śmierci męża mogła wraz z całym dobytkiem przejść w ręce spadkobiercy – islam przyznał jej niezbywalne prawa majątkowe. Wprawdzie na barkach mężczyzny spoczywa cały ciężar utrzymania rodziny, ale majątek dziedziczą oboje po połowie. Życie jednak jest życiem, toteż w razie potrzeby zamężna kobieta wyciąga swoje bransolety czy pierścionki, aby w ten sposób pokryć nieodzowne domowe wydatki (jak czyni to jedna z bohaterek książki).

Obdarowywanie narzeczonej złotem to zaledwie wstęp do największego wydatku, jaki czeka mężczyznę zamierzającego się ożenić. Ten wydatek łączy się z darem ślubnym, który właściwie jest rodzajem męskiego posagu, znanego powszechnie pod mianem *mahr*, jaki mąż wnosi do związku. Ongiś ów męski posag przyjmował postać rzeczową; współcześnie jest to z reguły kwota pieniężna, tak wysoka, że mężczyźni z niezamożnych rodzin odkładają ją przez całe lata. Zgodnie z Koranem *mahr* należy do kobiety, a tradycyjnie przez wieki dysponowali nim ojcowie dziewcząt wydawanych za mąż. Współcześnie zmieniła się jego funkcja. Zazwyczaj jest przeznaczany na urządzenie domu państwa młodych, a rodzina żony wnosi do związku nowożeńców podobną sumę. *Mahr* jednak pełni wobec kobiety jeszcze większą funkcję ochronną niż złote upominki, ponieważ z reguły dzieli się tę wartość na dwie części: jedną wypłacaną przy zawieraniu związku i drugą zagwarantowaną na wypadek rozwodu.

Kiedy mężczyzna rozwodzi się z kobietą – nawet jeśli to ona inicjuje rozwód, dowodząc winy męża – wypłaca jej część *mahr*, ustaloną w umowie ślubnej. Nie zawsze można łatwo i polubownie wyegzekwować tę należność, przeciągają się negocjacje obu rodzin, trwają procesy sądowe. Wypłata obiecanej części *mahr* może być nie lada problemem dla niezbyt zamożnego mężczyzny. Toteż młoda kobieta, która opowiada swoją historię w tej książce, w zamian za obietnicę rozwodu od swojego starego męża, zwanego Libijczykiem, darowuje mu dług, a tym samym zrzeka się *mahr*.

Kobieta arabska ma wszelkie dane po temu, aby być piękną i bogatą. Czy będzie szczęśliwa? Choć islam dopuszcza poligamię, w egipskim domu nie ma już rywalek w postaci kolejnych żon. Książka sugeruje, że monogamia w Egipcie stała się faktem. Poza jednym przypadkiem, w którym mężczyzna wydaje się mieć dwie żony (Umm Jehja i Umm Fuad), trudno doszukać się tutaj związków poligamicznych. W najbardziej konserwatywnych rodzinach wszystkie dzieci wydają się pochodzić ze związków monogamicznych rodziców.

Mimo to autorki wspomnień mają trudne i burzliwe życie. Już w dzieciństwie stykają się z tak drastyczną formą inicjacji, jaką stanowi żeńskie obrzezanie. Nie udaje się ustalić, skąd dokładnie wywodzi się ten zwyczaj. Wiadomo, że występował od najdawniejszych czasów na obszarach Afryki i starożytnego Wschodu. Współcześnie obrzezanie przybiera albo postać klitoridektomii – skrócenia warg sromowych (o czym mowa w książce), albo infibulacji – zabiegu ingerującego głębiej w kobiece narządy rodne. Nic dziwnego, że opisy tego zabiegu zajmują tak wiele miejsca w książce, skoro większość Egipcjanek poddawanych jest obrzezaniu. Kobiety ze zgrozą wspominają swoje przeżycia związane z zabiegiem; były wówczas małymi, ale świadomymi dziewczynkami, oczekującymi tego wydarzenia z dumą – jako inicjacji w dorosłość – i ze strachem. Przyświeca temu wiara, że bez obrzezania nie ma małżeństwa, a mężczyzna nie zechce kobiety, która przez to nie przeszła. Autorki wspomnień wierzą i nie wierzą, że operacja ogranicza popęd seksualny, czym też się ją czasem motywuje. Własne traumatyczne przeżycia zniechęcają wreszcie którąś z mężatek do pomysłu obrzezania córki. Zabiegu nie domaga się islam, zachował się on z dawnych czasów na jego obszarach.

Szczęściem i trudem dla kobiety jest wielopokoleniowa i wielodzietna rodzina, ukształtowana zgodnie z tradycją beduińską i muzułmańską. Od najdawniejszych czasów liczne potomstwo było gwarantem przetrwania plemion czy rodów. Dzieci w świecie arabskim, w tym w Egipcie, są zawsze pożądane, niezależnie od warunków i okoliczności. I ojców, i matki na myśl o każdym spodziewanym potomku ogarnia błogie poczucie szczęścia. Uczucia te podzielają opisywane w książce rodziny, choć są tak biedne i borykają się z nieustannymi kłopotami. Z tradycji i ubóstwa wywodzą się sfery obyczajowości nieznane w zachodnim kręgu kulturowym. Należy do nich zwłaszcza zwyczaj endogamii, zgodnie z którym zawiera się małżeństwa pomiędzy kuzynami pierwszego stopnia. To, co na Zachodzie i zgodnie z myślą chrześcijańską jest kazirodztwem, na obszarach islamu uchodzi za pożądaną normę obyczajową. Najlepszymi kandydatami do małżeństwa są *ibn amm* – brat stryjeczny i *bint amm* – siostra stryjeczna oraz *ibn chal* – brat cioteczny i *bint chal* – siostra cioteczna, w różnych kombinacjach tych par. W zamierzchłych czasach takie związki sprzyjały spójności wspólnot plemiennych i rodzin, nie zmuszały też do dzielenia posiadanych dóbr. Małżeństwa między kuzynostwem cieszą się powodzeniem od czasów przedmuzułmańskich (nie promuje ich islam, lecz prawo zwyczajowe) po dzień dzisiejszy. Brat stryjeczny czy cioteczny ma prawo pierwszeństwa do ręki kuzynki, która oczekuje jego oświadczyn. W bardziej tradycyjnych środowiskach ojciec dziewcząt na wydaniu i chłopców dojrzałych do ożenku, odstępując od tej zasady, może rozsierdzić krewnych i ściągnąć na siebie ich gniew. Współcześnie rządy państw arabskich uciekają się do zakazywania małżeństw kuzynowskich, lecz prawo zwyczajowe jest tak silne, że zakazy nie do wszystkich docierają. Rodziny też już nie zmuszają swoich dzieci do poślubiania kuzynów i kuzynek, ale cieszą się, jeśli takie pary mają się ku sobie, licząc, że dojdzie do małżeństwa. Poza dawną tradycją, w której tak popularne były małżeństwa kuzynowskie, przetrwał sposób zwracania się do teściowych „ciotko" i do teściów „wujku".

Poślubić brata stryjecznego w wieku kilkunastu lat to uczynić zadość najbardziej tradycyjnym zwyczajom, jakie można spotkać we współczesnym świecie arabskim, co egzemplifikuje tekst książki. Coraz trudniej spotkać kobiety wydane tak wcześnie za mąż, zasada przymusu matrymonialnego wobec nieletnich prawie zanikła. Powraca w warunkach skrajnej nędzy czy wśród rodzin oderwanych od uwarunkowań cywilizacji. O małżeństwach niedorosłych dziewczynek przesądza strach przed utratą honoru oraz niedobory środków do życia. Nie zagraża już to, że młodziutka mężatka, tracąc dziewictwo „legalnie" i raz na zawsze, złym prowadzeniem się przyniesie ujmę rodzinie, nie będzie też dla niej ciężarem, ponieważ jej utrzymanie spoczywa na barkach męża.

O poczuciu więzi rodzinnych świadczą w krajach arabskich toponimy, formy zwracania się do kobiet i mężczyzn. Obok imienia i nazwiska, które jest przeważnie imieniem ojca, używane są także przydomki, takie jak *abu* – ojciec oraz *umm* – matka. Powstają one, gdy rodzi się dziecko. Stąd wywodzą się przydomki spotykane na kartach tej książki: Abu Jusuf – Ojciec Jusufa i Umm Gad – Matka Gada. Ongiś w ogóle nie należało zwracać się do kobiety jej imieniem, lecz tylko przy użyciu przydomka; zwyczaj ten jest jeszcze przestrzegany na konserwatywnych obszarach arabskich, nie obowiązuje już w Egipcie. Mimo to przydomki są bardzo popularne.

Przy wszystkich swoich ograniczeniach i trudnościach kobiety egipskie, jak wynika z opowiadanych przez nie historii, to silne osobowości i wręcz indywidualności, zdolne walczyć o swoje sprawy i zdobywać to, co chcą. Jak widać na przykładzie Dunii i Libijczyka, Egipcjanki potrafią sobie radzić z tak trudnym, wydawałoby się, zwyczajem „męskiego" rozwodu. Mężczyźni mogą się rozwodzić, używając krótkiej formułki: „Rozwodzę się z tobą", wypowiedzianej gdziekolwiek i kiedykolwiek. Jednak nie lubią korzystać z tego prawa, ponieważ rozwód oznacza wielką stratę – rozpad małżeństwa, zawartego z takim trudem, ponadto uwikłanie w roszczenia finansowe rozwódki. Kobiety rozwodzą się na drodze procesów sądowych. Niechętnie jednak uciekają się do drogi prawnej, wolą nagabywać o rozwód męża, który w końcu, zniechęcony uporem żony i z urażoną dumą, spełni życzenie i wypowie formułkę rozwiązującą małżeństwo. Jak widać, kobiety potrafią opierać się rodzinom, odrywać od nich i żyć samodzielnym życiem, co kiedyś było nie do pomyślenia. Konflikty, w jakie popadają ze swoimi ojcami i mężami, są odzwierciedleniem walki starych i nowych czasów, tradycji i nowoczesności, kultury zakorzenionej w plemienności i postępujących procesów cywilizacyjnych.

Do najbardziej drastycznych zwyczajów opisanych w tej książce należy zemsta rodowa, spotykana zwłaszcza w Górnym Egipcie i w niektórych wsiach innych obszarów. Jest to rodzaj vendetty, w której ramach dwie rodziny nieustannie bilansują swoje straty: zabójstwo kogoś z krewnych wymaga odwetu. Gdy zdarza się takie zabójstwo, rodzina zabitego stara się je bezwzględnie pomścić, ścigając winnego do utraty tchu; a jeśli zabójca umrze śmiercią naturalną, to pomsta sięga jego dzieci, co jest zresztą ulubionym tematem egipskiej telenoweli. Te krwawe i drastyczne zwyczaje przez większość samych Egipcjan poczytywane są za trudne do uwierzenia kuriozum obyczajowe.

Ubóstwo materialne znajduje rekompensatę w sferze życia duchowego, które wyraża się w dwóch kontrowersyjnych dzisiaj dziedzinach: religii i magii. Meczet zajmuje centralne miejsce w architekturze terenu, jest punktem odniesienia i drogowskazem dla mieszkańców. Muzułmanie modlą się zazwyczaj z wielkim zaangażowaniem, co polega na recytacji Koranu; szczególnie często odmawia się *Al-Fatiha* (jak to czyni jedna z bohaterek), czyli pierwszy, krótki rozdział Koranu.

Z islamu wywodzi się również jeden z najpopularniejszych przydomków występujących w Egipcie: *hagg* (w innych krajach arabskich *hadżdż*), który znaczy „pielgrzym" i jest oznaką szacunku dla kogoś, kto odbył pielgrzymkę do Mekki. Przyjęło się obdarzać tym przydomkiem mężczyzn starszych (a także kobiety, nazywane *hagga*), wymagających poszanowania, nawet gdy nie wiadomo, czy kiedykolwiek odwiedzili najświętsze miasto islamu, a jeśli nawet nie, zakłada się, że może to przecież nastąpić (taką postacią jest Libijczyk – *Hagg Ali*).

Życie religijne Egiptu, podobnie jak wielu innych krajów arabskich, nie sprowadza się tylko do islamu, mieszkają tu również chrześcijanie, a enklawy ludności chrześcijańskiej spotyka się zwłaszcza na południu. Obie grupy religijne starają się zachować swoją tożsamość. Muzułmaninowi wolno poślubić kobietę wyznającą religię monoteistyczną, a więc chrześcijankę lub żydówkę, muzułmanka może wyjść za mąż tylko za wyznawcę islamu. Chrześcijanie, będący w mniejszości, w trosce o swoją wspólnotę nie tolerują małżeństw poza własnym kręgiem religijnym, dlatego też chrześcijańska dziewczyna z El-Minji, imieniem Salwa, nie ma szans na rozwój znajomości z muzułmańskim chłopcem; jej rodzina dochowa wierności zasadom swojego kościoła.

Codzienne życie otwiera perspektywy na świat magii, w którym poszukuje się sposobów na poradzenie sobie z losem, odwrócenie złych uroków i dokuczliwych mocy, zapewnienie pomyślności. Szczególnie wiele trosk przysparza wiara w złe oko, w języku arabskim „zawistne” (*hasad*), co wynika z przekonania, że może ono zniszczyć zdrowie i szczęście. A przecież tego szczęścia tak bardzo owym egipskim kobietom potrzeba... W Egipcie jednak zawsze można znaleźć czarownika, który za parę groszy zechce pomóc w kłopotach, najczęściej wypisze amulet czy talizman, co wyzwala przynajmniej z poczucia bezradności i daje nadzieję.

Wspomnienia pięciu kobiet, które przeżyły tak wiele, mogą głęboko poruszyć, zwłaszcza że relacjonują one autentyczne wydarzenia, roztaczając perspektywę na tajniki odmiennej i budzącej coraz większe zainteresowanie kultury. Tym samym książka przynosi też godne uwagi studium obyczajowe.

Ewa Machut-Mendecka

Słowo wstępne

„Pewnego dnia, kiedy byłam młodą dziewczyną, obudziłam się (...) i spostrzegłam, że jestem już dorosła" – tak rozpoczyna swoją opowieść Umm Gad. „Byłam zupełnie sama. Nie miałam ani brata, ani siostry, ani ciotki ze strony matki, do których mogłabym się zwrócić w potrzebie, ani ciotki ze strony ojca, którą mogłabym poprosić o pomoc". Jej opowieść to szczegółowy opis naznaczonego nieszczęściem życia egipskiej kobiety – śmierci kilkorga dzieci, ciężkiej pracy męża, a także trudu włożonego w wychowanie pozostałych dzieci oraz zapewnienie im dobrych małżeństw i udanego życia zawodowego. Umm Gad i jej mąż Omar pilnują samochodów zaparkowanych w podziemiach apartamentowca w zamożnej dzielnicy Kairu. Żeby podreperować skromny domowy budżet, Omar wykonuje drobne naprawy i załatwia sprawunki na zlecenie lokatorów, a Umm Gad pomaga w myciu samochodów i pracuje jako sprzątaczka.

Historia Umm Gad jest jedną z pięciu opowieści przedstawionych na stronach tej książki. Tym, co łączy ich bohaterki, jest fakt, że obecnie wszystkie mieszkają w dużym mieście, chociaż cztery spośród nich pochodzą z dużo mniejszych społeczności wiejskich. Pod tym względem ich losy odzwierciedlają charakterystyczną dla współczesnego Egiptu migrację mieszkańców wsi do dużych aglomeracji miejskich. Wszystkie te kobiety w taki czy inny sposób starają się przetrwać w twardych wielkomiejskich realiach. Cztery z nich pochodzą z niższych warstw społecznych, piąta zaś reprezentuje klasę średnią. W Egipcie klasa społeczna jest pojęciem niezwykle złożonym, odbiegającym od zachodniego rozumienia tego terminu. Chociaż obejmuje ono takie czynniki, jak wysokość dochodów, zawód i styl życia, to jednak najważniejsza różnica między klasą średnią a warstwami niższymi wiąże się z poziomem wykształcenia. Trzy spośród naszych bohaterek nie odebrały niemal żadnego wykształcenia; czwarta opuściła szkołę po ukończeniu szóstej klasy. Tylko Alice kontynuowała naukę w szkole średniej. Żadna z tych kobiet nie wstydzi się poziomu swojego wykształcenia. Umm Naima zapewnia, że „mądrość i wiedza [ludzi z naszych stron] sięgają głęboko". Chce przez to powiedzieć, że prości ludzie doskonale orientują się w tym, co jest ważne w ich życiu codziennym. Przedstawiciele niższych warstw społecznych podejrzewają, że formalne wykształcenie, które po ukończeniu uniwersytetu zapewnia co najwyżej słabo płatną pracę urzędniczą, nie zawsze jest warte włożonego w nie wysiłku. Jednak Umm Gad pragnie, aby w przyszłości jej dzieci znalazły bezpieczne posady urzędników państwowych. Dunia uważa, że „ludzie przychodzą na świat z określonym potencjałem mądrości" i ani wykształcenie, ani doświadczenie życiowe nie mogą rozwinąć w nich takich talentów, jeśli brakuje im owych wrodzonych zadatków. Suda porzuca szkołę, kiedy dochodzi do wniosku, że bardziej niż formalnego wykształcenia potrzebuje praktycznej wiedzy niezbędnej do przygotowania się do małżeństwa, jaką może jej przekazać matka. Alice – wyrazicielka poglądów typowych dla klasy średniej – jest przekonana, że dyplom jej matki ocalił rodzinę po śmierci ojca. Alice dokłada wszelkich starań, aby zapewnić swoim dzieciom wyższe wykształcenie. Ani przez chwilę nie wątpi w nieodzowność edukacji.

Tych pięć kobiet łączy niezwykły, naturalny sposób spostrzegania świata, w jakim żyją. Ich opowieści to prawdziwa kopalnia cennych informacji i skłaniających do refleksji spostrzeżeń. Nasze bohaterki nie są szczególnie utalentowanymi gawędziarkami, lecz z biegiem czasu przyswoiły sobie rozwiniętą wśród Egipcjan umiejętność opowiadania. Słuchając, jak relacjonują swoje życie, nie sposób oprzeć się wrażeniu, że musiały wielokrotnie zastanawiać się nad swym przeznaczeniem. Ich opowieści odznaczają się filozoficzną głębią, potoczystością i bogactwem wyrazu, jakich nie spodziewalibyśmy się po osobach żyjących w tak ubogim środowisku materialnym. Te kobiety są filozofami.

Najbardziej uderzająca jest chyba ich skłonność do sprowadzania wszystkich tragedii i namiętności, jakie zgotował im los, do zaledwie kilku tematów – nieodwzajemniona miłość, nieudane małżeństwo, nieszczęsny los drugiej żony w małżeństwie poligamicznym, problemy z dziećmi, bolesne dorastanie bez ojca. Narratorki relacjonują zdarzenia życiowe zarówno w odniesieniu do tych głównych wątków, jak i w powiązaniu ze swoją obecną sytuacją, przy czym uprzednie doświadczenia stanowią swoiste preludium do teraźniejszości. Co charakterystyczne, nasze bohaterki rzadko snują przypuszczenia dotyczące przyszłości, a ich opowieści wytwarzają w nas poczucie, że przyszłość to niekończące się pasmo zdarzeń, które nie różni się niczym istotnym od przeszłości ani od teraźniejszości. Umm Naima nazywa życie „długim łańcuchem zdarzeń" – małżeństwo, rozwód, dzieci, zazdrość, śmierć. Wszystkie narratorki szukają w tych doświadczeniach głębszego sensu – każde z nich zostaje wprowadzone w nawiązaniu do któregoś z głównych wątków opowieści.

Można dostrzec subtelną różnicę między sposobem, w jaki tych pięć kobiet relacjonuje swoje życie, a stylem opowiadania typowym dla zachodnich powieściopisarzy. Powieściopisarz starannie wybiera moment, do którego zmierzają wszystkie wątki opowiadanej historii. Natomiast w tych ludowych opowieściach nie ma momentu kulminacyjnego, a jedynie ciąg epizodów, które narratorka wybiera ze swojego życia. Przyjrzyjmy się chociażby losom Dunii: miłość do

Ezza, desperackie małżeństwo z Libijczykiem, rozwód, ślub z Ezzem, bezpłodność – strumień zdarzeń, który wydaje się ciągnąć w nieskończoność, niczym w jednej z wielogodzinnych pieśni wybitnej egipskiej pieśniarki, Umm Kalsum, a kiedy opowieść dobiega końca, to nie dlatego, że nastąpiło rozwiązanie jej najważniejszych wątków fabularnych, ale dlatego, że narracja dotarła do teraźniejszości. Palące problemy pozostają nierozwiązane. Bezpłodność Dunii oznacza niestabilność jej związku z Ezzem, który może w każdej chwili podjąć decyzję o poślubieniu drugiej żony. Nawet w chwili triumfu Dunia nie czuje się bezpieczna, a czytelnik może się spodziewać, że jej przyszłość będzie najeżona niebezpieczeństwami w takim samym stopniu jak przeszłość. To typowy dla Egiptu wzorzec, powracający w sztuce, w muzyce i w literaturze – powtarzalność płaskorzeźb w grobowcach faraonów, sekwencje powtarzających się tematów muzycznych, urywane w nieoczekiwanym momencie, wzory geometryczne, które można rozszerzać w nieskończoność, ciąg baśni z tysiąca i jednej nocy. Dunia i Umm Gad są artystkami wpisującymi się w wielowiekową tradycję.

Opowieści tych pięciu kobiet są starannie skonstruowane w taki sposób, aby w ich centrum znajdowała się narratorka – bohaterka, która w każdej sytuacji postępuje wzorowo i mówi to, co należy powiedzieć, przytłoczona losem, na jaki nie mogła się przygotować ani jakiemu nie była w stanie zapobiec. We wszystkich opowieściach bohaterka toczy walkę, w której – o czym jest przekonana – stoi po stronie dobra. W odróżnieniu od zachodnich pisarzy, którzy starają się budować złożone postaci łączące w sobie odcienie dobra i zła, nasze narratorki wytyczają między dobrem a złem wyraźne granice, a postaci występujące w ich opowieściach znajdują się po jednej lub po drugiej stronie, w zależności od tego, czy sprzymierzają się z bohaterką, czy też występują przeciwko niej. Mimo że narratorka stoi niewzruszenie po stronie dobra, zdarza jej się działać impulsywnie, co może pociągać za sobą niepożądane skutki. Kiedy Dunia czuje się wzgardzona przez Ezza, zaprzepaszcza wszystko, decydując się na skazane na porażkę małżeństwo z Libijczykiem. W końcu jednak nadchodzi jej czas – w starannie zainscenizowanych, dramatycznych okolicznościach Dunia publicznie upokarza swego libijskiego męża i odzyskuje wolność. Jako bohaterka opowieści, kobieta bezbłędnie wybiera odpowiedni moment i kontroluje bieg wypadków, aby zrobić z nich jak najlepszy użytek.

Narratorki nie stronią od przesady, pomimo zapewnień Dunii, że zrelacjonowała swoją historię „wraz z chwilami smutku i łez, niczego nie dodając ani nie ujmując". Jednak wszystkie opowieści stanowią wierne odzwierciedlenie wyobrażeń autorek na własny temat, z ich subiektywnymi poprawkami, uzupełnieniami i pominięciami – odlane w formie utworzonej przez główne tematy i wątki. Czytelnik może zapytać: „Gdzie w tych historiach leży «prawda»?" Odpowiedź, rzecz jasna, brzmi: to tylko jedna z wielu prawd, jakie kryją się w dramaturgii ludzkich przeżyć. Każda z tych kobiet zdaje sobie sprawę z tego, jak ważne jest przedstawienie się światu w korzystnym świetle. Pochlebna autoprezentacja przynosi korzyści nie tylko samej narratorce, ale także jej bliskim – rodzicom, mężowi, dzieciom i krewnym – którzy stanowią część jej rozszerzonej tożsamości i ponoszą zarówno negatywne, jak pozytywne konsekwencje jej działań. Każda z kobiet musi zatem wyjść zwycięsko z publicznych sporów i przekonać wszystkich wokół, że jej antagoniści to tylko nieudolni awanturnicy. Musi bez końca powtarzać swoje argumenty – tak jak czyni to Umm Naima, opowiadając kolejne historie o niecnych postępkach drugich żon. Zarówno Umm Naima, jak i Alice relacjonują swoje życie równolegle z historiami swych matek i córek, aby podkreślić – w różnych kontekstach – jak ciężki los zgotowują egipskim kobietom mężczyźni. Umm Naima i pozostałe narratorki stosują takie zabiegi jako element konstrukcyjny, na którym opierają się ich opowieści. Dzięki takim przejaskrawieniom i powtórzeniom ich narracja – choć nazbyt uproszczona – jest sugestywna, poruszająca i niezwykle skuteczna.

Jednak te historie to coś więcej niż tylko naturalna forma sztuki. Są one prawdziwą kopalnią wiedzy dla antropologów i wszystkich tych, którzy pragną zrozumieć kulturę egipską. Opowieści te dużo lepiej niż modele analityczne wyjaśniają typowe dla tej kultury struktury pokrewieństwa, wektory podejmowania decyzji, symbole kulturowe, systemy praw i obowiązków oraz procesy adaptacji społecznej i ekonomicznej do różnych środowisk. Ukazują najważniejsze idee dotyczące ludzkiego życia, światopogląd, powtarzalne cykle życia domowego oraz wartości i normy, nie używając przy tym terminów naukowych, jakie sprowadziłyby owe procesy do suchych, formalnych wymiarów. W tych opowieściach obyczaje, symbole i wartości ożywają w ludzkich działaniach – pośród głębszych znaczeń kulturowych – aby pomagać bohaterom w osiąganiu ich celów. Te historie nie wciągają czytelnika w abstrakcyjne rozważania. Bywają mistyczne, miejscami okrutne, smutne, ciepłe, zabawne, tragiczne, a czasami wzruszające, ale zawsze opierają się na konkretnych opisach i przykładach.

Kiedy spaceruje się ulicami Kairu i przysłuchuje rozmowom przechodniów, można odnieść wrażenie, że tamtejszych ludzi najbardziej zajmują takie kwestie, jak małżeństwo, wahania cen, znalezienie mieszkania, dzieci, choroba i śmierć. Ta lista nie odbiega zbyt daleko od „łańcucha zdarzeń", o którym wspomina Umm Naima. Spośród wszystkich tych spraw najważniejsze wydaje się małżeństwo. Nic zatem dziwnego, że – poproszone o zrelacjonowanie swojego życia – nasze narratorki spontanicznie zaczynają od wydarzeń, które doprowadziły do ich ślubu. Dzieciństwo jest tylko okresem przygotowywania się do życia w małżeństwie. Nawet traumatyczny zabieg klitoridektomii (obrzezania kobiet) przedstawia się dziewczętom jako niezbędny do zawarcia małżeństwa, w przeciwnym razie bowiem ich „łechtaczka urośnie i zacznie przypominać męski penis". Niektóre kobiety, na przykład Dunia, uważają małżeństwo za coś więcej niż tylko zwieńczenie dzieciństwa – spostrzegają je jako ucieczkę od nieznośnych napięć doświadczanych w domu rodzinnym, rozwiązanie problemów materialnych lub szansę na uzyskanie nieco większej swobody.

Jeśli w ciągach epizodów składających się na każdą z tych opowieści można wyróżnić jakiś punkt kulminacyjny, to jest nim małżeństwo – długotrwały proces obejmujący złożenie propozycji małżeńskiej, przeciągające się negocjacje, żmudne gromadzenie posagu, aby zabezpieczyć przyszłość panny młodej, i nadzieję na szczęście małżeńskie. W procesie tym uczestniczą całe rodziny, które dokładają wszelkich starań – w sensie materialnym i emocjonalnym – aby pomóc młodym ludziom w rozpoczęciu wspólnego życia. Tę myśl wyraża Umm Gad, kiedy prosi Boga tylko o to, by dał jej mężowi, Omarowi, „dość czasu na tym świecie, aby zdążył zapewnić każdej z naszych pięciu córek miejsce w domu jakiegoś mężczyzny".

Zważywszy na wszystkie te starania, zaskakiwać może fakt, że w niektórych wypadkach ostateczny wybór współmałżonka wydaje się niemal przypadkowy. Jednak owa przypadkowość jest pozorna. W Egipcie dobór partnerów życiowych opiera się nie na dopasowaniu charakterów, lecz na zgodności pod względem określonych atrybutów. Każdą osobę ocenia się na podstawie jej zarobków, zawodu, pochodzenia, atrakcyjności fizycznej, manier, pobożności oraz wielu innych cech. Odrzucenie jednego kandydata na rzecz innego ma swoje dobre i złe strony. Pozostali członkowie mają w tej sprawie prawo głosu ze względu na swe przyszłe relacje ze współmałżonkiem młodej kobiety lub młodego mężczyzny. Czy pragną wzmocnić więzy rodzinne poprzez doprowadzenie do małżeństwa córki bądź syna z osobą spokrewnioną, czy też woleliby utrwalić więzy przyjaźni poprzez małżeństwo zawarte w obrębie bliskiego kręgu znajomych? Czy kandydat z zewnątrz ma zalety dające mu przewagę nad pozostałymi konkurentami, zwłaszcza jeśli cieszy się względami głównej zainteresowanej? W dzisiejszych czasach rodzice mają mniejszy wpływ na to, kogo poślubi ich syn czy córka, chociaż często – tak jak w wypadku Sudy – zachowuje się tradycyjne formy, na przykład formalne negocjacje małżeńskie.

Historia Dunii dowodzi istotnego znaczenia statusu społecznego. Jej ojciec odrzuca kolejnych zalotników, ponieważ są „zbyt bogaci", lub też zajmują za wysoką pozycję w hierarchii społecznej. Według Alice dziewczyna, która nie ma ojca, nie może mierzyć zbyt wysoko, poszukując kandydata na męża. W podobnym tonie wypowiada się Suda, kiedy podkreśla, że partnerzy życiowi powinni się odznaczać podobnym kolorem skóry. Ta sama Suda odrzuca zaloty wykształconego mężczyzny ze względu na brak dopasowania pod względem istotnych atrybutów. Różnice w statusie społecznym – zakładają wszystkie narratorki – mogą być przyczyną nieporozumień i konfliktów małżeńskich. I rzeczywiście tak się dzieje w wypadku syna Alice i jego żony. Dlatego małżeństwo w obrębie rodziny często ma tę zaletę, że łączy ze sobą dwoje ludzi o podobnym pochodzeniu, statusie i zainteresowaniach.

Jednak nawet pokrewieństwo nie gwarantuje bezpiecznego, trwałego małżeństwa, o czym przekonuje się Umm Naima, kiedy rozpada się związek jej córki. Jej rozczarowanie przeradza się w podejrzliwy stosunek do krewnych w ogóle.

Istotną kwestią poruszaną podczas negocjacji małżeńskich jest zapewnienie pannie młodej wystarczającego posagu, tak aby jej mąż zastanowił się dwa razy, zanim zdecyduje się na rozwód i utratę należących do żony dóbr. Nawet ubogie rodziny rzadko odstępują od tej zasady. Jeśli dojdzie do rozwodu, ów majątek daje kobiecie nadzieję na powtórne zamążpójście. Jednak nieszczęsna Naima (córka Umm Naimy) zostaje uwięziona w sytuacji nie do pozazdroszczenia. Mąż nie chce się z nią rozwieść, żeby nie stracić należących do niej mebli, lecz czyni jej życie tak nieznośnym, że Naima musi od niego odejść. Dziewczyna tkwi w pułapce, która jest dobrze znana części kobiet – nie jest w stanie ani rozwieść się z mężem, ani żyć z nim pod jednym dachem. Rodzina wszelkimi sposobami stara się odzyskać jej majątek. Fakt, że mężczyźni mogą stosunkowo łatwo uzyskać rozwód, wisi niczym ciemna chmura nad głowami muzułmańskich kobiet, nawet jeśli w danym momencie takie zagrożenie wydaje się odległe. Tylko zgromadzenie wystarczająco dużego majątku – w złocie lub w innych dobrach materialnych – może zapewnić kobiecie poczucie bezpieczeństwa. Alice zwraca uwagę na jeszcze jedno następstwo tych okoliczności, kiedy stwierdza, że kobiety ze społeczności chrześcijańskich traktują swoich mężów inaczej niż muzułmanki, ponieważ chrześcijaninowi trudno uzyskać rozwód. Jej zdaniem chrześcijańskie kobiety zaniedbują swój wygląd i nie troszczą się należycie o zaspokajanie potrzeb seksualnych swych mężów. Zastanawiając się nad treścią swoich rozmów z zamężnymi przyjaciółkami i krewnymi, Suda mówi wprost: „Pieniądze i seks to najważniejsze problemy, o jakich rozmawiają egipskie kobiety". Przyjemność, jaką Suda czerpie z zarządzania domowym budżetem, jest czymś więcej niż tylko radością ze znalezienia uległego męża. Jako „domowy skarbnik" kobieta ma kontrolę nad kwotami, jakie mógłby odkładać jej mąż w celu zakończenia obecnego małżeństwa i zawarcia nowego.

We współczesnym Egipcie poligamia i rozwody są mniej powszechne, niż sugerują przedstawione w tej książce historie. Te praktyki obserwuje się częściej wśród przedstawicieli starszego pokolenia, młodsze natomiast sięga po nie coraz rzadziej ze względów ekonomicznych i z powodu niewystarczającej liczby mieszkań. Te trudności stały się podstawą nowych przepisów, zgodnie z którymi mężczyzna ma obowiązek z wyprzedzeniem powiadomić swoją żonę o planowanym kolejnym małżeństwie bądź rozwodzie. Kiedy mężczyzna zamierza poślubić inną kobietę, pierwszej żonie przysługuje prawo wyboru – może pozostać w małżeństwie poligamicznym albo wystąpić o rozwód. Ponadto kobietom wychowującym dzieci przyznano prawo do dalszego mieszkania w rodzinnym gospodarstwie; w przeciwnym razie były mąż musi zapewnić kobiecie inne lokum. Te nowe przepisy bez wątpienia działają na korzyść kobiet w czasach poważnych trudności mieszkaniowych.

Relacje między mężczyznami a kobietami to jeden z głównych wątków przewijających się przez wszystkich pięć opowieści. Czasami mężczyźni i kobiety są przedstawiani jako wrogowie, między którymi przebiega wyraźnie zaznaczona linia frontu. Jednak w innych miejscach napotykamy przykłady wzruszającej czułości i wzajemnego wsparcia. Oto sąsiad Dunii, który pomaga jej przetrwać wszystkie ciężkie próby, znajduje Dunii pracę, kiedy kobieta rozpaczliwie jej potrzebuje, i kupuje mięso w sklepie jej brata, żeby wspomóc jego raczkującą firmę. A oto Hamed, który z niezwykłą wnikliwością domyśla się przyczyny konfliktów między nim a Umm Naimą i prosi żonę, żeby z nim została, lecz jednocześnie daje jej wolność wyboru. Oto wreszcie ojciec Alice, wykazujący się godną podziwu cierpliwością w relacjach z żoną, która regularnie od niego ucieka. Część naszych narratorek czuje się ciemiężona przez swoich mężów, wszystkie jednak godzą się z koniecznością wytrwania w małżeństwie. Umm Gad mówi: „Kiedy widzę, że mój mąż źle się czuje albo jest smutny, mam wrażenie, jakby wciągał mnie niebezpieczny wir. Jeśli coś mu się stanie, jak wychowam dzieci?" Kobieta potrzebuje mężczyzny, który by ją chronił i wspierał. Właśnie ta potrzeba sprawia, że egipskie kobiety nie mogą się obyć bez mężczyzn. Rywalizują ze sobą o kandydatów na męża, a kiedy żyją w małżeństwach poligamicznych, konkurują z pozostałymi żonami, aby zachować względy swych mężów poprzez wydawanie na świat ich męskich potomków. Kobiety pokładają w swoich synach nadzieję na bezpieczną przyszłość i mogą podwyższyć swój status społeczny poprzez urodzenie wielu dzieci płci męskiej.

Relacje władzy i dominacji między mężczyznami a kobietami są bardziej złożone, niż mogłoby się wydawać. Czytelnik natychmiast spostrzeże, że wbrew powszechnym przekonaniom o społeczeństwach arabskich, władza nie jest wyłącznie przywilejem mężczyzn. Wśród egipskich mężczyzn można usłyszeć opinię, że to oni są zdominowani przez kobiety. Jak powiedział z emfazą jeden z nich: „[Kobiety] ścierają nas na proch, tak jak uciera się przyprawę korzenną w moździerzu". W przedstawionych tu historiach mężczyźni wydają się krążyć wokół kobiet jak ćmy wokół światła. To wrażenie nie wynika wyłącznie ze skłonności narratorek do przesady. Występujące w tych opowieściach kobiety wydają się odgrywać pierwszoplanową rolę w życiu codziennym – z kilku powodów. Po pierwsze, to wokół nich koncentruje się życie rodziny; po drugie, powodzenie pozostałych członków rodziny w dużej mierze zależy właśnie od nich; wreszcie, to w rodzinie zapadają najistotniejsze decyzje życiowe. Kobiety mają większe możliwości podejmowania codziennych decyzji, albo przynajmniej kontrolowania informacji, na których podstawie są one podejmowane. Jakież inne decyzje mają większe znaczenie w życiu ubogiej rodziny? Z tego punktu widzenia mężczyźni wydają się odgrywać drugorzędną rolę „zarabiaczy pieniędzy", odpowiedzialnych za utrzymywanie najważniejszej instytucji, jaką jest rodzina. Jako przedstawiciele miejskiej klasy niższej lub zubożałych dolnych warstw klasy średniej, tracą poczucie męskości, ponieważ tylko w niewielkim stopniu są w stanie spełniać podstawowe męskie zadanie zarabiania pieniędzy. W przeciwieństwie do nich kobiety mogą z powodzeniem odgrywać przypisane im role gospodyń domowych, matek i opiekunek – w ich środowisku nie ma bowiem niczego, co by im przeszkadzało w odnoszeniu sukcesów na tym polu.

Właśnie ten podział na role męskie i kobiece wydaje się najistotniejszym z czynników, które zapobiegają destrukcyjnej dezintegracji dynamicznych stosunków między mężczyznami a kobietami w dolnych warstwach społecznych. W normalnych okolicznościach mężczyźni zarabiają pieniądze, a kobiety wychowują dzieci i zajmują się domem. Kobiety i mężczyźni potrzebują się nawzajem, ponieważ każda z płci pełni jasno określone funkcje, a społeczeństwo krzywo patrzy na tych, którzy wykonują zadania przypisane płci przeciwnej. Rzadko kiedy zdarza się, aby egipski mężczyzna przyznawał się do wykonywania tradycyjnych czynności kobiecych. Kobiety natomiast mogą pełnić funkcję zarobkową, jeśli wymaga tego sytuacja materialna rodziny lub jeśli wystarcza im na to czasu po uporaniu się z kobiecymi obowiązkami. Dunia i Suda mają stałą pracę. Dunia musi pracować z powodu swego konfliktu z ojcem i dumy, która nie pozwala jej prosić o pomoc brata, a także dlatego, że odkąd jej matka powtórnie wyszła za mąż, Dunia nie ma prawdziwego domu. Suda pracuje – pieniądze, które zarabia, dają jej odwagę, aby odrzucić niechcianego zalotnika – ale utrzymuje w tajemnicy fakt, że wykonuje poniżającą pracę służącej. Alice szyje w domu, aby nieco poprawić trudną sytuację finansową rodziny.

W opowieściach tych pięciu kobiet ujawnia się dodatkowy czynnik wpływający na to, czy bohaterki wybierają pracę dorywczą, czy stałą. Umm Gad i Umm Naima mają mężów, którym przyniosłyby wstyd, gdyby znalazły stałą pracę. Suda i Dunia (przez przeważającą część opowieści) mieszkają w domach, w których brakuje męskiej głowy rodziny – nie ma mężczyzny, którego mogłyby okryć hańbą. Konieczność życiowa poszerza zakres zadań, jakie przystoi wykonywać kobiecie. Jednak ani Suda, ani Dunia, ani żadna z pozostałych kobiet – może z wyjątkiem Alice – wcale nie uważają tego zjawiska za korzystne.

Wbrew temu, co sądzi na ten temat Alice, praca nie musi pociągać za sobą większej władzy i niezależności, czy choćby dążenia ku tym wartościom. To nie takie proste. Umm Gad uważa, że dla kobiety lepiej jest zostać w domu. Jeśli mąż naprawdę troszczy się o żonę, to nigdy nie pozwoli jej pracować poza domem. Według Umm Gad taka postawa jest najlepszym dowodem miłości. Suda negatywnie ocenia mężczyznę, który nie interesuje się tym, dokąd chodzi i co robi jego żona. Dodaje nawet, że mężczyzna, który zachowuje się w taki sposób, nie powinien się dziwić, kiedy w końcu straci żonę. Według Sudy być mężczyzną oznacza sprawować władzę i kontrolować wszystkie poczynania kobiety. Jej zdaniem kobieta powinna oddać władzę nad domem mężowi i pytać go o pozwolenie za każdym razem, kiedy chce dokądś wyjść albo podarować komuś prezent, który w choćby najmniejszym stopniu uszczupliłby zasoby rodziny.

Przedstawione na stronach tej książki historie ujawniają podwójne standardy moralne obowiązujące egipskich mężczyzn i kobiety. Mężczyźni mają dużo większą swobodę, jeśli chodzi o uleganie namiętnościom. Jedyne ryzyko, jakie ponosi mężczyzna, który decyduje się na romans, to doraźne niebezpieczeństwo poniesienia uszczerbku na zdrowiu z rąk rozwścieczonych krewnych kobiety. Kobieta natomiast – niezależnie od tego, czy to ona sprowokowała mężczyznę – ryzykuje utratę życia, a w najlepszym razie traci szanse na wyjście za mąż. Jej postępek okrywa hańbą pozostałych członków rodziny. W takiej sytuacji kobieta może się spodziewać, że do końca życia będzie nosić piętno potępienia społecznego. Po miłosnych przygodach syna Alice w Niemczech otoczenie nakłania go tylko, żeby wrócił do żony i dziecka. Na tym sprawa się kończy. Kobieta natomiast musi nieustannie mieć się na baczności. Jak radzi Umm Naima, „rozmawiając z mężczyzną, który nie jest jej krewnym, kobieta powinna starać się być bardziej męska niż on".

Według ludowych przekonań klitoridektomia studzi kobiece namiętności. Jak dowodzą opisane w tej książce historie, kobiety mają spory udział w podtrzymywaniu tradycji okaleczania dziewcząt poprzez zabieg obrzezania. Warto dodać, że kobiety aktywnie uczestniczą w sprawowaniu większości form kontroli nad przedstawicielkami swojej płci. Nie jest to zatem system narzucony kobietom wyłącznie przez mężczyzn. Podobnie jak mężczyźni, kobiety obawiają się następstw chwil słabości, czy też braku kontroli nad „zmysłowymi skłonnościami" przedstawicielek swojej płci. Niewiedza i mity dotyczące funkcji organizmu oraz moralistyczne opowieści o tym, „co się dzieje, kiedy...", skłaniają kobiety do podtrzymywania owych praktyk.

Wydaje się, że my, ludzie Zachodu, pochopnie założyliśmy, iż nasze przekonania i oczekiwania dotyczące feminizmu mają charakter uniwersalny – że kobiety z innych kultur będą się domagały tych samych praw i dążyły do tych samych celów, o które walczyły kobiety ze społeczeństw zachodnich, albo że jeśli społeczeństwo w pewnych sferach jest zdominowane przez mężczyzn, to kobiety z pewnością stanowią w nim grupę stłamszoną i bierną. Jak dowodzą opowieści przytoczone na stronach tej książki, to oczywista nieprawda. Ważne, abyśmy zrozumieli, w jaki sposób takie pozorne sprzeczności (według standardów zachodnich) mogą ze sobą współistnieć w obrębie stylu życia, który większości Egipcjan – kobiet i mężczyzn – wydaje się nie tylko spójny, ale także zadowalający.

Fatalizm to kolejna cecha przypisywana ludziom Wschodu. Terminu tego używa się w odniesieniu do czegoś, co bywa spostrzegane jako bierność i niewłaściwe zachowanie w obliczu przeciwności losu. Lektura tych pięciu historii każe nam umieścić takie uogólnienia tam, gdzie ich miejsce – na cmentarzysku błędnych przekonań. Rzeczywistość jak zwykle okazuje się dużo bardziej złożona. Bierność nie jest wcale reakcją konieczną, ani nawet naturalną dla filozofii fatalistycznej, która spostrzega wszystkie zdarzenia i uczynki jako *maktub* – „już zapisane". Przeciwnie, ludzie działają, ponieważ czują się narzędziami przeznaczenia. Akceptacja przychodzi dopiero wtedy, kiedy – jak mawia się o zmarłych – „nie można już zrobić niczego ponad to, co zostało zrobione, gdyż takie było przeznaczenie". To prawda, ludzie Wschodu mają poczucie, że nie są w stanie przewidywać skutków swoich działań (przyszłości), jednak to podejście wydaje się równie rozsądne jak poglądy rozpowszechnione w społeczeństwach zaawansowanych technicznie, które poznały już wąski przedział trafności przewidywania.

Życie kobiet z ubogich rodzin miejskich nie jest łatwe. Na ogół nie ma w nim miejsca na spokojne przemyślenia, czy też wnikliwą analizę pozytywnych i negatywnych skutków działań. Następstwa są częścią przyszłości, a jako takie wywierają niewielki wpływ na teraźniejszość, na której koncentrują się myśli i działania członków społeczeństw wschodnich. To dlatego ludzie popadają w kolejne nieszczęścia, tak jakby nie byli w stanie ich przewidzieć. Dopiero kiedy spotyka ich coś złego, przychodzi pora na działanie.

Nasze bohaterki nie przyglądają się bezczynnie swojemu życiu. Nie wahają się także poszukiwać wyjaśnień tego, co widzą. Dunia i pozostałe kobiety spostrzegają zdarzenia życiowe jako wplecione w sieć przyczyn i skutków, która pod względem spójności nie tylko nie ustępuje teoriom naukowym, ale wręcz je przewyższa w tym sensie, że wyjaśnia wszystkie zdarzenia bez wyjątku, nie pozostawiając żadnego z nich ślepemu losowi. Kiedy to konieczne, Umm Naima i Dunia szukają pomocy we współczesnej medycynie, jeżeli jednak takie leczenie nie przynosi poprawy, to kobiety mogą wybierać spośród wielu innych metod – od tradycyjnych leków naturalnych po zasięganie rady szejków (muzułmańskich duchownych) bądź innych ludzi potrafiących rzucać i zdejmować zaklęcia. Wszystkie te metody skupiają się na osobie jako całości – na jej sferze cielesnej, psychicznej, emocjonalnej i duchowej. Rzecz w tym, że chociaż nasze bohaterki i ich rodziny doświadczają licznych nieszczęść, to w każdej z tych sytuacji mogą podjąć działania zaradcze. Cała sztuka polega na tym, żeby zdiagnozować przyczynę problemu i wybrać właściwe lekarstwo. W wielu wypadkach źródłem wskazówek dotyczących tego, jak należy postąpić, są marzenia senne. Po podjęciu stosownych działań człowiek doświadcza satysfakcji płynącej ze świadomości, że uczynił wszystko, co możliwe, aby zaradzić problemowi. Lektura tych opowieści wytwarza w czytelniku przekonanie, że egipskie kobiety

– a nie tylko mężczyźni – aktywnie i energicznie oddziałują na swoje życie i na losy innych, skutecznie reagują na trudności i szukają takich rozwiązań problemów, które byłyby realistyczne i dostosowane do istniejących ograniczeń. Może pod wpływem tych historii spojrzymy z nowej perspektywy na filozofię zachodnią, która zniechęca ludzi do działania, ponieważ „nie ma szans na poprawę" bądź dlatego, że leczenie jest zanadto zawężone i w zbyt dużym stopniu skupia się na wybranej „przyczynie" problemu – fizycznej, umysłowej lub jakiejkolwiek innej.

Dawsza odgrywa istotną rolę w opowieściach przytoczonych na stronach tej książki. Dunia sięga po tę metodę, próbując uwolnić się od Libijczyka. Czyni to ponownie, kiedy odrzuca względy jednego ze swych zalotników. Burmistrz wioski, w której mieszka Umm Naima, wykorzystuje ślub kobiety, żeby publicznie wyrównać rachunki. Naima urządza *dawsza* w autobusie, aby zmusić swojego krnąbrnego męża do zwrotu mebli.

O tradycji *dawsza* pisało wielu autorów. Desmond Stewart z Kairu nazywa ten rytuał „ludowym tańcem przemocy" i podkreśla jego rolę w rozładowywaniu napięcia. Stewart wyjaśnia: „Przemocy nie można zakazać prawnie. Można ją jednak przekształcić w rytualną pantomimę. Padają obraźliwe słowa, unoszą się zaciśnięte pięści. Kiedy jednak wokół przeciwników gromadzi się tłum przechodniów, pozwalają się oni rozdzielić – choć niechętnie, z pięściami zatrzymanymi w górze, jakby krępowały je niewidzialne stalowe liny – i na ulicy znowu panuje spokój (do kolejnego gwałtownego starcia)".

Stewart miał rację, nazywając *dawsza* rytualną pantomimą – wykonywane przez przeciwników gesty przemocy są pozorowane, a żadna ze stron tak naprawdę nie chce wyrządzić drugiej poważnej szkody. Rytualne sceny rozgrywają się według z góry ustalonego porządku i zmierzają do pojednania. Wszystko zaczyna się od prowokacji – na ogół obustronnej, chociaż każda ze stron z pewnością zrelacjonowałaby te wydarzenia jako starcie dobra ze złem. Następnie rozpoczyna się faza „upuszczania pary" – przeciwnicy obrzucają się wyzwiskami, grożą sobie użyciem przemocy fizycznej, czasami dochodzi do niegroźnej bójki. Na tym etapie publiczność dolewa oliwy do ognia, podburzając zwaśnione strony. W końcu awantura staje się tak gwałtowna, że trudno uwierzyć w możliwość znalezienia jakiegokolwiek rozwiązania. W tej fazie ludzie wydają się zdawać sobie sprawę z konieczności ujawnienia uczuć, które wywołały spór. Po pewnym (odpowiednio długim) czasie do akcji wkracza mediator, aby wysłuchać kolejno obu stron. Jego celem nie jest rozstrzygnięcie, kto ma słuszność, lecz wykazanie, że zarówno wina, jak i racja leżą po obu stronach sporu, i wypracowanie sposobu na osiągnięcie pojednania. Na przykład Dunia zrzeka się wiana, w zamian za co Libijczyk zwalniają z kontraktu małżeńskiego. W wypadku osób, które muszą nadal utrzymywać ze sobą kontakty, próbuje się uzyskać jawną oznakę pojednania – uścisk dłoni, wspaniałomyślne odstąpienie od istotnej części żądań, gest przyjaźni. *Dawsza* przebiega według z góry ustalonego scenariusza, dzięki czemu wszystkie uczestniczące w nim osoby mogą odgrywać swoje role, wiedzą, co mają robić, i trafnie rozpoznają moment, w którym problem zostaje rozwiązany.

Błędne byłoby jednak przypuszczenie, że rola rytuału *dawsza* ogranicza się do rozładowania napięcia. *Dawsza* to także ważne wydarzenie społeczne. Widzowie gromadzą się wokół zwaśnionych stron, ujawniają się podziały społeczne, które na co dzień pozostają ukryte, a część osób ma szansę wystąpić w szanowanej roli mediatorów. Kiedy zaś *dawsza* się kończy, ludzie mają o czym myśleć i rozmawiać. Działanie w grupie jest źródłem autentycznej satysfakcji, niezależnie od tego, czy dane zdarzenie ma charakter przyjacielskiego spotkania, czy też jest nacechowane wrogością. Spośród wszystkich pięciu narratorek Umm Gad posuwa się najdalej w wyrażaniu radości czerpanej z obecności innych – nawet z bezosobowego kontaktu z nieznajomymi w dużym mieście – kiedy mówi, że Kair zmienił się na lepsze, odkąd jego ulice wypełniły się tłumami przechodniów.

Dawsza pod wieloma względami różni się od konfliktów w innych kulturach. A oto najbardziej oczywiste z tych różnic: etapowy przebieg rytuału *dawsza*, przy czym jego etapy są rozłożone w czasie w taki sposób, żeby wydłużyć fazę rozładowywania napięcia; istotna rola mediatora, którą pragną odgrywać nawet osoby całkowicie obce dla zwaśnionych stron; fakt, że przeciwnicy ostatecznie spotykają się „w połowie drogi" – każdy z nich odstępuje od części żądań; oraz gotowość do znacznych ustępstw już po osiągnięciu kompromisu. Publiczność na ogół reaguje życzliwie, traktując gniew jako problem zewnętrzny, a nie utratę kontroli, a widzowie chętnie angażują się w próby znalezienia rozwiązania wraz z uczestnikami sporu. W toku tego procesu w społeczności zostaje przywrócony spokój – do momentu, gdy wybucha kolejny *dawsza*.

Dawsza to tylko jeden ze sposobów wyrażania wrogości. Przytoczone opowieści obfitują w przykłady rzucania na innych zaklęć, lub też (co wydaje się bardziej skuteczne) brania odwetu poprzez skrzywdzenie osoby bliskiej wrogowi – na przykład zemsta na matce poprzez wyrządzenie krzywdy jej dziecku. Narratorki podkreślają ścisły związek między wrogością a miłością. Krewni powinni się kochać, ale w wypadku sprzeczności interesów bywają najgroźniejszymi wrogami – przestrzega Umm Naima. Który z nieznajomych zaangażowałby się w konflikt tak bardzo, żeby skrzywdzić drugą osobę? Najważniejszy wyjątek stanowią oczywiście obcy w rodzinie – żona pochodząca spoza rodziny, bratowa, pozostałe żony męża, macocha. Właśnie na te osoby pada podejrzenie, kiedy zdarza się niewyjaśnione nieszczęście.

Kiedy przyjrzymy się uważnie szczegółom tych pięciu historii, dostrzeżemy ważne informacje dotyczące życia rodzinnego. Alice, Dunia, Suda i Umm Gad czują się osamotnione z powodu utraty krewnych bądź zaburzonej sytuacji rodzinnej. Umm Gad skarży się, że nie ma już żadnych krewnych; Suda i Alice boleśnie przeżyły śmierć swoich ojców. Dunia nie ma dokąd pójść z powodu wrogości ojca i powtórnego małżeństwa matki. W każdym z tych wypadków utrata wsparcia rodzinnego pociąga za sobą poważne następstwa.

Czytając te opowieści, nabiera się przekonania, że krewni są tak ważni, a ich role – tak ściśle sprecyzowane, że życie bez nich staje się niezwykle trudne. To im można wyznać najskrytsze sekrety (Suda wyjawia, jak zarabia na życie, wyłącznie bratu, matce, siostrze i wujowi). To oni muszą stać po twojej stronie, nie zaś obracać się przeciwko tobie, ponieważ twoja chwała lub wstyd spadają także na nich. Więzy krwi są tym silniejsze, im węższy jest krąg rodzinny. Rodzice wspierają swoje dzieci nawet wtedy, kiedy te są już dorosłe. Więź między rodzicem a dzieckiem jest tak silna, że kiedy młoda kobieta wychodzi za mąż, przez pewien czas (tuż po ślubie) nie wolno jej kontaktować się z domem rodzinnym, żeby mogła przywyknąć do życia w nowej rodzinie. Jednak – jak wspomina Suda – rodziny wysyłają swoim córkom upominki symbolizujące wsparcie. Krewni ze strony matki – ciotki, wujowie i dziadkowie – są serdeczni, kochający i pobłażliwi. Nie są równie bliscy jak matka, lecz odgrywają podobną rolę. Umm Naima pyta: „Kto tam?", słysząc, że ktoś stoi późnym wieczorem pod jej drzwiami – tylko wuj (krewny ze strony matki) mógł przyjść do niej w taki sposób, bez zapowiedzi. Krewni ze strony ojca pełnią bardziej formalne funkcje. Łączą siły, aby negocjować umowy w imieniu rodziny i – jeśli zachodzi taka konieczność – mścić się za krzywdy wyrządzone jej członkom. Kuzyni ze strony ojca mają pierwszeństwo w staraniach o rękę dziewcząt. Jeden z kuzynów oświadcza się Dunii, żeby przywrócić rodzinie dobre imię po „incydencie z Libijczykiem" i pokazać, że rodzina stoi murem za każdym ze swoich członków. Krótko mówiąc, krewni to osoby, na których możesz polegać, gotowe działać dla twojego dobra, a w zamian mogące w każdej sytuacji liczyć na twoje wsparcie.

Krewni odgrywają w życiu jednostki tak ważną rolę, a ich wkład w jej dobrostan jest tak specyficzny, że – jak wynika z tych opowieści – kiedy dana osoba z jakiegoś powodu traci któregoś z krewnych albo gdy pragnie powiększyć swój krąg osób bliskich, może powierzyć rolę nieobecnego członka rodziny innej osobie. Wytworzona w ten sposób więź nie jest równie silna jak w wypadku rzeczywistego pokrewieństwa, ale jeśli obie strony przestrzegają tej nieformalnej umowy, to taki układ może działać. Na przykład dziewczyna, która nie ma brata, może nazywać „bratem" swojego kuzyna ze strony ojca, aby skłonić młodego mężczyznę do przejęcia roli jej obrońcy. „Będę dla niej mężem i bratem" – obiecuje Omar, kiedy prosi o rękę Umm Gad. Umm Gad opłakuje śmierć syna, który był dla niej nie tylko synem, ale również bratem. Przyjaciółkę matki nazywa się *Challti* – siostrą matki – aby zaskarbić sobie jej sympatię i móc liczyć na jej wsparcie. Kobieta, która nazywa obcego mężczyznę „bratem", może mieć pewność, że jego zamiary wobec niej pozostaną uczciwe. Kiedy zaś zwraca się do swej przyjaciółki „siostro", jeszcze bardziej zacieśnia łączącą je więź. Sposób zwracania się do drugiej osoby pociąga za sobą całą masę oczekiwań dotyczących wzajemnej relacji, a stopień, w jakim oczekiwania te zostają spełnione, determinuje jakość przyszłych związków.

Przedefiniowanie (*redefinition*) jest jedną z metod kształtowania relacji rodzinnych. Inny ze sposobów można określić mianem ekwiwalencji – wydaje się, że pewne relacje zlewają się z innymi, zastępują je, są z nimi tożsame lub pełnią bardzo podobne funkcje. Opowieść Umm Naimy nadzwyczaj obrazowo ilustruje słabe wyodrębnienie tożsamości indywidualnej. Kobieta ledwie odróżnia własne życie od egzystencji swojej matki i córki. Niespodziewane zmiany perspektywy oraz przejawiana przez Umm Naimę doskonała znajomość najbardziej intymnych uczuć dwóch pozostałych kobiet czasami wytwarzają w czytelniku złudzenie, że losy tych trzech osób to w rzeczywistości jedno życie. W pozostałych historiach spotykamy ludzi, którzy symbolicznie zastępują lub reprezentują innych – matkę młodego mężczyzny, która przychodzi do domu jego narzeczonej, aby ją obserwować; wuja lub brata, który zastępuje młodej kobiecie nieobecnego ojca. Dowiadujemy się, że przed rzuceniem na kogoś zaklęcia trzeba poznać imię jego matki. Wszystko to sprawia, że jednostki wydają się stapiać w jedno pod ochronnym parasolem pokrewieństwa. Indywidualiści są zdani tylko na siebie, o czym przekonuje się Dunia, kiedy wbrew woli rodziny odrzuca propozycję małżeństwa i odtąd nie może już liczyć na wsparcie i pomoc krewnych.

Wielką zaletą tych opowieści jest fakt, że nie pozwalają czytelnikowi nabrać przyjemnego (acz błędnego przekonania), iż ów wzorzec relacji rodzinnych jest prosty i jednoznaczny. Spostrzegawczy czytelnik zauważy wiele wyjątków – krewnego ze strony matki, który jest traktowany jak krewny ze strony ojca; kobietę, która używa czarnej magii przeciwko własnej siostrze; czy też osobę, która nie chce zatracić swojej indywidualnej tożsamości w grupie. Umm Naima z pogardą wyraża się o krewnych, którzy żyją po swojemu i nie spełniają swoich powinności. Wyjaśnienia części tych wyjątków można szukać (przynajmniej połowicznie) w sytuacji ekonomicznej bohaterów. W porównaniu z osobami bardziej zamożnymi, ludzie dysponujący ubogimi zasobami materialnymi w większym stopniu muszą polegać na innych związkach i relacjach, nawet bardzo wątłych i dalekich. Nierzadko trzeba sięgać po doraźne rozwiązania. Wuj Sudy ze strony matki pomaga jej bratu w znalezieniu pracy, ponieważ w danej chwili akurat on jest w stanie to zrobić. Dunia prosi sąsiada – osobę spoza rodziny – o pomoc w zdobyciu środków na życie. Takie wyjątki mogą również być następstwem nieprzewidywalności ludzkich zachowań i różnic osobowościowych. Stanowią wyjątki tylko dlatego, że w danej kulturze obowiązują pewne reguły, których jednostki mogą przestrzegać lub które mogą odrzucać w zależności od tego, co uznają za stosowne.

Lektura tej książki jest spotkaniem z inną kulturą. Pewne fragmenty opowieści Dunii mogą się wydawać zaskakujące, ponieważ nie odpowiadają naszym wyobrażeniom o życiu „tradycyjnych" kobiet w społeczeństwie arabskim. Historia Dunii przygotuje nas do poszukiwania podobnych elementów w opowieściach Umm Naimy, Umm Gad i Sudy. Historia Alice pozwoli nam zrozumieć, w jaki sposób podobne wątki uwidaczniają się w innej (nieco wyższej) warstwie społeczności miejskiej. Które wzorce zachowań są typowe dla kobiet żyjących w kulturze arabskiej, a które wynikają z indywidualnych cech osobowości naszych bohaterek? Niekonwencjonalna Dunia wydaje się najbardziej aktywnie kształtować wydarzenia, aby dostosować je do swoich pragnień i wyobrażeń. Czyni to jednak bardzo impulsywnie. Alice wykazuje się niezwykłą wytrwałością w dążeniu do swoich celów. W przeciwieństwie do nich, Umm Naima i Umm Gad bardzo rzadko buntują się przeciwko swojemu losowi. Typowa dla nich reakcja to przystosowanie. Jeden z nielicznych sprzeciwów Umm Naimy, spowodowany jej pragnieniem posiadania dzieci, doprowadza do poważnej choroby i kobieta szybko godzi się ze swym małżeńskim losem. Kobiety mogą różnie reagować na dotykające je nieszczęścia, ale u podłoża tych odmiennych reakcji tkwią te same podstawowe zasady: tragedią jest nie mieć dzieci lub mieć ich zbyt mało; kobieta, która nie ma męża, jest w jakimś sensie niepełnoprawną istotą ludzką, która musi znosić nieustanne naciski społeczne i godzić się z poważnymi ograniczeniami; konflikty rozwiązuje się według z góry ustalonego scenariusza; a od krewnych oczekuje się, że będą pełnili ściśle określone funkcje. Bohaterki tych pięciu historii łączy także poczucie, że ich los jest zależny od innych; kobiety mają wrażenie, że nieustannie „odbijają się" od innych ludzi – od swoich matek, mężów, dzieci, przyjaciół i wrogów. Na podstawie informacji zawartych w tych pięciu opowieściach wysnuwamy pewne wnioski, podobnie jak czyni to badacz obcej kultury – poprzez poszukiwanie podobieństw, analizę przyczyn niepowodzeń narratorek i źródeł konfliktów oraz dociekanie, co w owej kulturze uznaje się za nienormalne, a co jest powszechne i typowe.

Lektura tych historii jest niemal równie cennym źródłem informacji, jak obserwacja uczestnicząca nieznanej kultury. Podobnie jak obserwator zanurzony w obcej kulturze, czytelnik powinien się spodziewać, że od czasu do czasu będzie doświadczał silnych emocji i empatycznego zaangażowania. Szkoda byłoby analizować te opowieści nazbyt krytycznie, a co za tym idzie – przeoczyć cechującą je niezwykłą świeżość spojrzenia.

* * *

Część czytelników zapewne chciałaby się dowiedzieć, w jaki sposób zebrano tych pięć opowieści i jakie relacje łączyły osobę, która je spisała – Nayrę Atiyę – z narratorkami.

Nayra i ja przyjechałyśmy do Egiptu niemal równocześnie, w roku 1976 – Nayra wróciła do ojczystego kraju po wielu latach spędzonych za granicą, przede wszystkim w Stanach Zjednoczonych (dokąd wyjechała jako dziecko); mnie natomiast – amerykańską antropolog – przywiodły do Egiptu badania, które zamierzałam prowadzić wśród mieszkańców ubogiej dzielnicy Kairu. Przez pięć lat mojego tam pobytu byłyśmy bliskimi przyjaciółkami, czasami doświadczającymi Egiptu bardzo różnie, w innych sytuacjach – zaskakująco podobnie.

Jako Egipcjanka powracająca do kraju rodzinnego, Nayra biegle posługiwała się egipską odmianą potocznej arabszczyzny, dzięki czemu mogła umiejętnie przełożyć spisane historie na język angielski, a także porozumiewać się bezpośrednio z pięcioma narratorkami. Ponieważ jednak wyjechała z Egiptu jako dziecko, jej wiedza o kulturze i społeczeństwie tego kraju była niepełna, co wywierało pewien wpływ na jej interakcje z jego mieszkańcami. Dla nas – jej przyjaciół i czytelników – okazało się to korzystne, ponieważ uczyniło z Nayry osobę z zewnątrz, zdolną do dostrzegania subtelnych niuansów relacji międzyludzkich w kulturze egipskiej. Jako „nowa", Nayra widziała pewne aspekty życia dorosłych Egipcjan wyraźniej, niż gdyby spędziła w ich kraju całe życie.

Przedstawiciele niższych warstw społecznych, których Nayra spotykała tuż po przyjeździe do Egiptu – szewcy, parkingowi, krawcy i portierzy – przyjmowali ją ze zdumieniem i konsternacją. „Skąd pochodzisz?" – pytali, a kiedy im odpowiadała, nie mogli uwierzyć, że jest Egipcjanką. Bardziej szczerzy spośród nich wyjaśniali, że jej maniery i uprzejmość, jaką im okazywała, nie są powszechne wśród przedstawicieli jej klasy. Chodziło im o to, że w Egipcie istnieją pewne ustalone sposoby mówienia, charakterystyczne dla poszczególnych klas społecznych, a zachowanie Nayry nie przystawało do tego schematu. Sądzę, że Nayra spostrzegała pokonanie tych barier i nawiązanie bliskich relacji ze światem miejskich klas niższych – światem słabo znanym wykształconym elitom egipskim – jako niełatwe wyzwanie. Spisane przez nią opowieści nie pozostawiają żadnych wątpliwości co do tego, że Nayrze udało się stworzyć klimat otwartości i zaufania w relacjach z kobietami, z którymi rozmawiała.

Ponieważ na stronach tej książki przedstawiono zaledwie pięć historii (a właściwie cztery, jeśli weźmiemy pod uwagę wyłącznie opowieści kobiet z klasy niższej), nie można mieć pewności, że obraz, jaki się z nich wyłania, jest wiernym, czy choćby reprezentatywnym wizerunkiem egipskiej kobiety z dolnych warstw społecznych. Jednak na podstawie swoich doświadczeń w pracy z przedstawicielami klasy niższej sądzę, że te opowieści trafnie obrazują tę część społeczeństwa egipskiego pod względem sposobu mówienia, stylu opowiadania o własnych doświadczeniach oraz najważniejszych trosk i zainteresowań. Kobiety z tej grupy społecznej często ograniczają się do pomagania swoim mężom (kiedy tylko jest to możliwe) w ich pracy zarobkowej, tak jak Umm Gad pomaga mężowi w myciu samochodów, a Umm Naima – w łowieniu ryb. To prawda, każda z tych osób jest w jakimś sensie niepowtarzalna, bo przecież nie ma na świecie dwóch jednakowych istot ludzkich. Z pewnością jednak nasze bohaterki nie są wyjątkowe jako przedstawicielki społeczeństwa egipskiego.

Zważywszy na okoliczności, w jakich pracowała Nayra, nie sposób było ściśle kontrolować warunków, w których spisano tych pięć ustnych opowieści. Zresztą Nayrze wcale na tym nie zależało. Historie te zarejestrowano w sposób, który wydawał się najbardziej komfortowy i naturalny dla samej Nayry i dla kobiet, z którymi rozmawiała. Nayra nagrała ich relacje na taśmie magnetofonowej; w niektórych wypadkach trwało to kilka miesięcy, w innych – dużo krócej. Część kobiet opowiadała o swoich losach spontanicznie; inne potrzebowały zachęty i pokierowania. Po przetłumaczeniu treści nagrań na język angielski niezbędne okazało się usunięcie pewnych fragmentów, aby uniknąć zbyt częstych powtórzeń. Część powtarzających się wypowiedzi zachowano, na przykład w sytuacji, kiedy narratorka podawała kilka przykładów, aby zilustrować jakąś myśl, albo opisywała podobieństwa między swoimi losami a życiem swej matki lub córki (bądź obu bliskich sobie kobiet). Taki sposób wyrażania myśli jest charakterystyczny dla narratorek tych opowieści.

Nayra nie jest antropologiem. Jest malarką, poetką i pisarką. Gdyby zajmowała się antropologią, można by ją było podejrzewać o skłonność do przywiązywania nadmiernej wagi do pewnych wydarzeń – takich jak małżeństwo, śmierć, narodziny czy obrzezanie – wynikającą z jej zainteresowań zawodowych. Ponieważ jednak Nayra nie jest antropologiem, wydaje się, że żywe szczegóły tych wydarzeń stanowią naturalny element opowieści i zostały wybrane nie przez Nayrę, lecz przez same narratorki, jako tematy, wokół których postanowiły one zbudować swoje relacje. Wątki te nie wyczerpują zainteresowań naszych bohaterek, lecz są przez nie spostrzegane jako tematy najistotniejsze, które trzeba omówić, jeśli chce się przedstawić pełną historię swojego życia. Na swój sposób te egipskie kobiety potwierdziły doniosłe znaczenie kwestii, które antropolodzy od dawna uważają za istotne.

Andrea B. Rugh
Kair, Egipt
Jesień 1981

Przedmowa

Na stronach tej książki pięć współczesnych Egipcjanek w wieku od nieco ponad dwudziestu do sześćdziesięciu kilku lat – wszystkie reprezentujące niższą lub średnią klasę społeczno-ekonomiczną – opowiada historię swojego życia. Od narodzin, poprzez dzieciństwo, okres dorastania i rytuał klitoridektomii, po małżeństwo, dorosłe życie i własne dzieci – dzięki tym niezwykle osobistym relacjom uzyskujemy wgląd w codzienne życie pięciu egipskich kobiet. Poznajemy ich rodziny, dzielimy z nimi ich myśli, marzenia, obawy, nieszczęścia i rozczarowania, a wreszcie – otrzymujemy solidną porcję wiedzy dotyczącej miejscowego folkloru, przesądów i obyczajów, a także ogólnych informacji o kulturze egipskiej.

Kiedy mieszkałam na barce na Nilu (w Kairze), Dunia przez mniej więcej rok sprzątała u mnie sześć razy w tygodniu. Kilka miesięcy po tym, jak podjęła u mnie pracę, zaczęłam nagrywać jej opowieści na taśmie magnetofonowej. Przedtem wielokrotnie ucinałyśmy sobie krótkie pogawędki. W trakcie swych wędrówek po kajutach mojej barki – z miotełką z piór w dłoni – od czasu do czasu robiła sobie krótką przerwę, żeby ze mną porozmawiać albo opowiedzieć mi o sobie i o swoich sąsiadach. Dunia była utalentowaną gawędziarką, więc kiedy zaczynała opowiadać, rzucałam wszystko i zamieniałam się w słuch.

Miałam poczucie, że zostałam wyróżniona – pozwolono mi zerknąć w głąb społeczeństwa, o którym wiedziałam bardzo niewiele, a które pragnęłam zrozumieć, podobnie jak chciałam poznać dobrze Egipt – kraj, z którego wyjechałam jako dziecko (około dwudziestu pięciu lat temu) do Stanów Zjednoczonych.

Ponieważ mówię biegle kairską odmianą języka arabskiego, porozumiewałyśmy się bez trudu. Dunia pokazała mi swój świat, a ja – na swój sposób – odwdzięczyłam się jej tym samym.

Później postanowiłam rozwinąć i uzupełnić niektóre z wątków – takie jak dorastanie, miłość, małżeństwo, rodzina i nadzieje na przyszłość – które przewijały się przez opowieść Dunii, a które, jak podejrzewałam, nie mogły być charakterystyczne wyłącznie dla niej. Dlatego zaczęłam rozmawiać w podobny sposób z innymi mężczyznami i kobietami. Wybierałam ich przypadkowo spośród

Egipcjan, których spotkałam w ciągu trzech lat (w latach 1976–1979), na ogół podczas wykonywania zwyczajnych, codziennych czynności.

Spośród wszystkich tych opowieści wybrałam historie życia pięciu kobiet: Dunii, Umm Naimy, Umm Gad, Sudy i Alice. Tylko Alice, kobieta z klasy średniej, pochodząca z Górnego Egiptu, która często odwiedzała jedną z moich ciotek, oraz Suda, pracująca jako gosposia u rodziny z wyższej klasy średniej w Garden City, potrafiły czytać i pisać. Z wyjątkiem Alice – chrześcijanki wyznania koptyjskiego – wszystkie kobiety są muzułmankami.

Dunia była wówczas dwudziestokilkuletnią, proporcjonalnie zbudowaną kobietą. Miała szlachetne rysy, brązowe, lekko skośne oczy i pełne usta. Jej zęby były drobne i nieskazitelnie białe, a skóra – wyjątkowo jasna. Dumna postawa i energiczne ruchy nadawały jej królewski wygląd, nawet kiedy wykonywała najbardziej niewdzięczne prace.

Dunia ubierała się warstwowo, podobnie jak wiele kobiet wiernych arabskiej tradycji i kobiet z niższych klas społecznych. Pod długą, czarną suknią wierzchnią nosiła długą bawełnianą sukienkę bez rękawów, a pod czarną zasłoną na twarz (zwaną nikabem) – kolorową chustę zawiązaną ciasno wokół głowy i okrywającą czoło. Ten kolorowy strój – zawsze schludny i świeżo uprany – nosiła w domu i podczas pracy. Sąsiedzi Dunii uważali jej sukienkę bez rękawów za nieskromną. Moja rozmówczyni nie przejmowała się tym jednak, gdyż, jak zauważyła, „oni zawsze znajdą coś, co będą mogli krytykować. Niech sobie mówią, co chcą. Znam siebie i wiem, że nie mam się czego wstydzić".

Alice była ciemna i niska, a przy tym zaskakująco silna i raczej niezwykła. Przeniosła się z mężem do Kairu, początkowo po to, żeby być bliżej swoich dorosłych dzieci. Po pewnym czasie postanowiła pomagać ubogim kobietom – zarówno muzułmankom, jak i chrześcijankom – ucząc je szycia i robienia na drutach lub zachęcając do podjęcia pracy zawodowej. Przesłanie Alice, oparte na twardej szkole życia, brzmiało: „Kobieta, która ma w kieszeni pieniądze, może domagać się szacunku i jest w stanie go zdobyć; kobieta, która nie ma własnych pieniędzy, na zawsze pozostanie niewolnicą". Sama Alice szyła i robiła na drutach ubrania, które później sprzedawała na kiermaszach dobroczynnych.

Alice żywiła wyraźną niechęć do przedstawicieli klasy średniej, których spostrzegała jako egoistycznych, małostkowych i pozbawionych uczuć. Intensywności tej antypatii dorównywała jedynie nienawiść Alice do tych, których uważała za kolejną grupę ciemięzców – do mężczyzn. Kobieta spostrzegała mężczyzn jako egoistycznych i na ogół nielojalnych wobec osób, które ich kochają, podobnie jak ludzie z klasy średniej często postępują nielojalnie w stosunku do swoich przyjaciół i krewnych. Gorzkie doświadczenia życiowe sprawiły, że Alice żywiła do obu grup głęboką pogardę, chociaż w trakcie przelotnych kontaktów nie było tego widać. Na pierwszy rzut oka Alice wydawała się nastawiona przyjaźnie do całego świata.

Alice nie miała samochodu, więc codziennie przemierzała pieszo wiele mil, żeby odwiedzić kobiety, które potrzebowały jej pomocy. Zabierała swoje podopieczne oraz ich dzieci do szpitala, gdzie groźbą lub przekupstwem zręcznie torowała im drogę przez kłębiące się na korytarzach tłumy, aby mogły się dostać do lekarza. Starała się zaspokajać ich potrzeby, a jednocześnie uczyła je samodzielności. Od czasu do czasu towarzyszyłam jej w tych codziennych wędrówkach. Szybko spostrzegłam, że Alice jest dla ubogich kobiet nie tylko nauczycielką, ale także swatką, uzdrowicielką, mediatorką w trakcie kłótni i nieporozumień rodzinnych, przyjaciółką i specjalistką od rozwiązywania wszelkich problemów.

„Biedacy – powiedziała mi kiedyś – naprawdę doceniają to, co się dla nich robi, i chociaż mają tak niewiele, zwykle odwdzięczają się za otrzymaną pomoc bardziej hojnie niż ludzie zamożni, którzy zapominają o wyświadczonej im przysłudze, kiedy tylko przychodzi czas na jej odwzajemnienie".

Umm Naima, pięćdziesięciokilkuletnia żona rybaka, z ciekawością obserwowała moją codzienną krzątaninę z miejsca, w którym była zacumowana ich łódź (niedaleko barki, na której wówczas mieszkałam). Przez jakiś czas wymieniałyśmy uprzejme pozdrowienia. Było to bardzo łatwe, ponieważ w Egipcie ludzie pozdrawiają się według ściśle określonego wzorca, który wkrótce staje się wyuczoną formułką. Początkowo rozmawiałyśmy ze sobą dość powściągliwie. Po pewnym czasie Umm Naima i jej mąż zaprosili mnie na herbatę, a ja odwzajemniłam się podobnym zaproszeniem. Później podarowałam im kilka pudełek cukru i paczkę herbaty, a oni zostawiali dla mnie w kuchni emaliowany półmisek pełen smażonych ryb nilowych. Stopniowo nawiązała się między nami przyjaźń oparta na wzajemnym szacunku i życzliwości.

Ich łódź wiosłowa – długa na jakieś pięć metrów i szeroka na niespełna dwa – była ich drugim domem i żywicielką. Oprócz sprzętu do łowienia ryb Umm Naima i jej mąż wozili ze sobą piecyk naftowy, mały lampion, niebieski, emaliowany dzbanek do herbaty, maleńką szklankę ze żłobionego szkła, z której piliśmy herbatę zaparzaną w wodzie zaczerpniętej z rzeki, oraz porowaty, płowożółty dzbanek na wodę – zwany *ulla* – przewieszony przez burtę łodzi.

Mieli również brezentową plandekę, pod którą chronili się w nocy, dwa koce, kilka garnków, emaliowane talerze i miski, a także komplet odzieży roboczej na zmianę i ubrania wyjściowe (noszone na lądzie). W wypadku rybaka była to gruba brązowa *galabijja* o szerokich rękawach – skrojona na modłę chłopską. Umm Naima nosiła czarną, aksamitną suknię wierzchnią – nakładaną na kwiecistą sukienkę z długimi rękawami i karczkiem, w której urzędowała na łodzi – naszyjnik ze szklanych paciorków i złote kolczyki w kształcie półksiężyca. Zgodnie z tradycją w okresie świątecznym kobieta zamawiała u krawcowej nową bawełnianą sukienkę w kwiaty, jeśli tylko mogła sobie na to pozwolić. Mąż Umm Naimy pracował w bieliźnie, złożonej z szerokich spodni ściągniętych w pasie za pomocą tasiemki lub gumki i z sięgającej kolan koszuli – szeroko skrojonej, z okrągłym wycięciem wokół szyi. Na koszulę nakładał *sederi*, czyli kamizelkę, której tylna część była uszyta ze zwykłej, gładkiej bawełny, przednia zaś – z błyszczącej, prążkowanej tkaniny bawełnianej, ozdobionej zwartym rzędem guziczków, przypominających szklane kulki. Na głowie nosił czerwono-brązową czapeczkę, a jej kolor i faktura bardzo przypominały luźno splecione włókna u nasady liści palmy daktylowej, z których w Egipcie wyrabia się tanie, gęste miotły i mocne liny.

Umm Naima i jej mąż dzielili swój czas między łódź rybacką a dom w rodzinnej wiosce w delcie Nilu, w którym spędzali święta i w którym przez większość czasu mieszkała ich jedyna córka.

Ich największy problem – rozwiedziona córka – niedawno doczekał się pomyślnego rozwiązania. Kobieta wyszła ponownie za mąż i zamieszkała z małżonkiem w Kairze, dzięki czemu rodzice mogą ją częściej odwiedzać i czuwać nad nią.

Słowo *Umm* znaczy „matka" i jest używane jako wyraz szacunku. *Umm* świadczy o tym, że kobieta wypełniła swoje powołanie – została matką. Czasami bezdzietną kobietę nazywa się *Umm el-Ghajib* – „matką nieobecnego" – aby nie wymawiać jej imienia, co oznaczałoby brak szacunku lub byłoby odbierane jako wyraz lekceważenia. Słowo *Abu* znaczy „ojciec" i ma podobne zastosowanie. Terminów tych używa się w rozmowach z osobami starszymi. W takim kontekście można je zastąpić słowami *Challti* lub *Ammitti* – „ciocia" – oraz *Chali* lub *Ammi* – „wujek".

Umm Gad mieszkała wraz z rodziną w trzech pokojach na tyłach garażu, w którym parkowałam swój samochód. Poznałam ją w roku 1976 i odtąd widywałam ją codziennie. Często gawędziłam z nią i z jej mężem, kiedy parkowałam swoje auto albo wyprowadzałam je z garażu.

W odróżnieniu od małżeństwa rybaków, Umm Gad i jej mąż żyli pod ziemią, niczym krety. Myślę, że właśnie dlatego często uciekali na ulicę, aby zaczerpnąć powietrza, z wyjątkiem pory, kiedy w telewizji nadawano tasiemcowe telenowele. Wówczas wszyscy tłoczyli się w jednym pokoju, żeby śledzić losy bohaterów. Ściany ich pokojów – ciemnych i wilgotnych – były jaskrawo turkusowe. Woń gotowanych potraw, zmieszana z zapachem zbyt wielu osób mieszkających na niewielkiej powierzchni, wytwarzała niezdrową atmosferę, która uwidaczniała się w bladych, wymizerowanych twarzach członków rodziny.

Umm Gad była niska i tęga. Pomimo tragicznego doświadczenia utraty kilkorga dzieci i trudności, jakie niesie ze sobą życie na tyłach garażu, miała poczucie, że dobrze kieruje sprawami rodziny. W jej wielkich brązowych oczach nie było widać smutku, który wyrażała słowami, chociaż kiedy opowiadała o śmierci swojego synka, gorzko płakała.

Umm Gad nosiła tradycyjne bawełniane suknie do kostek, z długimi rękawami. Krzątała się, powłócząc nogami w jaskrawo fioletowych, plastikowych pantoflach. Zawsze nosiła białą lub czarną chustkę, zawiązaną nisko nad czołem, z węzłem na czubku głowy; spod chustki wystawały dwa cienkie warkocze. Czarną suknię wierzchnią wkładała tylko wtedy, gdy wyjeżdżała do swego domu rodzinnego w Gizie, wiekowym samochodem koloru pistacjowego – nowym nabytkiem, o którym wspomina z dumą w swojej opowieści.

W przeciwieństwie do Umm Gad, jej mąż był chudy jak patyk. Za jego pozornie radosnymi porannymi i wieczornymi pozdrowieniami krył się dojmujący smutek.

Suda, która pracowała jako gosposia, była zawsze uprzejma i kompetentna. Przede wszystkim jednak sprawiała wrażenie osoby, która doskonale wie, czego chce. Pod pewnymi względami przypominała Umm Gad. Pragnęła wyjść za mąż, zrezygnować z pracy i prowadzić dom wyposażony we wszystkie nowoczesne udogodnienia dostępne w dzisiejszym Egipcie dla każdego, kogo na nie stać.

Suda zamierzała pracować tylko do czasu, kiedy zaoszczędzi wystarczająco dużo pieniędzy, aby kupić sobie to, czego pragnie – między innymi lodówkę, pralkę, telewizor i radiomagnetofon. Podobnie jak wiele młodych kobiet z jej klasy społecznej, Suda lubiła dobrze się ubierać. Rozwijający się egipski przemysł odzieżowy sprawia, że staje się to coraz łatwiejsze. Suda wyglądała bardzo elegancko w krótkich spódnicach, pantofelkach na wysokich obcasach, szykownych bluzkach z dzianiny i świetnie dobranych apaszkach. W okresie, kiedy się spotykałyśmy, nigdy nie ubrała się jednakowo dwa dni z rzędu i z zadowoleniem przyjmowała komplementy dotyczące swej eleganckiej garderoby.

Przodkowie Sudy pochodzili z Sudanu; zapewne to po nich kobieta odziedziczyła ciemną skórę, wysoki wzrost i grację. Jej urodę podkreślały inteligentne oczy, w których pojawiał się upór, kiedy Suda postanowiła zrobić coś po swojemu.

Podobnie jak pozostałym kobietom, wydawało jej się zabawne, że chciałabym umieścić jej historię w zbiorze opowieści o współczesnych Egipcjankach. Nie uważała się za wyjątkową pod żadnym względem, a co za tym idzie – nie sądziła, że zasługuje na szczególną uwagę. Mimo to, tak jak pozostałe kobiety, chętnie siadała i opowiadała mi o swoim życiu, zawsze ze śmiechem, jakby opowiadała niezły dowcip.

Moje relacje z Alice, Umm Gad i Sudą były mniej zażyłe niż stosunki z Umm Naimą i Dunią, z którymi widywałam się codziennie. Później jednak wyprowadziłam się z barki na Nilu, a kiedy Dunia również się stamtąd wyniosła, straciłam z nią kontakt (czego bardzo żałuję). Zeszłego lata udało mi się jednak odnaleźć Sudę. Zrezygnowała z pracy. Zostawiłam wiadomość jednej z jej koleżanek, która nadal pracowała u kogoś, kogo znałam, pytając, czy moglibyśmy się spotkać. Suda zaprosiła mnie do swojego domu, w którym poznałam jej matkę i najmłodszą siostrę. Wyszła za mąż i właśnie spodziewała się pierwszego dziecka. Całe dnie spędza z matką, a o zachodzie słońca przyjeżdża po nią mąż i oboje wracają do własnego mieszkania, które znajduje się przy tej samej ulicy. Suda starannie zaplanowała swoje życie i pokierowała nim dokładnie tak, jak postanowiła. Od czasu do czasu nadal widuję się z Alice oraz odwiedzam Umm Naimę i jej męża, Hameda, na ich łodzi na Nilu.

Kiedy spisywałam te historie, najbliższa więź łączyła mnie z Umm Naimą. Widywałyśmy się przelotnie przy okazji codziennych wyjść i powrotów do domu, co nadawało naszym spotkaniom przyjemny, nieformalny charakter. Trwało to od roku 1976 do 1979, kiedy to wyprowadziłam się z barki.

Myślę, że wszystkie te kobiety opowiedziały mi swoje historie dlatego, iż wytworzyło się między nami wzajemne zaufanie, które pomogło nam rozmawiać szczerze o wielu sprawach. Dzieliłam się z nimi swoimi myślami i doświadczeniami i starałam się wykorzystać ich mądrość, aby rozwiązać niektóre ze swoich problemów, a jednocześnie lepiej zrozumieć wiele aspektów życia w kulturze egipskiej. Moje rozmówczynie odwzajemniły się podobną otwartością. W kilku wypadkach już po kilkumiesięcznej znajomości czułam się wystarczająco swobodnie, aby poprosić kobiety o zgodę na nagrywanie ich opowieści. W pozostałych trwało to dłużej – rok lub dwa – zwłaszcza jeśli widywałam się z moją rozmówczynią stosunkowo rzadko, tak jak w wypadku Alice i Sudy. Za każdym razem na początku wyjaśniałam, że spisuję opowieści o życiu mieszkańców Egiptu i chciałabym umieścić ich historie w zbiorze, z którego być może powstanie kiedyś książka. Wszystkie kobiety wyraziły na to zgodę.

Zmieniłam imiona i nazwiska wszystkich narratorek, żeby ochronić ich prywatność.

Wszystkie kobiety opowiedziały mi swoje historie po arabsku. Przełożyłam je na język angielski, a następnie uporządkowałam, starając się odtworzyć kolejność zdarzeń z oryginalnych opowieści i ograniczyć zmiany redakcyjne do minimum. Dołożyłam również starań, aby oddać w języku angielskim indywidualny styl każdej z narratorek, ducha ich opowieści oraz dramaturgię losów.

Postanowiłam spisać te historie, aby lepiej poznać moją ojczyznę – Egipt – poprzez jej mieszkańców. Na pomysł podzielenia się tymi opowieściami z czytelnikami wpadłam dopiero później. Oczywiście pięć kobiet, których historie przedstawiono w tej książce, nie stanowi grupy reprezentatywnej dla wszystkich Egipcjan. Nie wybrałam ich jako typowych przedstawicielek konkretnych klas społecznych ani typów ludzi. Są to osoby, z którymi zetknął mnie los. Ich opowieści mnie poruszyły. Charakterystyczne dla ich historii bogactwo szczegółów oraz sposób, w jaki relacjonowały swoje doświadczenia życiowe, pozwoliły mi spojrzeć na Egipt i na moich rodaków z nowej, szerszej perspektywy. Na podstawie tych opowieści sformułowałam na własne potrzeby kilka istotnych wniosków dotyczących Egiptu i jego mieszkańców. Ponieważ jednak nie jestem ani antropologiem, ani socjologiem, szczegółową analizę tych relacji pozostawiam osobom, które zajmują się tym zawodowo lub z zamiłowania.

Wśród przedstawionych na stronach tej książki historii nie ma opowieści mężczyzn. Wynika to, po pierwsze, z tego, że postanowiłam trzymać się głównego tematu, po drugie zaś, z faktu, iż osobami, z którymi najłatwiej było mi nawiązać i utrzymać kontakt, były właśnie kobiety. Fakt, że cztery spośród pięciu narratorek reprezentują niższą klasę społeczną, a tylko jedna należy do klasy średniej, to czysty zbieg okoliczności.

Tytułowe *khul-khaal* to ciężkie, złote lub srebrne bransolety na kostki, noszone przez kobiety zamężne. Po śmierci męża kobieta często pozbywa się tej ozdoby. Bransolety te wydają się doskonale pasować do treści mojej książki ze względu na swe symboliczne i dosłowne znaczenie.

Khul-khaal ograniczają swobodę ruchów, ale mogą także przynosić kobiecie pewne korzyści. Jako ozdoba połyskująca na kształtnej kostce i przy każdym kroku wydająca charakterystyczny, brzęczący odgłos, bywają uwodzicielskie. Fragment popularnej egipskiej piosenki – „brzęk twoich bransoletek odebrał mi rozum" – pokazuje, że *khul-khaal* mogą być drogą prowadzącą do serca mężczyzny. To dlatego Koran przestrzega kobiety przed uderzaniem stopą o stopę, mającym „przyciągać uwagę ku ich ukrytym ozdobom".

W kategoriach materialnych przeciętna para srebrnych bransolet na kostki jest warta około dwudziestu funtów egipskich. Służą one – podobnie jak inne elementy biżuterii – jako zabezpieczenie na wypadek nieszczęścia. Na przykład Alice opowiada, jak stopniowo, po kawałku, sprzedawała swoje złote łańcuszki, żeby związać koniec z końcem.

Chciałabym wyrazić swoją wdzięczność wobec kobiet, które wzbogaciły mnie, dzieląc się ze mną historiami swojego życia, swoją wiedzą i doświadczeniami. Ich opowieści nadały bardzo wyrazisty smak Egiptowi, z którego wyjechałam jako dziecko, aby powrócić doń jako dorosła kobieta, i którego – jak sądzę – nigdy nie przestanę odkrywać.

Pragnę skorzystać z okazji, aby podziękować moim przyjaciołom i krewnym – dzięki ich wsparciu i bezpośredniej pomocy te historie mogły się ukazać w postaci książki.

Dziękuję Andrei Rugh, znakomitej antropolog, która pierwsza przeczytała mój maszynopis i odniosła się do niego z wielkim entuzjazmem, sugerując, że warto byłoby go opublikować, a później znalazła w swym napiętym kalendarzu czas na napisanie słowa wstępnego. Dziękuję Asmie el-Bakry za jej nieustające wsparcie i za to, że przemierzyła Kair i jego okolice wzdłuż i wszerz, robiąc fotografie do mojej książki. Jeanne Tifft za to, że pozwoliła mi wykorzystać jedną ze swoich pięknych fotografii. Margot Badran za jej entuzjazm i wnikliwe uwagi. Elizabeth Taylor i Essamowi Awny za to, że udostępnili mi wspaniałe miejsce, w którym mogłam pracować pewnego trudnego lata. Mary Megally za długie godziny spędzone nad klawiaturą komputera. May Trad oraz Ruth i Normanowi Danielom za to, że pozwolili mi zwolnić tempo, kiedy tego najbardziej potrzebowałam. Pauline Sadek za przepisanie tekstu maszynopisu w rekordowym czasie. Nathene Loveland za nieocenione wskazówki. Martinowi Rose'owi, Nelly Hannie, Williamowi Eshaqowi i zmarłemu niedawno Alemu Omarowi za ich przyjazne komentarze. Moim dzieciom – Adamowi i Katrinie – za dopingowanie mnie na ostatniej prostej. Moim ciotkom – Ninie, Suzy i Lucienne – za opiekę, jaką otoczyły mnie na ostatnich, decydujących okrążeniach. Moim rodzicom, którzy – choć z daleka – zapewniali mi niesłabnące, bezcenne wsparcie. Wreszcie, mojemu ukochanemu Egiptowi – za jego ponadczasowe bogactwo.

Nayra Atiya
Kair, Egipt
Jesień 1981

*„Krew musi wypłynąć,
to świadectwo honoru”.*

Umm Gad

Żona dozorcy garażu

Pewnego dnia, kiedy byłam młodą dziewczyną, obudziłam się, otworzyłam oczy i nagle spostrzegłam, że jestem już dorosła. Byłam zupełnie sama. Nie miałam brata ani siostry, ani ciotki ze strony matki, do których mogłabym się zwrócić w potrzebie, ani ciotki ze strony ojca, którą mogłabym poprosić o pomoc. Moja ciotka ze strony ojca zmarła, zanim uświadomiłam sobie, kim jestem. Moi stryjowie odeszli, zanim zdałam sobie sprawę, że należę do rodzaju ludzkiego.

Urodziłam się we wsi na obrzeżach Gizy. Korzenie naszej rodziny tkwią głęboko w tej wiosce; nie mamy żadnej innej, którą moglibyśmy uznać za własną. Życie mojego ojca, dziada i pradziada upłynęło w tej osadzie. Dlatego kiedy przyszliśmy na świat, czuliśmy się częścią tej wioski i żadnej innej.

Kiedy obudziłam się tamtego ranka, uświadomiłam sobie, że jestem sama. Kiedyś, dawno temu, mój ojciec ożenił się z córką swojej ciotki ze strony ojca – córką siostry swego ojca. Pierwsza żona urodziła mu trzy córki. Wszystkie umarły. Żadna nie przeżyła. To było jeszcze przed moim urodzeniem. Pierwsza żona mojego ojca zmarła, a wtedy on ożenił się z moją matką.

Moja matka urodziła mu ośmioro dzieci – trzech synów i pięć córek. Żadne z nich nie umarło w niemowlęctwie. Niektóre miały sześć, a inne siedem lat, kiedy odeszły. Zniknęły nagle, bez żadnej choroby, bez ostrzeżenia.

Kiedy moja matka zaszła ze mną w ciążę, bała się, że spotka mnie taki sam los, jak wszystkie inne dzieci, dlatego udała się do wróżbity, żeby poprosić go o radę. Szejk[*] Ali – ten, który wie – mieszkał w pobliskiej wsi.

---

[*] Szejk – słowo pochodzenia arabskiego (dosłownie „starzec", „naczelnik") mające dwa podstawowe znaczenia: (1) arabski przywódca plemienia lub terytorium; (2) wyższej rangi duchowny muzułmański. W dalszej części tej książki termin ten będzie używany w drugim znaczeniu, przy czym autorka (za narratorkami opowieści) określa tym mianem także egipskich wróżbitów i uzdrowicieli (mężczyzn zajmujących się czarami). W tekście pojawia się również żeński odpowiednik słowa „szejk" – *szejka*, oznaczający wróżkę, kobietę zajmującą się czarami (przyp. tłum.).

Poszła do niego na krótko przed porodem. Szejk nakazał jej: „Usuń wszystkie różnice, jakie mogą istnieć między tobą a twoją niebiańską siostrą". Wierzymy, że każdy człowiek ma swoją *Karina* – niebiańskiego brata lub siostrę. To duchy, które nakłaniają nas do robienia rzeczy, których nie uczynilibyśmy z własnej woli. Mogę na przykład odmówić wypicia szklanki herbaty. Jeśli moja *Karina* chciałaby ją wypić, będzie mi to miała za złe. Prędzej czy później zemści się na mnie. Jeżeli na przykład zajdę w ciążę, sprawi, że poronię.

Moja matka bała się swojej niebiańskiej siostry i dlatego wybrała się do tego, który wie.

Szejk poradził jej: „Kiedy powijesz dziecko, musisz mieć pod ręką czarną kaczkę bez plamek i łat. Zanim niemowlę przyjdzie na świat, przygotuj miednicę, do której spłynie wszystko, co się z ciebie wydostanie. Nie pozwól, żeby cokolwiek znalazło się poza miednicą. Nie pozwól, aby łożysko dotknęło ziemi". Później szejk powiedział jej, że kaczkę należy zabić, oskubać i ugotować w całości, nie łamiąc ani jednej kosteczki. Powiedział: „Po porodzie musisz zjeść ptaka, nie łamiąc mu kości. Ogryź kości do czysta, a kiedy nie pozostanie już ani odrobina mięsa i resztki ptaka będą wyglądały jak ołtarz z kości, weź metr płótna, *farta beeda*, i umieść w nim swoją krew i łożysko oraz resztki kaczki. Dodaj kawałek chleba i trochę soli, zbierz końce tkaniny i zrób mocny węzeł, a później wykop głęboki dół tuż obok swego domu, u jego fundamentów, i zakop w nim to wszystko. Jeśli to zrobisz, dziecko przeżyje".

Chociaż życie i śmierć znajdują się w rękach Boga i to On może poruszać góry, moja matka postąpiła tak, jak polecił jej szejk, a ja nie umarłam. Przeżyłam.

Kiedy byłam niemowlęciem, matka przez długi czas karmiła mnie piersią. Czuła, że musi to robić, żeby odwdzięczyć się losowi za to, że przeżyłam. Ponieważ karmiła mnie tak dobrze, stałam się bardzo marudna. Jako pięcioletnia dziewczynka często kopałam, krzyczałam i grymasiłam, dlatego matka postanowiła mnie wytatuować, żebym się uspokoiła. Zabrała mnie do kogoś, kto się tym zajmował. Kazała zrobić mi tatuaże na czole i na piętach. Tatuażu na pięcie już prawie nie widać, pewnie na skutek częstego mycia.

Mniej więcej w tym samym czasie moja matka urodziła kolejne dziecko – chłopca. Nazwała go Hassan. Umarł, kiedy miał sześć lat. Później miała jeszcze córeczkę, która była zdrowa i śliczna i już raczkowała, kiedy Bóg przypomniał sobie o niej i postanowił nam ją odebrać.

Mój brat Hassan był bardzo piękny. Gdybyś go zobaczyła, pomyślałabyś, że jest synem królów. Miał pełną, rumianą twarz, jak Anglik. Ktoś rzucił na niego zły urok.

W tamtych czasach w naszych stronach mieszkało niewielu ludzi, ci zaś, którzy nas otaczali, byli bardzo skryci, a często pełni zawiści i złej woli. Każdy czuł się samotny. Nie tak jak dzisiaj, kiedy ulice są pełne ludzi, dzięki czemu wydają się przyjazne i bezpieczne.

Gdybyś w tamtych czasach przeszła jedną z uliczek naszego osiedla, zapewne minęłoby sporo czasu, zanim spotkałabyś innego człowieka – mężczyznę, kobietę lub dziecko – nadchodzącego z przeciwka. Mieszkaliśmy w tradycyjnej, tubylczej dzielnicy, wzniesionej wokół wąskich alejek i ślepych uliczek, upstrzonej gęstymi skupiskami domów z suszonej cegły. Wszyscy się znaliśmy, a mimo to strach stanowił nieodłączną część naszego życia.

Na widok mojego brata Hassana ludzie mówili: „Jakie śliczne dziecko! Jak to możliwe, że ktoś taki jak ty wydał na świat taką perełkę?" Powtarzając w kółko to samo, rzucali na Hassana zły urok.

W tamtych czasach do Egiptu przyjeżdżało mnóstwo Anglików i Afrykańczyków. Kręcili się po okolicy, a kiedy widzieli mojego brata, bez końca rozwodzili się nad jego urodą. Hassan prosił ich o papierosy, które przynosił ojcu, a w zamian łuskał i prażył dla nich kukurydzę z naszych pól. Był bardzo bystry. Przynosił ojcu swoje łupy i prosił go o słodycze zwane *basbusa* i *boghaza*.

Cudzoziemcy nie chcieli wyrządzić mu żadnej krzywdy swoimi pochwałami. Nie znali naszego pojęcia *hassad* – złego uroku. To ktoś z naszych zabił mojego brata.

Miałam jakieś dziesięć lat, kiedy Hassan umarł. Skuliłam się na ziemi i opłakiwałam śmierć pięknego brata, który był przy mnie.

Hassan miał zwyczaj budzić się w środku nocy i prosić o coś do picia. Wstawaliśmy, żeby przygotować mu szklankę mleka lub herbaty. To był nasz nocny rytuał.

Pewnej nocy moja matka zbudziła się nagle i zdała sobie sprawę, że Hassan nie poprosił o herbatę. Zauważyła, że jego lampka jest zgaszona, a z jego łóżka nie dobiega żaden odgłos. Zerwała się i krzyknęła do ojca: „Omar! Omar!" Ojciec odkrzyknął: „Co się dzieje, kobieto? Co się dzieje?", a ona odrzekła: „Lampka się nie świeci, a chłopiec nie obudził się jak zwykle, żeby poprosić o coś do picia". Rodzice wstali i włączyli światło. Później odwrócili Hassana na wznak i zobaczyli, że nie żyje.

Mój brat na nic nie chorował, umarł bez ostrzeżenia. To był szok. Rodzice obudzili mnie, a ja zaczęłam krzyczeć. Matka wybiegła z domu, zawodząc. Pobiegła do domu swojej matki i do domów innych krewnych. Wszyscy mieszkaliśmy blisko siebie.

Była druga nad ranem, a mój braciszek zwykle budził się o północy, żeby poprosić o herbatę. Ulice były ciemne i puste.

Moja matka wypełniła je donośnym płaczem. Jej brat obudził się i powiedział do swojej żony: „Zeinab, czy to możliwe, że ten hałas to płacz mojej siostry?" Jego żona wstała, otworzyła okno na oścież i wyjrzała na ulicę. Rzeczywiście, to była moja matka. Zeinab wybiegła z domu i zapytała: „O co chodzi? Co się stało?" Moja matka odpowiedziała: „O ja przeklęta, *el bejda*, syn przeklętej umarł".

Ludzie, obudzeni w środku nocy, wyszli ze swoich domów. Ale cóż było robić? Jak powiadają, jeśli będziesz cierpliwy, twoja cierpliwość zostanie nagrodzona, a Bóg wypełni swoją wolę; jeśli zabraknie ci cierpliwości, przegrasz, lecz Jego wola i tak się wypełni.

Niedługo potem zaręczyłam się z synem mojego stryja. Ponieważ byłam jedynaczką, a mój mąż miał tylko jedną siostrę, oboje czuliśmy się samotni. Kuzyn postanowił się ze mną ożenić, aby umocnić więź między naszymi rodzinami. Powiedział: „Poślubię ją i odtąd będę dla niej mężem i bratem".

Poprosił o zgodę mojego ojca, a ten odpowiedział: „Mój synu, to twoja najbliższa kuzynka, więc cokolwiek się stanie, masz pierwszeństwo do jej ręki. Jesteś dla niej jak brat".

Ponieważ w moim rodzinnym domu mieszkali tylko moi rodzice, dom wydawał się pusty po tym, jak wszystkie dzieci umarły. Moi rodzice czuli się osamotnieni, więc ojciec powiedział do Omara: „Mój chłopcze, to jest twój dom. Masz w nim swoje miejsce i odtąd będziesz miał własny pokój". Tak się też stało. Miałam wtedy trzynaście lat. Nie miałam jeszcze piersi ani nie zaczęłam miesiączkować.

Pierwszą miesiączkę miałam osiem miesięcy po ślubie. Wkrótce potem urodziło się nasze pierwsze dziecko, córka. Ma na imię Fatma, Umm Reda.

Po jakimś czasie urodziłam drugą córkę. Nie chciała jeść. Odwracała się od piersi. Próbowałam karmić ją butelką, ale umarła. Miała sześć miesięcy.

Później na świat przyszła kolejna córka. Dzisiaj jest urzędniczką w jednym z ministerstw. Potem urodził nam się syn, Mohammad, który umarł w wieku ośmiu miesięcy. Na niego także rzucono zły urok. Naszej rodzinie pisany jest taki los. To było tuż po śmierci mojego ojca. Ledwie go pochowaliśmy, kiedy chłopiec dostał wysokiej gorączki. Umarł, zanim wzeszło słońce. Opłakiwaliśmy ich obu.

Musieliśmy żyć dalej. Moja matka została sama, a ja byłam jej jedynym dzieckiem i jedyną podporą. Czyż mogłam zostawić matkę pod opieką syna lub córki jej brata? O nie! To my byliśmy za nią odpowiedzialni. Powiedziałam jej: „Pamiętaj, że jesteśmy w domu mojego ojca i tylko wynajmujemy w nim pokoje. Nosimy cię w naszych sercach". Moja matka została z nami.

Omar, mój mąż, już wtedy zajmował się doglądaniem i myciem samochodów w garażach i pracował dorywczo jako kierowca. Wykonuje tę pracę od dwudziestu lat, chociaż na tyłach tego garażu zamieszkaliśmy dopiero przed pięcioma laty.

Pewnej nocy żonie mojego stryja ukazał się we śnie mój zmarły ojciec. Powiedział: „Słuchaj, kobieto. Moja córka wydała na świat dziecko. Idź do niej i powiedz jej, żeby ubrała tego, którego urodziła, na czarno. Powiedz, żeby zakryła jego twarz czarną zasłoną. Powiedz, żeby nie pokazywała go nikomu ani nie pozwalała innym brać go na ręce. Jeśli tak postąpi, dziecko będzie żyło".

Przybiegła i powtórzyła mi wszystko. Powiedziała mojej matce: „I kto powiedział, że zmarli nie troszczą się o żywych? Posłuchaj, ostatniej nocy twój mąż przyszedł do mnie we śnie".

Postąpiłam tak, jak mi przykazano. Zasłaniałam dziecko i ubierałam je na czarno, aż wyrosło na dużego, pięknego chłopca. Mój synek przeżył.

Później urodziłam córkę, Sanę. Kiedy miała osiem miesięcy, dostała wysokiej gorączki. Pewna kobieta robiła jej zastrzyki z penicyliny, ale zamiast wyzdrowieć, Sana dostała paraliżu. Zachorowała na polio. Pewnego dnia postawiłam ją na swoich kolanach i nagle jej nóżka ugięła się bezwładnie. Byłam wstrząśnięta. Strasznie się zdenerwowałam. Wiedziałam, że dla dziewczynki i przyszłej kobiety taka choroba to wielkie nieszczęście. Żaden mężczyzna nie zechce ożenić się z kaleką.

Zabrałam ją do szpitala dziecięcego Abu Risz, a tam lekarz zapytał, czy dziewczynka miała gorączkę i czy dostawała zastrzyki z penicyliny. Kiedy odpowiedziałam twierdząco, lekarz powiedział: „No cóż, dobra kobieto, teraz możesz tylko zaufać Bogu i prosić Go, aby ją uzdrowił".

Jeździłam z Saną do szpitala na fizjoterapię. Zabierałam ją tam co drugi dzień, przez trzy lata. Pewnego dnia postawiła stopę na podłodze i Bóg się nad nią zmiłował. Mogła chodzić. Jednak do dzisiaj nieznacznie kuleje. Wysłaliśmy ją do szkoły, teraz uczy się na księgową.

Później urodziłam kolejnego syna. Dałam mu na imię Ali, po moim ojcu. W tym czasie zamieszkaliśmy na tyłach tego garażu. Pewnego dnia, kiedy chłopiec miał trzynaście lat, w czasie święta *musim*, postanowiłam ugotować coś dobrego dla krewnych z naszej rodzinnej wioski.

Zauważyłam, że Ali siedzi w kącie, bardziej cichy i spokojniejszy niż zwykle. Zapytałam go: „Co się dzieje, braciszku?", a on odpowiedział: „Nic. Tylko trochę kaszlę".

Siedział i łuskał ze mną groch. Kiedy jego siostra ugotowała zielone ziarna, Ali zjadł jak zwykle, a później wyszedł pobawić się z kolegami. Zabrałam potrawę, którą przyrządziłam, i wybrałam się do wioski. Było około piątej po południu.

O dziewiątej zobaczyłam nagle siostrę Alego, Sanę – tę, która kuleje. Biegła w moją stronę. Zaniepokoiłam się i zawołałam: „Co cię sprowadza o tej porze?", a ona odpowiedziała: „Ali zdrzemnął się po południu. Kiedy się obudził, powiedział do babci: «Chce mi się siusiu», a ona na to: «Więc wstań i załatw się, moje dziecko»". Ali zaczął się podnosić – ciągnęła Sana – ale nogi odmówiły mu posłuszeństwa. Zawołał: „Pomóż mi, babciu, nie mogę stać!" Padł jak kłoda na ziemię. Jego babka krzyknęła i podbiegła do niego. Zbiegli się sąsiedzi. Moja matka krzyczała: „Pomocy! Pomocy! Coś złego dzieje się z chłopcem!" Więc sąsiedzi podnieśli go i zabrali do lekarza. Kiedy Sana skończyła swoją opowieść, jej ojciec i ja wezwaliśmy taksówkę i pośpieszyliśmy do domu. Spotkaliśmy sąsiadów, którzy odwozili chłopca do domu samochodem doktora. Ali już nie żył.

Nie mogę o nim zapomnieć. Myślę o nim bez przerwy. Był podobny do mojego pięknego zmarłego brata. Był już mężczyzną. Nie zdążyłam go zobaczyć przed śmiercią. Jego ojciec też nie. Bóg zabrał go bez ostrzeżenia. To było pięć lat temu. Byłam zrozpaczona. Wysmarowałam twarz błotem, a smutek palił mnie jak ogień.

Jego ojciec nigdy nie przyszedł do siebie. Jest załamany. Nadal ciężko pracuje, ponieważ ma dzieci, które musi wychować, ale coś w nim pękło. Nie należy do ludzi, którzy obnoszą się ze swoim cierpieniem. Chowa wszystko w sobie, a skrywany smutek zżera go od środka.

Przez dwa lata byłam pogrążona w rozpaczy. Nie mogłam jeść ani chodzić. Nie mogłam niczego robić. Moja rodzina zmuszała mnie do jedzenia, a ja nie byłam w stanie przełknąć niczego poza kilkoma łykami mleka.

Kochałam Alego bardziej niż pozostałe dzieci, ponieważ nosił imię mojego ojca. Dzisiaj byłby dla mnie bratem i synem. Zostało mi tylko kilkoro dzieci i mąż.

Przed śmiercią syna często mówiłam sobie: „Mój ojciec nie żyje, ale w naszym domu dorasta nowy Ali". Lecz Bóg nie pozwolił mu żyć. Bardzo cierpię, ponieważ imię mojego ojca umarło dwa razy.

Kiedy Ali żył, a ja wołałam go po imieniu, czułam w sercu spokój. Ogarniała mnie wielka radość, a jego imię dźwięczało na moich wargach jak dzwoneczki. Moje serce było przepełnione szczęściem i czułam się wspaniale.

Ali był mądrym chłopcem. Był niewzruszony jak skała. Zachowywał wszystko dla siebie, jak mężczyzna. Czasami mówiłam mu: „Synu, zdarzyło się to i to. Jak mogłeś ukryć to przede mną?" Ali machał wyniośle ręką, odwracał się pogardliwie i odpowiadał pytaniem: „Skąd mam wiedzieć?" Kiedy widziałam jego dumny ruch ręką, przepełniała mnie radość. Był prawdziwym mężczyzną. Nic nie mogło go wzruszyć. Kiedy próbowałam go o coś wypytywać, odpowiadał: „Nie pytaj mnie o nic. Skąd mam to wiedzieć?", a później uciekał. Nie chciał, żebym wypytywała go jak jakiegoś pętaka.

Kiedy widziałam go bawiącego się na ulicy, w moim sercu rodziła się zachłanność. Chodziłam za nim tak, jak człowiek głodny podąża za jedzeniem. Szukałam go na ulicy, a kiedy go znajdowałam, ogarniał mnie spokój. Ogień, który we mnie płonął, gdy traciłam Alego z pola widzenia, przygasał, kiedy znowu go widziałam – tak nagle, jak się wcześniej rozpalał.

Pewnego razu, kiedy ojciec Alego odwoził grupę ludzi do Suezu, miał wypadek. Nakazał synowi, który towarzyszył mu w podróży, żeby nic mi o tym nie mówił, aby mnie nie martwić. Dopiero po kilku miesiącach, kiedy ta wiadomość już nie mogła mnie zdenerwować, jego ojciec wspomniał o wypadku. Powiedział: „Wyobraź sobie, Umm Gad, że kiedy byłem w Suezie, miałem wypadek". Zawołałam: „Boże miłosierny! Co za nieszczęście! Co się stało?" Mój mąż odrzekł: „Potrąciłem dziecko. Ale miałem szczęście. Bóg czuwał nade mną i nic złego się nie stało". „Czy dziecko było ranne?" – zapytałam, a on odpowiedział: „Nie".

Pobiegłam do Alego i zawołałam do niego: „Chodź tutaj. Dlaczego nie powiedziałeś mi o wypadku?" A on machnął stanowczo ręką i wypowiedział męskie słowa, które trafiły wprost do mojego serca: „I co z tego? Co miałem ci powiedzieć?", a potem wyszedł z pokoju. Był silny jak mężczyzna trzydziesto- lub czterdziestoletni. Był także bardzo urodziwy. Miał piękne ciało – był przystojny i boski.

Po jego śmierci często chodziłam na cmentarz i tam dawałam upust swojemu cierpieniu – zawodziłam i posypywałam się prochem. Cała płonęłam, byłam niczym piec rozgrzany do czerwoności. Jego ojciec wciąż go opłakuje, lecz robi to w ukryciu. Mężczyźni nie zawodzą ani nie posypują głowy prochem. Mój mąż chowa w sobie cierpienie i niczego po sobie nie pokazuje. Ale ten wstrząs zupełnie go załamał.

W takiej sytuacji kobieta musi być cierpliwa. Jesteśmy razem od trzydziestu lat – tyle czasu upłynęło od naszego ślubu. A ponieważ mąż jest moim najbliższym kuzynem, jego cierpienie sprawia mi podwójny ból, a jego radość – zwielokrotnione szczęście.

Kiedy widzę, że mój mąż źle się czuje albo jest smutny, mam wrażenie, jakby wciągał mnie niebezpieczny wir. Jeśli coś mu się stanie, jak wychowam dzieci? Modlę się do Boga, prosząc go: „Panie, Ty widzisz i wiesz wszystko. Daj mojemu mężowi dość siły, by mógł wychować tych ostatnich kilkoro dzieci. Dla siebie o nic nie proszę".

Ogarnęło go zmęczenie i zniechęcenie. Nie miał chwili wytchnienia, nawet jednego wolnego dnia, żeby się pozbierać. Samochodów trzeba doglądać codziennie. Ale w te dni, kiedy trudno mu wstać z łóżka, a on mimo to próbuje się podnieść, staję przed nim i zaklinam go: „Na Boga, zostań w łóżku. Pójdę i zrobię, ile będę mogła, a resztę zostawię Bogu".

Kiedy ktoś narzeka, że jego auto nie jest wystarczająco czyste, staram się go udobruchać, mówiąc: „Na litość boską, sir, Omar jest chory, proszę nam wybaczyć". Kiedy mój mąż zostaje w łóżku, zamartwia się i nie może tego znieść. Nie cierpi, kiedy muszę za niego pracować.

To nasze życie, a wszystko, co nas spotyka, dzieje się z woli Boga. Przyjmujemy to. Mam tylko nadzieję, że Bóg da Omarowi dość czasu na tym świecie, aby zdążył zapewnić każdej z naszych pięciu córek miejsce w domu jakiegoś mężczyzny.

Córki to duża odpowiedzialność. Zostało nam tylko dwóch synów, starszy z nich ma na imię Gad. Nasza najstarsza córka wyszła za mąż, lecz jej małżeństwo nie było udane. Jej mąż był ubogim człowiekiem. Wzięłam go pod swoje skrzydła, pomogłam mu i dałam mu dom. Mówiłam sobie: „Buduję gniazdo dla córki. Wystarczy, że będzie mieszkała w domu mężczyzny, nawet jeśli jest to człowiek ubogi i niskiego pochodzenia".

Myślałam, że nawet jeśli będę musiała ich karmić, to kiedy nasi sąsiedzi zapytają: „Dokąd idzie twoja córka lub skąd przychodzi?", będę mogła odpowiedzieć: „Idzie do domu swego męża”, albo: „Przychodzi z domu swego męża”. Ale to małżeństwo nie było udane.

Jego rodzice próbowali pozbyć się mebli, które ofiarowaliśmy młodej parze, a wtedy wszystko się zepsuło. Moja córka urodziła temu mężczyźnie syna o imieniu Reda. To dlatego nazywamy ją Umm Reda.

Po narodzinach chłopca krewni zaczęli namawiać męża mojej córki: „Rozwiedź się z nią, rozwiedź się z nią”, aż wreszcie to zrobił.

Moja córka i jej syn Reda mieszkają teraz z nami. Reda przyszedł na świat rok przed narodzinami mojego kolejnego syna, Saada, który ma teraz sześć lat. W przyszłym roku pójdzie do szkoły.

Kiedy urodził się Saad, miałam w domu czterech mężczyzn. Byłam szczęśliwa. Mężczyźni wypełniali dom swoją obecnością. Ich krzątanina sprawiała mi radość. Dzięki nim czułam się potrzebna, dawali mi nadzieję na przyszłość. Wkrótce jednak zaczęło się zawistne ludzkie gadanie. Przed urodzeniem Saada miałam synka, który umarł, kiedy miał niespełna rok. „Och, ta kobieta ma kolejnego syna” – mówili ludzie z zawiścią w sercach. „Spójrzcie, teraz ma w domu czterech mężczyzn”. W ten sposób rzucili na nas zły urok i przyczynili się do śmierci moich synów – trzynastoletniego i rocznego.

Myślałam, że serce mi pęknie. Synowie nadawali mojemu życiu sens i byli duszą naszego domu. Ale Bóg nie pozwolił, żeby moje szczęście trwało długo. Straty, jakie poniosłam, przygasiły światło w moim sercu. Nawet córka wróciła do nas po siedmiu latach małżeństwa. W przeciwieństwie do pozostałych dzieci, nie chodziła do szkoły. Jest biednym stworzeniem, które nic nie ma.

Gad nie radził sobie w szkole, dlatego znaleźliśmy mu pracę posłańca w pewnej firmie. Później poszedł do wojska, a kiedy odbędzie trzyletnią służbę, wróci na dawną posadę.

Innej z naszych córek załatwiliśmy pracę urzędniczki w jednym z ministerstw. Najmłodsza dziewczynka – ta, która zachorowała na polio – nie miała wystarczająco dobrych ocen, żeby pójść do liceum, więc powiedzieliśmy jej: „Nie martw się, dziecko. Twoja starsza siostra jest urzędniczką i jest zadowolona ze swojej pracy. Dla ciebie też coś znajdziemy”.

Wszystkie dzieci powinny odebrać wykształcenie, dzięki któremu poradzą sobie na tym świecie. Nie wiadomo, jak długo będziemy mogli im pomagać. Nadal mamy dom mojego ojca w Gizie, wynajmujemy go. Wybudowaliśmy też drugi dom. Ciężko pracujemy, żeby móc zostawić coś dzieciom.

Musimy ciężko pracować. Pięć lat temu postanowiliśmy zamieszkać w trzech pokojach na tyłach garażu. Pomagam Omarowi w codziennych obowiązkach, chociaż do tego nie przywykłam, a mój mąż nigdy nie narażał mnie na trudy i utrapienia, jakie niesie ze sobą praca. Był dla mnie taki dobry, że nigdy nie musiałam nawet wyjść z domu, żeby załatwić jakieś sprawunki. Naprawdę o mnie dbał. Właśnie tak to okazywał – trzymając mnie w domu.

Kiedyś byłam bardzo ładna i nigdy nie wychodziłam z domu. Ale po śmierci mojego syna Alego straciłam urodę i muszę pomagać mężowi, choć on wcale tego nie chce. Ponieważ jednak Gad, nasz najstarszy syn, jest w wojsku, a Omar załamał się pod ciężarem cierpienia, postanowiłam, że muszę mu pomóc.

W naszych stronach, jeśli mężczyzna dba o swoją żonę, to nigdy nie pozwala jej wychodzić z domu ani pracować. To prawdziwy dowód jego uczuć. Jeśli wypuści ją z domu, okryje się hańbą. Oczywiście w wypadku naszych wykształconych córek jest inaczej, ale mnie odpowiada takie życie.

Właścicielka budynku dostaje połowę pieniędzy pochodzących z wynajmu miejsc parkingowych w garażu, a my dostajemy drugą połowę. Właścicielka płaci nam też pensję – piętnaście funtów egipskich [około dwudziestu pięciu dolarów*] miesięcznie.

Niektórych wydarzeń nie sposób zapomnieć. Jednym z nich było moje obrzezanie.

Zostałam obrzezana razem z moimi kuzynkami ze strony matki. W mieście był golarz, który się w tym specjalizował. Obrzezanie jest absolutnie niezbędne. Nie wiem, dlaczego, ale to tradycja. Te części kobiecego ciała z wiekiem stają się coraz większe. Są brzydkie i szpecą kobietę. To prawda, Bóg stworzył nas właśnie takie, ale obyczaj obrzezania od niepamiętnych czasów jest przekazywany z pokolenia na pokolenie. Istniał już, kiedy pojawiliśmy się na tym świecie. Po prostu tak jest. Mój lud przestrzega tej tradycji, więc ja też musiałam się jej poddać.

Zostałam obrzezana w wieku dziewięciu lat. Pewnego dnia przybiegła do mnie moja kuzynka Zahra i zawołała: „Chodź, szybko, będziemy obrzezane". Była szczęśliwa. Wcześniej mówiono nam, że to wielka uroczystość. Nasi rodzice przygotowywali nas, mówiąc: „Zabijemy na tę okazję kurę. Damy wam słodycze", a my, małe dziewczynki, cieszyłyśmy się na to wydarzenie. Kiedy kuzynka mnie zawołała, nie posiadałam się z radości. Zerwałam się i pobiegłam za nią. To było święto!

Chociaż wcześniej słyszałam, jak dziewczęta krzyczą i płaczą podczas obrzezania, nie bałam się. Kiedy przybiegłyśmy do domu, niektóre z naszych kuzynek były już obrzezane. Siedziały tam, śmiejąc się. To boli tylko przez chwilę, kiedy brzytwa zagłębia się w ciało, później piekący ból ustaje.

Moja kuzynka Zahra była przede mną. Usłyszałam, jak krzyknęła. Trochę się przestraszyłam i powiedziałam: „Nie chcę być obrzezana". Wtedy chwycili mnie, a żona mojego wuja usiadła za mną i rozłożyła mi nogi. Siedziałam na podłodze na kawałku koca. Golarz stanął przede mną i zrobił swoje. Krzyknęłam tylko raz. Później kobiety przygotowały opatrunek z bawełny i gazy, umieściły

---

* Według kursu wymiany walut z lat siedemdziesiątych (kiedy spisano te opowieści). Dzisiaj jeden dolar amerykański stanowi równowartość około sześciu funtów egipskich. W dalszej części tej książki zastosowano – za oryginałem – przelicznik z lat siedemdziesiątych (przyp. tłum.).

go między moimi „siostrami" [wargami sromowymi] i przykazały: „Nie łącz nóg, bo inaczej rana zarośnie. Jeśli tak się stanie, kobieta może się rozerwać podczas porodu".

Postępowałyśmy zgodnie z zaleceniami. Codziennie przemywałyśmy ranę wodą i środkiem odkażającym, a później posypywałyśmy ją proszkiem sporządzonym z małych owadów zwanych *sus*, które gnieżdżą się w suchych łodygach bawełny, przechowywanych na dachach domów. Używamy ich jako opału. Te owady nazywają się *sus afszet el qutn*. Nie używałyśmy środka mercurochrome ani proszku sulfa, które stosuje się obecnie.

Po siedmiu dniach rana się zagoiła. Myłyśmy się w pobliskim kanale, wierząc, że woda z Nilu ma właściwości uzdrawiające. Przecierałyśmy też ranę oliwą. To nie było zbyt przyjemne, ale zapobiegało jej wysychaniu.

Zabieg obrzezania można wykonać w dowolnej porze roku, zwykle jednak nie robi się tego w zimie, ponieważ niska temperatura utrudnia gojenie się ran. Skóra staje się twarda i sztywna. Lato jest dużo lepszą porą. W lecie można często się myć i nie marznąć. Poza tym lato jest bardziej łagodne.

Kiedy wezwano mnie na zabieg obrzezania, poszłam. Moja matka została w domu. Wierzyła swoim siostrom i pozwoliła, żeby się wszystkim zajęły. Wszyscy jesteśmy tacy sami. Jednak w niektórych rodzinach rodzeństwo żyje ze sobą w zgodzie, w innych zaś między braćmi i siostrami jest mnóstwo nieporozumień i nieufności.

Moja najmłodsza córka ma jedenaście lat. Jeszcze nie została obrzezana. Jest teraz w czwartej klasie. Nie zdaje sobie sprawy ze zbliżającej się ceremonii, bo jest trochę rozkojarzona. Zwykle jednak dzieci o tym wiedzą. Rozmawiają ze sobą. To konieczność, tradycja, której muszą się poddać zarówno chłopcy, jak i dziewczęta. Jej najstarsza siostra zabierze ją do Imam el-Szafi, do mężczyzny, który wykonuje takie zabiegi. Wcześniej zaprowadziła tam pozostałych braci i siostry. Pewnego dnia zbudziła ich o szóstej rano i zawiozła tam taksówką. Po obrzezaniu przywiozła ich do domu. Nie ma nic dziwnego w tym, że ten zabieg wykonuje mężczyzna. To tylko dzieci, a on i tak nas nie zna.

Moją najstarszą córkę obrzezała położna. Jej nóż był tępy i kobieta musiała próbować trzy razy. Pod koniec zabiegu dziewczynka była ledwie żywa, a ja czułam się jak kłębek nerwów. Zwykle mężczyźni są w tym lepsi i mają pewniejszą rękę.

Pamiętam, że kiedy ta kobieta próbowała obrzezać moją najstarszą córkę, pytałam w myślach: „Dlaczego nie naostrzyłaś swoich narzędzi? Dlaczego nie kupiłaś nowej brzytwy?" Ale musiałam milczeć, a dziewczynka cierpiała. Minęło dużo czasu, zanim wróciła do zdrowia.

U dzieci, które zostały obrzezane w Imam el-Szafi, rany zagoiły się w ciągu siedmiu dni. Przemywałam je wodą i regularnie przecierałam środkiem odkażającym. Codziennie zmieniałam opatrunki i zanim się obejrzałam, wszystkie dzieci wyszły z tego całe i zdrowe.

Najlepiej zrobić to, kiedy dzieci są jeszcze małe. Znałam kiedyś kobietę, która została obrzezana zaledwie tydzień przed skonsumowaniem małżeństwa. To było straszne. Wyciągnęli ją z domu i zmusili, żeby poddała się zabiegowi, bo wyglądała niestosownie. Kiedy rozkładała nogi, widać było jej wystające narządy. To bardzo szpeci kobietę.

Obrzezanie nie wpływa na pożądanie seksualne. Niektóre kobiety bez przerwy pragną mężczyzny. Inne nie. Są kobiety, które chcą być z mężczyzną w dzień i w nocy. Jeśli którejś nocy mężczyzna nie „kąpał się" z nią – jak to nazywamy – kobieta budzi się wściekła, nerwowa i w złym humorze. Inne kobiety są bardziej roztropne i nie robią z seksu sprawy. Niezależnie od tego, czy mężczyzna „dogodził" im, czy nie, nie poruszają tego tematu. Nie stawiają się w kłopotliwej sytuacji, poruszając ten temat lub prosząc o coś męża.

Jeśli kobieta wychodzi za mąż, czy robi to, ponieważ w domu ojca nie dostawała jedzenia, picia ani ubrania? Zazwyczaj nie. Wychodzi za mąż, ponieważ w domu ojca brakowało jej jednej, jedynej rzeczy. Małżeństwo ma tylko jeden cel – seks. Służy wyłącznie temu. Kiedy wychodziłam za mąż, nie wiedziałam nic o seksie. Byłam bardzo młoda. Nie tak, jak dzisiejsze dzieci, które wiedzą wszystko o wszystkim. Miałam trzynaście lat. Nie miałam jeszcze piersi ani nie miesiączkowałam. Byłam jeszcze dzieckiem, chociaż byłam dość pulchna.

Patrząc na mnie, sąsiadki śmiały się i mówiły: „Dobry Boże, cóż on zrobi z taką dziewczynką? Co ona może wiedzieć o pragnieniach mężczyzny?" Potem, patrząc na moją dziecięcą figurę, biadoliły: „Dobre nieba, dziecko, twój biedny mąż nie będzie miał za co chwycić! Przecież ty wcale nie masz piersi!" Słyszałam to bez przerwy. Pomimo takich komentarzy w moich czasach wydawanie za mąż bardzo młodych dziewcząt nie należało do rzadkości.

W dniu mojego ślubu kobiety z naszej rodziny przyszły do mnie, aby przytrzymać mnie w trakcie defloracji. Dzisiaj zwykle się tego nie robi. Tę pierwszą noc mężczyzna i kobieta spędzają ze sobą sam na sam. Ale w moich czasach było inaczej. To był powszechnie praktykowany zwyczaj.

W dniu, w którym moje małżeństwo miało zostać skonsumowane, kobiety ubrały mnie na biało. Zawinęły mnie w *melaja laff* – czarną tkaninę, którą kobiety z tradycyjnych dzielnic narzucały na suknię domową, kiedy wychodziły z domu. Nie chciały, żeby ktokolwiek na mnie patrzył. Byłam zasłonięta i kiedy przemierzałam krótką drogę z domu mojego ojca do domu pana młodego, wyglądałam jak czarny tobołek. Kiedy dotarłyśmy na miejsce, kobiety posadziły mnie na krześle przed domem mojego męża i zdjęły ze mnie czarną płachtę. Wokół zaczęli się gromadzić inni ludzie. Recytowali wersety z Koranu, dawali mi pieniądze i prezenty, *nu'ta*, rozległa się muzyka i dźwięk bębenków. Trwało to przez całą noc.

Tuż przed świtem syn mojego stryja wszedł do domu i powiedział do pana młodego: „Już czas, żebyś przeniósł pannę młodą przez próg". Wtedy mój mąż wniósł mnie do domu i położył na łóżku. Podniósł mnie bez trudu. Miał dwadzieścia pięć lat i był już mężczyzną. Ja byłam od niego o połowę młodsza – miałam tylko trzynaście lat.

Kobiety z mojej rodziny siedziały na ławkach ustawionych pod ścianami pokoju – żona mojego wuja, żona syna stryja mojej matki i wiele innych. Zdziwiłam się, kiedy je zobaczyłam. Pomyślałam: „Jakie to dziwne. Po co tu siedzą?" Potem jedna z kobiet nakazała mi: „Zdejmij majtki". Odpowiedziałam: „Jak to? Myślisz, że zapomniałam o dobrych manierach? Na jaki wstyd chcesz mnie narazić?" Kobiety się roześmiały.

Patrzyły na mnie, trajkotały, szeptały między sobą i chichotały. Każda miała coś do powiedzenia. Przekomarzały się i żartowały. „To jeszcze dziecko, siostro" – mówiły do siebie. „Jest taka młoda. Czy kiedykolwiek słyszała o tym, co w małżeństwie najważniejsze?" „Co też przyszło do głowy jej rodzicom? Jak mogli wydać ją za mąż w tak młodym wieku?" „No cóż, wiecie, jak to jest. Pan młody jest synem jej stryja i jej najbliższym kuzynem. Nie mogli kazać mu czekać". Stałam i rozglądałam się wokół siebie. Omar uśmiechał się i sprawiał wrażenie bardzo zadowolonego. Kobiety plotkowały. Nagle zerwały się i mocno mnie chwyciły. Jedna z nich siłą zdjęła mi majtki, które bardzo się różniły od dzisiejszych majtek z gumką w talii. Miały szeroki pas zawiązany z przodu i z tyłu. Kobiety rozerwały ten pas i położyły mnie na dywaniku na podłodze, mocno mnie przytrzymując. Cała się trzęsłam i płakałam. Kobiety rozłożyły mi szeroko nogi. Jedna z nich trzymała mnie mocno od tyłu. Inna dała panu młodemu czystą, białą gazę, którą miał sobie obwiązać palec. Doskonale wiedział, co ma robić, i wydawał się zadowolony z mojej niewiedzy.

Mężczyźni nigdy się nie boją. Wszystko wiedzą, inaczej niż kobiety. Wsunął we mnie palec, a ja krzyknęłam. Zrobił to parę razy, aż wypłynęła ze mnie krew. Później podniósł mnie i rzucił na łóżko. Zrobiło mi się słabo. Kobiety dały mi szklankę osłodzonej wody, żeby mnie ocucić.

Najpierw mężczyzna musi przebić cienką błonę, delikatną niczym skórka winogrona, która zaczyna krwawić już przy pierwszym uderzeniu. Później jego palec napotyka coś na kształt nerki, coś twardszego i wymagającego kilku dźgnięć, zanim pojawi się krew. Krew musi wypłynąć, to świadectwo honoru. Dowód wielkiego honoru. Honor dziewczyny jest bezcenny. Na nim opiera się jej szczęście, a jeśli go zabraknie, szczęście zostaje zniweczone i nic nie zdoła go przywrócić.

Kiedy kobiety zobaczyły wypływającą krew, powiedziały: „Wystarczy, Omarze. Przestań", a on ich posłuchał. Wtedy kobiety rozeszły się, a ja zostałam sama z Omarem. Zamknął za sobą drzwi. Nagle zobaczyłam, że jest rozebrany. Zdjął bieliznę. Skuliłam się na łóżku. Drżałam ze strachu, przyciśnięta do ściany jak bezbronna mucha. Omar powiedział: „Chodźmy".

Zgodnie z tradycją po defloracji młoda para dostaje ciepłą kolację. Zwykle składa się ona z pary pieczonych kaczek i makaronu faszerowanego mielonym mięsem. Kobiety przygotowały te potrawy już wcześniej i zostawiły je w pokoju. Omar pokroił kaczkę i nałożył na talerze faszerowany makaron. Podał mi talerz i powiedział: „Zjedz to". Odmówiłam: „Nie będę jadła. Nie jestem głodna". Próbował nakłonić mnie do jedzenia, mówiąc przymilnie: „Zjedz chociaż odrobinę", „Zobacz, jaki smaczny kąsek" i „Proszę, zjedz trochę wątróbki". Wątróbka jest przepyszna. Ale jak mogłabym przełknąć cokolwiek w takiej chwili?

Kiedy zrozumiał, że nie będę nic jadła, zjadł swoją porcję i usunął resztki posiłku. Skuliłam się w sobie. Nie wiedziałam, czego się spodziewać. Omar był nagi, a ja – ubrana. Próbował mnie nakłonić, żebym zdjęła ubranie. Odmówiłam. W końcu powiedział: „Zdejmij przynajmniej suknię". „Będę w niej spała" – odpowiedziałam. Nalegał. Bałam się. Wreszcie zdobyłam się na odwagę i powiedziałam: „Wstydź się. Dlaczego siedzisz tu całkiem nagi? Wstań i ubierz się". Mój mąż odpowiedział: „Dziewczyno, właśnie o to chodzi w małżeństwie. Jak myślisz, dlaczego się pobraliśmy?" A ja na to: „Nic nie wiem o takim małżeństwie". Wstydziłam się. Nie odrywałam oczu od podłogi, nie chciałam patrzeć w jego stronę. Nie chciałam go widzieć.

Kiedy zrozumiał, że to na nic, wstał, włożył białą bawełnianą koszulę nocną i położył się. Przyłożył głowę do poduszki i udawał, że śpi. Kiedy zaczął chrapać, uspokoiłam się.

Powoli podniosłam się i odsunęłam od niego. Zakradłam się do szafy i wyjęłam z niej parę czystych reform. Zawiązałam je na podwójny supeł – z przodu i z tyłu. Powoli podeszłam do sofy stojącej na końcu pokoju i zapadłam w głęboki sen, jak zmęczone dziecko – pogrążone we śnie, nieświadome tego, co się wokół niego dzieje.

Nagle poczułam, że się poruszam. Omar zaniósł mnie z powrotem do łóżka, a teraz leżał na mnie. Poczułam ukłucie bólu i obudziłam się, kiedy we mnie wchodził. Był silny i pełen wigoru. Ja byłam tylko dziewczynką. Znowu nie miałam na sobie majtek. Omar przeciął węzeł brzytwą, kiedy spałam. Leżał na mnie.

Krzyknęłam. Mój mąż położył mi rękę na ustach i powiedział: „Na litość boską. Nie krzycz tak w środku nocy. Co ludzie powiedzą?" Więc leżałam spokojnie, a on zrobił swoje i podniósł się.

Później znowu mnie zapragnął. Powiedziałam: „Nie". Bałam się. Usiadłam wyprostowana na sofie. Za każdym razem, kiedy na chwilę przysnęłam, budziłam się z przerażeniem. Omar był młody i namiętny. Ja byłam przestraszona. Tak minęła noc.

Jeden, dwa, trzy razy – aż wreszcie do niego przywykłam.

Po siedmiu czy ośmiu miesiącach zaczęłam miesiączkować. Pewnego dnia spadło to na mnie jak nieoczekiwany gość, między modlitwą popołudniową a wieczorną. Mój mąż spał. Pracował już wtedy jako dozorca w kilku garażach. To była nocna praca, więc odsypiał w ciągu dnia. Właśnie miał wstać. Ja zaczynałam się myć, kiedy to się stało. Polewałam się wodą, gdy nagle zobaczyłam krew.

Zaskoczona pobiegłam do męża i zawołałam: „Omar, pomóż mi! Myłam się i nagle zobaczyłam na palcu krew". „Jaką krew?" – zapytał, a ja odpowiedziałam: „Nie wiem, nie mam pojęcia, co to jest". Omar powiedział: „Może to *el-dahr* [miesiączka, plecy]". Zaczęłam dotykać swoich pleców. Myślałam, że jego zdaniem musiałam się zranić. Nie miałam o niczym pojęcia. Ale na moich plecach nie było krwi. Powiedziałam mu: „W drodze do pracy musisz wstąpić do mojej matki. Powiedz jej, żeby natychmiast do mnie przyszła, albo zabierz mnie ze sobą", a on odparł: „Zostań tu. W drodze do pracy wstąpię do żony mojego stryja [miał na myśli moją matkę] i przyślę ją do ciebie. Ona ci powie, co się stało".

Kiedy przyszła moja matka, opowiedziałam jej o wszystkim, a kiedy skończyłam, ona powiedziała: „To twój *el-dahr*. Nareszcie przyszedł". Odparłam: „Ale na moich plecach nie ma żadnej rany". Moja matka się roześmiała. Była dojrzałą kobietą i wiedziała. Powtórzyłam: „Kobieto, z moimi plecami wszystko jest w porządku. O czym ty mówisz?" Wtedy wyjaśniła, że to miesiączka i że teraz mogę już mieć dzieci. Przykazała mi, żebym się nie myła, dopóki nie przestanę krwawić.

Kiedy miesiączka się skończyła, wykąpałam się, a wkrótce potem zaszłam w ciążę z Fatmą, naszą najstarszą córką.

Miesiączka nigdy nie sprawiała mi kłopotów. Nie używam bawełnianych podpasek ani niczego innego. Kiedy próbowałam to robić, krwawienie ustawało. Więc noszę zwykłe majtki, a kiedy się zabrudzą, piorę je we wrzątku, a później wkładam nową, czystą parę.

Moje córki mają z tym dużo więcej kłopotu. Jedna z nich jęczy i zwija się z bólu. Przez trzy dni nie może chodzić do pracy ani wstawać z łóżka. Bierze jakieś brązowe tabletki, które koleżanki z pracy przywiozły jej z Arabii Saudyjskiej, żeby złagodzić ból. U mnie miesiączka trwa tylko trzy dni. Kiedyś fala krwi wypływała ze mnie jak wzburzone morze. Czułam, jak wzbiera w moim ciele, i z trudem nadążałam ze zmianą bielizny. Teraz to tylko cienka strużka. Ledwie brudzi majtki.

Jednej z moich córek nie wolno przyjmować niczego dla złagodzenia bólu – nawet filiżanki gorącej herbaty ziołowej, jansun czy helby*, ani żadnego innego gorącego napoju uśmierzającego ból. Poszłyśmy do lekarza, żeby się go poradzić, a on powiedział, że wszystko minie, kiedy dziewczyna wyjdzie za mąż.

Przed narodzinami pierwszego dziecka starannie się przygotowałam. Nasz obyczaj nakazuje napełnić dom jedzeniem jeszcze przed rozwiązaniem. Pod koniec szóstego czy siódmego miesiąca ciąży zadbałam o to, żeby w domu był

---

* Helba – tradycyjny egipski napój ziołowy, napar z kozieradki (przyp. tłum.).

drób. To nasza tradycja. Hodujemy kury. W każdym domu jest miejsce, w którym trzyma się drób. Kupowałam parę kaczek. Jadły to, co zostawało z naszych posiłków. Kupowałam parę królików i trzymałam je razem z kaczkami lub ze stadkiem kurcząt. To wystarczyło, żeby po narodzinach dziecka urządzić ucztę dla całej rodziny. Oczywiście nie jadłam sama, pozwalając, aby reszta domowników tylko się przyglądała. Wszyscy muszą jeść.

Wszystko, co zostaje z naszych posiłków – okruch chleba, gałązkę zieleniny – dajemy zwierzętom. To inwestycja. Po porodzie kobieta jest samowystarczalna, nie musi biegać do sprzedawcy kurcząt ani do rzeźnika po jedzenie dla siebie i dla domowników. Po porodzie kobieta musi dobrze jeść.

Pewnego dnia poczułam bóle porodowe. Dziecko urodziło się bez problemów. Miałam trudną ciążę, przez dziewięć miesięcy nie mogłam utrzymać w żołądku jedzenia, nawet szklanki herbaty. Spałam, budziłam się, wymiotowałam i nie czułam się dobrze, dopóki dziecko nie przyszło na świat. Potem było tak, jakby nic się nie stało. Wszystkie moje porody były bardzo łatwe – nie mijało więcej niż pół godziny i dziecko leżało na podłodze. Wtedy się podnosiłam. Kobiety, które mi pomagały, grzały wodę i kąpały w niej mnie i nowo narodzone dziecko. Ubierały je w to, co wcześniej przygotowałam – zwykle było to parę kompletów niemowlęcych. Rozkładały na łóżku folię, żebym nie zakrwawiła materaca, a ja znowu się kładłam. Tak to się odbywało. Najpierw przynosiły mi do picia kubek helby, a później zabijały kurę albo królika, gotowały potrawę i dawały mi jeść. Karmiły mnie tak długo, aż odzyskałam siły. W takich chwilach zawsze była przy mnie matka.

Troje spośród moich dzieci zmarło, a jedna ciąża zakończyła się poronieniem. Teraz mam siedmioro dzieci. Siedem i cztery to jedenaście. Gdyby wszystkie dzieci przeżyły, miałabym ich jedenaścioro.

Mój prawie dorosły syn umarł. Ośmiomiesięczny chłopczyk i półroczna dziewczynka również umarli. Kiedy poroniłam, spodziewałam się kolejnego syna. Byłam w siódmym miesiącu ciąży. To było straszne, bardzo źle się czułam. Kiedy zobaczyłam, że chłopiec urodził się martwy, powiedziałam do niego: „Idź, niech Bóg cię nakarmi".

Mój syn, który umarł w wieku jedenastu lat, urodził się w piątek. Przyszedł na świat o świcie, kiedy dzień wygląda jak otulony przezroczystą gazą. Miałam kuzynkę, *bint chali*, która nie posiadała się z radości, kiedy rodzili się chłopcy. W naszej rodzinie było stosunkowo niewielu chłopców. Moja kuzynka miała tylko jedną córkę. Sama też nie miała braci, podobnie jak ja i moja matka. *Bint chali* była ze mną, kiedy urodziłam chłopca. Zawołała mojego męża: „Chodź tutaj, mój chłopcze. Bóg okazał nam hojność. Chodź tutaj, Omarze. Chodź, przyjacielu. Przetnij pępowinę swojego syna. Chodź i przetnij pępowinę, żeby ten chłopiec mógł wyrosnąć na mężczyznę podobnego do ciebie". Wtedy Omar wziął *ibrit babur* – ostry, płaski kawałek metalu z krótkim szpikulcem na końcu, używany do czyszczenia pieców (zgodnie z tradycją narzędzie to służy też do przecinania pępowiny) – i przeciął pępowinę swojego syna. Zrobił to także po urodzeniu Gada. Mężczyźni radują się z narodzin syna.

W naszych stronach ludzie wolą chłopców, bo dziewczynki mają ciężkie życie. Ich los jest trudny we wszystkich rodzinach, niezależnie od narodowości. Życie dziewczynki różni się od życia chłopca. Dziewczyna nie może być pewna, że znajdzie szczęście w małżeństwie, a celem jej życia jest wyjście za mąż i urodzenie dzieci. Życie dziewczynki i kobiety to ciężka próba. Nie wiem, dlaczego.

Każda kobieta chce być szczęśliwa. Pragnie być szczęśliwa ze swoim mężem. Chce, żeby mąż ją kochał i dbał o nią. Chce, żeby ją pielęgnował i zapewniał jej opiekę. W ten sposób mąż okazuje żonie, że ją kocha. Kobieta pragnie, żeby mężczyzna słuchał jej słów i liczył się z jej zdaniem. Żeby jej ufał. Niektórzy mężczyźni pogardliwie zbywają swoje żony, mówiąc: „Och, nie będę jej słuchał". Takie słowa sprawiają kobiecie przykrość i świadczą o tym, że mąż traktuje ją jak przedmiot – nie jak istotę ludzką.

Jeśli kobieta popełni błąd, mąż nie powinien być dla niej surowy. Nie powinien jej karać. Wszyscy popełniamy błędy. Niektórzy mężczyźni narzekają na swoje żony, mówiąc: „Moja żona robi to czy tamto". To nie jest miłość. Kiedy to mężczyzna popełni błąd, jego żona także powinna być tolerancyjna i nie opowiadać innym o jego wadach. Jeżeli mąż i żona zdradzają swoje sekrety, to znaczy, że nie łączy ich prawdziwa miłość. Mówi się, że małżeństwo musi być jak grób. Wszystko, co się dzieje między małżonkami, powinno zostać między nimi. W przeciwnym razie nie mogą być ze sobą szczęśliwi.

Jeśli Bóg podaruje mężczyźnie piastra [około piętnastu centów amerykańskich], dobry mąż ofiarowuje go żonie, mówiąc: „*Itfaddali* – weź go". Jeżeli kobieta jest *bint nass wa assela*, czyli dobrze wychowana i zaradna, zrobi dobry użytek z piastra, który dostała od męża. Pomnoży go. Dobra żona nie pomyśli: „Bóg daje i odbiera. Bóg nam dopomoże", lecz jednego piastra zmieni w dziesięć. Będzie nim obracać, żeby przyniósł korzyść jej samej i jej dzieciom. Nigdy nie wiadomo, co przyniesie nam życie, a zadanie żony polega na pomnażaniu pieniędzy, które zarobił jej mąż.

Mój mąż nigdy nie pyta: „Ile wydałaś?", „Co kupiłaś?" albo „Co zrobiłaś?" Kiedy dostaje zapłatę, oddaje mi pieniądze. Mówi: „Proszę, Umm Gad". Kiedy ja dostaję trochę pieniędzy od któregoś z lokatorów naszego budynku za jakąś drobną pracę, idę do Omara i mówię mu: „Ten i ten dał mi tyle i tyle". Nie mamy przed sobą tajemnic.

Żałuję, że nie mogliśmy zostać w naszym domu w Gizie. Żałuję, że mój mąż nie chodzi do pracy, jak przedtem, i że nie mieszkamy w domu. Chciałabym żyć szczęśliwie we własnym domu. Zamiast tego mieszkamy na tyłach garażu, w którym pracuje Omar. Mamy trzy pokoje, a nasz dom jest zamknięty. Są w nim nasze meble i rzeczy osobiste. Kiedy od czasu do czasu otwieram drzwi naszego domu i zaglądam do środka, czuję smutek. Jestem przygnębiona i wychodzę. Później jednak pocieszam się, mówiąc: „Czy dom zdoła mnie wykarmić? Czy mogę odcinać kawałki jego ścian, żeby mieć z czego żyć i utrzymać wszystkich tych, którzy są ode mnie zależni? Nie, muszę pracować. Muszę tu zostać i zarabiać na życie".

Nasz problem polega na tym, że jesteśmy skromnymi ludźmi bez żadnego kapitału. Musimy ciężko pracować, żeby związać koniec z końcem. Przedtem mieszkaliśmy w dwóch pokojach, ale po jakimś czasie mieliśmy tego dość. Żyliśmy w nieznośnej ciasnocie, a co dostawaliśmy w zamian? Lokatorzy tego budynku płacą dzisiaj tyle samo, ile płacili pięć lat temu – funta egipskiego [około półtora dolara] miesięcznie. Za tę kwotę codziennie myjemy samochody i pilnujemy ich w nocy. Poszłam więc do właścicielki budynku i zawarłam z nią umowę – będziemy nadal pracować za piętnaście funtów egipskich miesięcznie plus to, co dostajemy od każdego z lokatorów, jeśli wybuduje nam na własny koszt dwa dodatkowe pokoje. Zgodziła się.

Mój mąż, niezależnie od tego, jak się czuje, codziennie wstaje o czwartej nad ranem, żeby umyć wszystkie samochody. Wypija szklankę herbaty, odmawia modlitwę i idzie do pracy. Wstaję razem z nim i pomagam mu. Dzieci mogą nam pomóc tylko w niewielkim stopniu. Poza tym wstydzą się tej pracy. Szczególnie nasza córka ma problemy z powodu tego, jak jej ojciec zarabia na życie. Pracuje w ministerstwie i już kilku mężczyzn proponowało jej małżeństwo. Ale pierwsze pytanie, jakie dzisiejszy młody człowiek zadaje przyszłej narzeczonej, brzmi: „Czym zajmuje się twój ojciec?" Co moja córka może na to odpowiedzieć? „Mój ojciec pracuje jako dozorca garażu"? Nie, nie może się do tego przyznać. To byłoby dla niej krępujące. Należy do pokolenia urzędników państwowych. Są wykształceni, mają dyplomy. Patrzą z góry na każdego, kto zarabia na życie pracą swoich rąk.

Moja córka znajduje się w kłopotliwej sytuacji. Czuje się rozdarta i nie chce, żeby zadawano jej to pytanie. Wykształcenie jest jej zaletą, a zarazem źródłem problemów.

Niedawno w życiu naszej córki pojawił się kolejny kandydat na męża. Jest niskiego pochodzenia, tak jak my. Jego rodzina jest równie skromna jak nasza. Pracuje w banku i studiuje korespondencyjnie, żeby się rozwijać i poprawić swój los. Każdy dyplom zapewnia człowiekowi większy szacunek. Niech Bóg dopomoże mu w jego wysiłkach! Zarabia trzydzieści dwa funty egipskie [około sześćdziesięciu dolarów] miesięcznie. Od czasu do czasu dostaje premię, no i pracuje przy biurku. Myślę, że nasza córka może wyjść tylko za takiego mężczyznę. Za kogoś, kto pochodzi z rodziny równie prostej jak nasza, lecz kto – podobnie jak ona – wspiął się wyżej i zdobył wykształcenie.

Nasza córka zarabia dwadzieścia funtów egipskich [ponad trzydzieści dolarów] miesięcznie. To za mało, żeby się utrzymać. Ledwie starcza jej na ubrania, jakich potrzebuje w pracy, i na herbatę, którą kupuje dla siebie i dla swoich koleżanek. Trochę jej dokładamy. Co możemy zrobić? Mój mąż ciężko pracuje, a ja pomagam mu, jak mogę. Omar nie ma czasu na odpoczynek. Dzieci to wielka odpowiedzialność.

Mój mąż wstaje nad ranem, żeby umyć wszystkie samochody. Myję z nim kilka aut i pomagam je wycierać. Kiedy któryś z lokatorów naszego lub sąsiednich budynków czegoś potrzebuje, wzywa Omara. Niektóre panie nie umieją prowadzić, chociaż mają samochody. Czasami proszą: „Omarze, czy mógłbyś zawieźć nas do miasta?", a on wyświadcza im tę przysługę. Spędza z nimi godzinę, czasami dwie lub trzy, a Bóg wynagradza go funtem. Czasami ktoś prosi, żeby naprawić mu okno lub okiennicę. Omar wykonuje tę pracę i dostaje za to pięćdziesiąt czy sześćdziesiąt piastrów. Zmienia uszczelkę w cieknącym kranie i zarabia kolejnych dwadzieścia pięć piastrów. Ziarnko do ziarnka. Dzięki temu możemy związać koniec z końcem, a przecież mamy dużo gąb do wykarmienia.

Wszystko jest takie drogie! To, co kiedyś kosztowało dziesięć piastrów, dzisiaj kosztuje pięćdziesiąt, a to, co dawniej było warte pięćdziesiąt piastrów, teraz kosztuje funta. Dlatego ciężar, który dźwigamy, jest naprawdę duży.

Nie możemy pozwolić, żeby któreś z naszych dzieci chodziło głodne. Nie możemy mu powiedzieć: „Nie mamy pieniędzy na jedzenie". Dlatego mój mąż musi być na każde zawołanie, bez względu na to, jak się czuje. Za każdym razem musi powiedzieć: „Tak". Często mawia: „Każdy zarobiony piastr jest lepszy od tego, który przeszedł mi koło nosa".

Kiedy mu pomagam, kończymy myć samochody około ósmej, dziewiątej rano. Przez resztę dnia gotuję, piorę i zajmuję się dziećmi. Ci z nas, którzy są w domu, przygotowują wszystko dla tych, którzy pracują na zewnątrz. Jeśli trzeba coś wyprać, robimy to. Wszyscy robią coś dla rodziny. Każdy, kto napije się ze szklanki, musi ją umyć. Moja najstarsza córka zmywa naczynia i sprząta.

Mamy pięć małych pokoi i łazienkę. Mamy miejsce, w którym stoi piec, *butagaz*. Tam gotujemy. Musimy sobie jakoś radzić. Ludzie mogą marzyć o różnych rzeczach, ale i tak wszystko jest w rękach Boga. Mąż naszej córki zostawił ją siedem lat temu. Wychowujemy jej syna razem z naszymi dziećmi. Jego ojciec to drań. Ożenił się z naszą córką i ma z nią dziecko, ale nie interesuje się synem ani nie łoży na jego utrzymanie. Co możemy zrobić?

Ostatnio jednej z naszych córek – tej, która pracuje w ministerstwie – oświadczył się mężczyzna pochodzący z rodziny podobnej do naszej. Zaakceptowaliśmy go, ale nie mamy pojęcia, jak przygotować jej wyprawę ślubną i potrzebne meble. Wszystko jest takie drogie! Nie mogę wydawać wszystkiego, co zarabiamy. W razie nagłej potrzeby od kogo pożyczę pieniądze? Ciągle jej powtarzam, że powinna poślubić któregoś ze swoich kolegów z pracy, kogoś bardziej zamożnego niż ten mężczyzna, ale ona twierdzi, że to niemożliwe ze względu na pracę jej ojca. Wtedy radzę jej: „Powiedz mu, że twój ojciec jest kierowcą". To byłoby do przyjęcia. Ale moja córka obawia się, że gdyby mężczyzna chciał obejrzeć dokumenty jej ojca, aby się upewnić, czy dziewczyna mówi prawdę, z pewnością zauważyłby, że prawo jazdy Omara upoważnia go wyłącznie do prowadzenia pojazdów prywatnych. Zacząłby wypytywać sąsiadów, żeby się dowiedzieć, jak jej ojciec zarabia na życie. A gdyby się dowiedział, uznałby, że nasza córka nie jest dla niego odpowiednią partią. Musielibyśmy znieść odmowę i upokorzenie. Po co narażać się na coś takiego? Lepiej trzymać się ludzi podobnych do nas.

W tym roku kupiliśmy stary samochód za pięćset funtów egipskich [około ośmiuset dolarów]. Należał do jednego z lokatorów. Zapłaciłam czterysta funtów, które zgromadziliśmy dzięki założeniu spółdzielni. Mój wkład wynosił dwadzieścia funtów miesięcznie. Mój kuzyn ze strony matki i kilkoro zaufanych przyjaciół również wpłacali po dwadzieścia funtów i w ten sposób uzbieraliśmy czterysta. Co miesiąc wpłacam dwadzieścia funtów, tak jak pozostali. Wspólnicy kolejno podejmują zgromadzone pieniądze. Tylko dzięki temu możemy sobie pozwolić na duży zakup, taki jak kupno samochodu. Ten sposób jest bardzo powszechny wśród ludzi takich jak my, ponieważ nikt z nas nie jest w stanie zapłacić od razu całej sumy. Kupiłam ten samochód od rodziny, która trzyma w naszym garażu dwa inne pojazdy. Płacą pięć funtów miesięcznie za doglądanie każdego auta. Teraz zatrzymują dla siebie tych dziesięć funtów na poczet brakującej kwoty. W ten sposób spłacę swój dług w ciągu pięciu miesięcy.

Samochód bardzo się przydaje. Kiedy jadę do domu w Gizie taksówką, za podróż w obie strony płacę co najmniej pięćdziesiąt piastrów. Czasami muszę długo stać na ulicy, zanim uda mi się zatrzymać taksówkę. Kiedy chcę zabrać coś do domu w Gizie albo zostawiam w nim dzieci podczas wakacji i chcę im zawieźć trochę jedzenia, trudno mi dotrzeć tam i z powrotem. Niełatwo jest złapać taksówkę.

Pewnego dnia ci lokatorzy powiedzieli Omarowi, że chcą sprzedać samochód. Poprosili go, żeby rozejrzał się za potencjalnym kupcem. To auto marki Ramses – mały egipski fiat. Kiedy Omar mi o tym powiedział, pomyślałam, że nie można przepuścić takiej okazji. Powiedziałam: „Słuchaj, Abu Gad, to nasza kolej, żeby wypłacić dwieście funtów ze spółdzielni. Może kupimy ten samochód?" Planowaliśmy przeznaczyć te pieniądze na przygotowanie naszej córki do ślubu. Ponieważ jednak sprawa nie była jeszcze przesądzona, a przyszły pan młody nadal wspierał finansowo swoją siostrę, która właśnie wyszła za mąż, pomyśleliśmy, że przygotowania mogą zaczekać. Ten mężczyzna nadal płacił raty za meble swojej siostry, żeby pomóc ojcu. Mogliśmy zaczekać.

Omar spotkał się z właścicielką samochodu. Zapytał o cenę. Odpowiedziała, że chce za niego sześćset funtów. Wrócił i przekazał mi tę wiadomość. Wtedy powiedziałam: „Kupimy ten samochód", a on na to: „Za co go kupisz? Chciałabyś kupić wszystko, co napotkasz na swojej drodze. Kupić, kupić, kupić".

Odparłam: „Tylko pomyśl. Zamiast jeździć autobusami i taksówkami, kupmy to auto za pieniądze ze spółdzielni. Bóg nam dopomoże, kiedy twoja córka będzie gotowa, żeby wyjść za mąż”. Omar powiedział: „Ludzie tacy jak my nie mają samochodów. Staniemy się pośmiewiskiem całej ulicy. Ludzie będą z nas drwić, plotkować i nazywać nasz samochód oślą furmanką. Powinniśmy znać swoje miejsce, żeby nikt się z nas nie naśmiewał!” Ale ja byłam uparta. Niech ludzie gadają, co chcą. Dlaczego nie mielibyśmy poprawić swojego położenia? Poszłam więc do właścicielki samochodu.

Kiedy powiedziałam jej o swoim pomyśle, roześmiała się. Omar miał rację. Powiedziałam jednak: „Proszę się nie śmiać tylko dlatego, że jesteśmy skromnymi ludźmi, którzy chcą żyć trochę lepiej. Gdybyśmy nawet wzięli ten samochód za darmo, nie zrobiłoby to różnicy komuś takiemu jak pani”. Wtedy kobieta zgodziła się sprzedać nam auto, mówiąc: „Dobrzy z was ludzie, wszyscy was tu lubią”. Powiedziałam: „Niech Bóg panią błogosławi. Wezmę to auto za czterysta funtów”. A ona na to: „Nie, chcę za nie sześćset”. Więc powiedziałam jej, że nie mamy aż tyle, i dodałam, iż pracujemy dla niej od tak dawna, że powinna mieć wzgląd na naszą sytuację i tak dalej. Zapytała, skąd wezmę pieniądze. Wtedy wyjaśniłam jej, jak działa nasza spółdzielnia, i powiedziałam: „Byłoby mi przykro, gdyby sprzedała je pani komuś innemu”. W końcu właścicielka zgodziła się sprzedać mi auto za pięćset funtów. Nie mogłam się dalej targować, powiedziałam więc: „Teraz dam pani czterysta funtów, a pani będzie odliczać dziesięć funtów miesięcznie od opłaty za garaż do czasu, gdy uzbiera się brakująca setka”. Powiedziała: „Tylko mnie nie zawiedź”. Przyrzekłam, że tego nie zrobię, i dodałam, że nasza umowa jest dla mnie święta.

Po namyśle zapytała: „Czy nie mogłabyś spłacać o pięć funtów miesięcznie więcej?” Odparłam, że to niemożliwe. Co miesiąc będę wpłacać dwadzieścia funtów do spółdzielni i nic mi nie zostanie. Powiedziałam jej: „Jeśli w którymś miesiącu, niech Bóg broni, nie będę mogła zapłacić pani umówionej raty, z pewnością będę mogła liczyć na pani wyrozumiałość. Nie mogę jednak zalegać z wpłatami do spółdzielni, ponieważ podobnie jak ja polegałam na innych, tak teraz oni polegają na mnie. Nie mogę ich zawieść”. Zaproponowałam, żeby samochód pozostał formalnie jej własnością, dopóki nie zapłacę całej należnej kwoty, ale ona odmówiła, mówiąc, że ma do mnie zaufanie. Odparłam, że wszystko jest w rękach Boga, i zadowolona odeszłam, żeby przekazać Omarowi dobre nowiny.

Właścicielka wzięła pieniądze i poszliśmy zarejestrować auto. Omar chciał je zarejestrować na moje nazwisko, ale odmówiłam. Powiedział, że można wpisać w akcie własności nas oboje, lecz ja odrzekłam: „Jesteś mężczyzną, więc to na tobie spoczywa odpowiedzialność. Wpisz tylko siebie”. Tak też zrobił.

Wynajmujemy dom mojego ojca w Gizie za dziewięć funtów miesięcznie. To dom z suszonej cegły. Nie mamy dość pieniędzy, żeby go przebudować przy użyciu cegły wypalanej. W domu są dwa pokoje. Wynajmujemy go robotnikowi budowlanemu i jego żonie, która także pracuje, więc pierwszego dnia każdego miesiąca bez zwłoki płacą nam czynsz.

Nasz dom jest zbudowany z wypalanej cegły i składa się z czterech pokojów. Ma wyłożoną kaflami podłogę, pomalowane ściany, elektryczność i wodę. W jednym z pokojów przechowujemy meble rozwiedzionej córki. Co kilka dni jeździmy tam, żeby odkurzyć meble i pobyć trochę w domu. Nasze dzieci spędzają w nim wakacje.

Nie myślimy o tym, żeby go wynająć, bo nie wiemy, co nam przyniesie przyszłość. A gdybyśmy stracili tę pracę? Dokąd byśmy poszli, gdyby nasz dom był wynajęty? Kiedy masz najemcę, możesz być pewien, że on już nigdy się nie wyprowadzi.

To nasze życie. Jest nas dwanaścioro. Z trudem dajemy sobie radę. Sam chleb kosztuje nas trzydzieści piastrów dziennie. Jak Bóg da, dwa razy w tygodniu kupujemy dwa lub trzy kilo mięsa w spółdzielni rządowej. Nie stać nas na kupowanie mięsa od prywatnego rzeźnika. Mięso kosztuje tam dwa razy więcej niż w sklepach rządowych. Oprócz tego kupuję warzywa, trochę ryżu lub makaronu – wszystko to kosztuje nas jakieś dwa, trzy funty [około pięciu dolarów] tygodniowo. Na jedzenie wydajemy mniej więcej dziesięć funtów tygodniowo. Oprócz tego kupujemy litr mleka dziennie, za trzydzieści piastrów, herbatę za dwadzieścia pięć piastrów tygodniowo i – co dwa lub trzy dni – cukier za trzydzieści piastrów.

Od czasu do czasu kupujemy owoce dla dzieci. Sami często się bez nich obywamy. W końcu jesteśmy dorośli i musimy się liczyć z każdym groszem. Ale dziecko to nie dorosły. Kiedy dziecko zobaczy coś dobrego, chce to dostać. Nie można odmawiać dziecku smakołyków. Jednak od czasu do czasu dzielimy się tym, co mamy. Kiedy na przykład Bóg nagradza nas arbuzem albo kilogramem innych owoców, siadamy w kręgu i jemy wspólnie. Nie mamy lodówki*. Każdy dostaje swoją część.

Mamy telewizor. Kupiłam go dzięki stworzeniu kolejnej spółdzielni. Udało mi się odłożyć sto dwadzieścia funtów. Bóg był dla mnie łaskawy. Nie zamierzałam kupować telewizora, ale trafiła się okazja. Wcześniej o tym nie myślałam, ponieważ było to wkrótce po śmierci mojego syna, a ja opłakiwałam jego odejście.

Pewien Niemiec, który mieszkał w budynku po drugiej stronie ulicy, wracał do domu. Wyprzedawał swoje rzeczy. Powiedział o tym swojemu nubijskiemu kucharzowi, a on powtórzył to mnie: „Umm Gad, ten człowiek ma na sprzedaż dwa radia, telewizor i klimatyzator". Zawsze dowiadujemy się o takich

---

* Po tym, jak Umm Gad opowiedziała mi swoją historię, jej rodzina kupiła nową chłodziarkę elektryczną, która teraz stoi w widocznym miejscu, w sypialni naszej bohaterki.

sprawach w ten sposób. Wiadomości rozchodzą się bardzo szybko. Powiedziałam: „Nie chcę telewizora”. Byłam zbyt nieszczęśliwa, żeby myśleć o takich sprawach. Chciałam mieć radio, aby słuchać śpiewnych recytacji Koranu. To dałoby mi pociechę i ukojenie. Kucharz powiedział, że radio kosztuje trzydzieści pięć funtów [około pięćdziesięciu dolarów], a ja obiecałam: „Jeśli uda ci się kupić je za dwadzieścia pięć, wezmę je i dam ci pięć funtów za fatygę”. Zgodził się.

W tym czasie inny kucharz usłyszał o wyprzedaży i postanowił kupić wszystkie sprzęty. Zapłacił za wszystko sto osiemdziesiąt funtów [około trzystu dolarów]. Powiedział do nubijskiego kucharza, z którym wcześniej rozmawiałam: „Jeśli Umm Gad chce mieć radio, musi zapłacić trzydzieści pięć funtów”. Byłam wściekła i nie zgodziłam się na tę cenę.

W domu tego Niemca mieszkała pewna młoda kobieta, która znała arabski. Poszłam więc do niej i opowiedziałam jej całą historię, prosząc ją o pośrednictwo. Kobieta powiedziała tamtemu kucharzowi, żeby dał mi radio zgodnie z wcześniejszą umową. Wtedy mężczyzna podniósł głos i jej naubliżał. Dziewczyna zawołała Niemca i powiedziała do niego w ich języku: „Oddaj temu mężczyźnie pieniądze. Znieważył mnie i ośmielił się mi grozić. Nic nie dostanie”. Kiedy to usłyszałam, pobiegłam do domu po pieniądze na radio. Bóg czuwał nade mną, bo z jakiegoś powodu postanowiłam zabrać ze sobą więcej gotówki i, być może, kupić też telewizor.

Kucharz, który stracił dobry interes, poszedł za mną. Zaczął krzyczeć na ulicy. Powiedziałam mu: „Nie wrzeszcz tak. Miałam obiecane to radio, a ty próbowałeś mnie wygryźć”. Zostawiłam go awanturującego się na ulicy i wyżalającego się wszystkim, którzy chcieli go słuchać, a sama wróciłam do mieszkania Niemca i zapytałam kobietę, za ile sprzedałaby mi telewizor i radio. Odparła, że kucharz zapłacił sto osiemdziesiąt funtów za wszystkie sprzęty. Zaproponowałam jej sto czterdzieści pięć funtów za radio i telewizor. Zapytała: „Gdzie ma pani pieniądze?”, a ja odpowiedziałam: „Tutaj, przy sobie”. Ona na to: „Proszę zatrzymać na razie pieniądze i przyjść po te rzeczy za trzy tygodnie, kiedy będziemy wyjeżdżać”. Ale ja się uparłam: „Nie, proszę już teraz wziąć pieniądze”. Chciałam mieć pewność, że właściciele nie zmienią zdania.

Kiedy zeszłam na dół, kucharz wciąż awanturował się na ulicy. Wokół niego zgromadzili się gapie. Powiedziałam mu: „Posłuchaj. Byłeś niegrzeczny dla tej pani i chciałeś mnie oszukać. Nie osiągniesz niczego siłą. Sam jesteś sobie winny”. Oczywiście nie wspomniałam ani słowem o telewizorze. Domyśliłam się, że obaj kucharze uknuli ten plan dla własnej korzyści. Cieszyłam się, że im się nie udało.

Po trzech tygodniach poszłam do mieszkania Niemca. Był wtorek. Kucharz otworzył drzwi, a właściciel był w domu. Telewizor i radio były już przygotowane. Mężczyzna podał mi instrukcje obsługi i spisany po angielsku akt sprzedaży. Powiedział: „Proszę sprowadzić kogoś, kto pomoże pani przenieść te rzeczy. Gdzie jest pani mąż?" „Na dole" – odpowiedziałam i pobiegłam po Omara, wołając: „Już dzisiaj odbieramy telewizor i radio!" Mój mąż się roześmiał i wszedł ze mną na górę.

Następnego dnia kucharz przyszedł do nas bardzo poirytowany i urządził kolejną scenę. Nie mógł przełknąć porażki. Powiedziałam: „Udław się swoją złością. Najwyraźniej te rzeczy miały należeć do mnie, inaczej Bóg nie odwróciłby sytuacji na twoją niekorzyść". Dzisiaj ten telewizor marki Sanyo jest wart dwieście funtów. Właśnie tak pomnaża się pieniądze.

Pomyślałam: „Bóg czuwał nade mną, kiedy to się stało". Za każdym razem, kiedy tworzę nową spółdzielnię, mówię sobie: „Niech pieniądze się gromadzą. Kiedy przyjdzie pora, Bóg otworzy jakąś furtkę, żebyśmy mogli dobrze je wykorzystać".

Kiedy zaczynaliśmy budować nasz dom w Gizie, miałam w kieszeni tylko trzysta funtów [około pięciuset dolarów]. Budowa domu kosztowała dwa i pół tysiąca [cztery tysiące dolarów]. Teraz stoi tam jako zabezpieczenie na przyszłość i miejsce dla naszych dzieci.

Ten pomysł wpadł mi do głowy nagle, to było jak olśnienie. Powiedziałam Omarowi: „Zbudujemy dom". Zaklął i zapytał drwiąco: „Za co go wybudujesz, kobieto? Jakim cudem zbudujesz dom za trzysta funtów?" Odparłam: „Słuchaj, spróbujemy, a Bóg da nam siłę. Rzucimy pierwszy kamień i pójdziemy za ciosem. Bóg jest wielki". Tak też zrobiłam, a Bóg nas wynagrodził.

Miesiąc później stworzyłam kolejną spółdzielnię. I tym razem miesięczna wpłata wynosiła dwadzieścia funtów. Moja kuzynka ze strony matki, *bint chalti*, pożyczyła mi trochę pieniędzy. Dzisiaj nasz dom jest już prawie spłacony, a ostatnią ratę za samochód zapłacimy już za dwa miesiące.

Musimy walczyć i zmagać się z życiem, aż doświadczymy wszystkiego, co Bóg dla nas zaplanował.

Dziękuję za wszystko Bogu i pokładam w nim ufność. Jednak żadne z nieszczęść, które mnie dotknęły, nie pozostawiło na moim ciele i duchu tak głębokich śladów, jak śmierć mojego syna. Nadal cierpię. Kiedy umarł, a ja zupełnie się załamałam, myślałam, że niedługo umrę, a moje dzieci zginą wkrótce po mnie. Zebrałam wszystkie siły i pomyślałam: „Dziewczyno, Bóg da ci cierpliwość". Gdy czuję, że moje oczy napełniają się łzami, powtarzam sobie: „Boże, daj mi cierpliwość, Boże, daj mi cierpliwość", i czytam pierwszą surę Koranu, *Al-Fatiha*. To podtrzymuje mnie na duchu.

Staram się opanować, kiedy dręczy mnie żal. Natychmiast wstaję i nie pozwalam sobie na zamartwianie się. Wychodzę na ulicę. Zostaję tam przez chwilę, żeby szatan nie opanował moich myśli i abym mogła odzyskać równowagę. Wyjście na ulicę jest jak ugaszenie ognia wodą. Na ulicy czuję się lepiej. Jestem na powietrzu, a wokół mnie są ludzie, którzy odwracają moją uwagę od złych myśli. Ulica daje mi schronienie.

Musimy pracować i żyć. Musimy wychować nasze dzieci. Mój zmarły syn był dla mnie wszystkim. Pragnęłam, aby żył. Ale wszystko na tym świecie jest w rękach Boga. Żyjemy i przyjmujemy Jego wolę. Wiara w Niego podtrzymuje nas i umacnia.

„Pieniądze dają ludziom przestrzeń na miłość i nadzieję. Brak pieniędzy całkowicie wypełnia ich myśli i nie zostawia miejsca na nic innego”.

Alice

Wolontariuszka

Pochodzę z miejscowości El Minja, słynącej z pracowitości swoich mieszkańców. Tam się urodziłam, a moja matka uczyła się w angielskiej szkole, podobnie jak jej matka. Anglicy zaszczepiali tym kobietom ducha nauki, dzięki czemu później – kiedy były już matkami – zależało im na kształceniu własnych córek.

Moja matka była pierwszą kobietą w naszej rodzinie, która uzyskała dyplom. Tych osiem czy dziewięć lat spędzonych w szkole wpłynęło na całe jej życie. Nauczyła się nieźle angielskiego i robótek ręcznych, poznała też dobrze filozofię i socjologię.

Matki przekazywały swoje zamiłowanie do nauki córkom. Przynosiło to korzyści jednym i drugim, zwłaszcza w trudnych czasach.

Moja matka poślubiła mojego ojca, który pracował wówczas jako urzędnik rządowy. Odebrał francuskie wykształcenie w jezuickiej szkole.

Ojciec i matka mojej matki byli najbliższymi kuzynami. W naszej części świata często poszukuje się partnerów życiowych wśród krewnych. Wszyscy spodziewali się tego związku.

Moja matka była zamężna od pięciu lat i miała troje dzieci, kiedy umarł mój ojciec. Zginął w wypadku samochodowym podczas wakacji, które spędzaliśmy w Kairze. Jak najszybciej wróciliśmy do El Minja, żeby uniknąć upokorzenia, na jakie narażał nas fakt, że zajmowała się nami rodzina matki.

Wykształcenie mojej matki uratowało nam życie. Nie mieliśmy żadnych dochodów ani środków utrzymania poza pieniędzmi pochodzącymi z wynajmu niewielkiej części naszego domu w El Minja. Ledwie wystarczało na nasze utrzymanie. Kiedy umarł mój ojciec, miałam tylko dwa lata, więc z tamtego okresu pamiętam bardzo niewiele poza tym, co powiedziała nam później matka.

Pochowaliśmy ojca w Kairze i wróciliśmy do El Minja.

Gdy dotarliśmy do domu, mojej matce zaproponowano posadę nauczycielki w szkole, w której się kiedyś uczyła. Personel przyjął ją z otwartymi ramionami. Kiedy dorośliśmy, matka zapisała nas do tej szkoły – córki do oddziału żeńskiego, a synów do klasy męskiej. Nadal mieszkaliśmy na parterze naszego domu, wynajmując piętro.

Kiedy byłam w drugiej klasie szkoły średniej, Saad, mój obecny mąż, przyszedł do mojej matki i poprosił ją o moją rękę.

Saad pracował wtedy w sklepie z artykułami papierniczymi. Nie ukończył szkoły średniej, ale był bardzo bystry. Ponieważ mój ojciec umarł, a matka borykała się z trudnościami, była gotowa przyjąć jego oświadczyny. Samotna kobieta mająca córki na wydaniu nie może liczyć na tak dobrych kandydatów na mężów dla swych córek jak kobieta, która ma oparcie w mężu i innych męskich członkach swojej rodziny.

Jako najstarsza z córek byłam pierwsza w kolejce do zamążpójścia. Matka zapytała mnie o zdanie. Polubiłam Saada, więc matka przyjęła jego oświadczyny.

Kiedy wszystko zostało uzgodnione, Saad kupił *szabka* – złotą biżuterię, którą narzeczony ofiarowuje przyszłej pannie młodej, żeby przypieczętować zaręczyny. Podarował mi filigranową złotą bransoletkę i powiedział mojej matce: „Niczego od was nie chcę", a potem zwrócił się do mnie: „Wiem, że twój ojciec nie żyje. Macie niewiele pieniędzy, dlatego proponuję, że sam poniosę koszty wyposażenia domu". To oznaczało, że nie musimy kupować mebli – między innymi kompletu do sypialni – co zgodnie z tradycją należy do rodziny panny młodej. Małżeństwo może zostać zawarte dopiero wtedy, kiedy mieszkanie młodej pary jest całkowicie umeblowane. Meble kupione przed ślubem powinny wystarczyć na całe życie.

Zostałam mężatką. Moja matka wymówiła mieszkanie lokatorom i zaproponowała, żebyśmy zamieszkali na piętrze jej domu. Płaciliśmy jej symboliczny czynsz. Saad nadal pracował w sklepie z artykułami papierniczymi, a ja zostałam w domu. Jego ojciec i matka już nie żyli. Mój mąż był odpowiedzialny za swoje młodsze rodzeństwo, które wprowadziło się do nas zaraz po naszym ślubie.

Saad zarabiał niewiele. Nasze życie od początku nie było łatwe. Mój mąż wychodził z domu o ósmej rano, wracał w porze lunchu, a później znowu szedł do sklepu. Pracował do dziewiątej wieczorem. Niedziele miał wolne.

Kiedy urodziły nam się dzieci, niemal nie widywały ojca, ponieważ on przez cały dzień był poza domem. Zastanawiałam się nad naszą sytuacją. Nie byłam zadowolona. Uważałam, że Saad powinien wrócić do szkoły i zdobyć wykształcenie, żeby żyło nam się lepiej.

Mój mąż przejawiał naturalne zamiłowanie do nauki, kiedy więc powiedziałam mu o swoim pomyśle, bardzo się ucieszył.

Najpierw ukończył szkołę średnią. Później, nie przerywając pracy w sklepie, rozpoczął korespondencyjne studia humanistyczne na Uniwersytecie w Kairze. Ciężko pracował, a do Kairu jeździł tylko na egzaminy.

Kiedy po czterech latach ukończył studia, nasze życie bardzo się zmieniło. Zgłosił się do Ministerstwa Edukacji i otrzymał posadę nauczyciela angielskiego w jednej ze szkół publicznych w El Minja. Nasza sytuacja wyraźnie się poprawiła.

Do tego czasu urodziłam pięcioro dzieci – dwóch chłopców i trzy dziewczynki. Jedna z moich córeczek umarła jako niemowlę.

Saad uczył, a ja byłam w domu. Byłam niecierpliwa i chciałam jeszcze bardziej poprawić naszą sytuację. Miałam trochę złotej biżuterii i zaoszczędziłam nieco pieniędzy. Dałam biżuterię Saadowi, żeby ją sprzedał, a za uzyskane w ten sposób pieniądze kupiliśmy mały domek. Ale to mi nie wystarczyło. Czułam, że ja też powinnam coś robić. Nie ukończyłam szkoły średniej, więc nauczyłam się szyć. Zaoszczędziłam trochę pieniędzy, kupiłam maszynę do szycia i założyłam własny interes. Miałam wielu klientów. Nieźle zarabiałam, szyjąc sukienki za funta albo siedemdziesiąt pięć piastrów.

Kiedy moja córka dorosła, ukończyła studia, historię sztuki, i bardzo szybko wyszła za mąż. Jej mąż był nauczycielem. Pobrali się z miłości, a po ślubie wyjechali do Kairu.

Mój najstarszy syn pomyślnie ukończył szkołę średnią i dostał się na politechnikę.

Musieliśmy zapewnić wszystkim dzieciom ubranie, książki i kieszonkowe. Dlatego szyłam, pomagając w ten sposób mężowi i dzieciom.

Chciałam, żeby nasze dzieci były dobrze ubrane, dobrze się odżywiały i mieszkały w przyzwoitych warunkach. Moja najmłodsza córka studiowała ekonomię. Na studiach radziła sobie bardzo dobrze, a teraz pracuje w banku w Kairze. Wyszła za mąż za farmaceutę – oni także pobrali się z miłości.

Mój najmłodszy syn został urzędnikiem państwowym, ale nie był zadowolony ze swojego losu. Pragnął czegoś więcej. Nie chciał żyć tak jak wielu innych przedstawicieli klasy średniej w Egipcie. Wyjechał do jednego z krajów arabskich i zatrudnił się w tamtejszej firmie. Bardzo dobrze zarabia.

Miałam dobre życie, chociaż nie było mi łatwo. Ciążyła na mnie odpowiedzialność za wychowanie dzieci, doświadczyłam cierpienia po utracie córeczki i musiałam radzić sobie z wszystkimi trudnościami życia w małżeństwie. Kiedy dzieci dorosły, przenieśliśmy się do Kairu. Jestem już zmęczona szyciem, ale bardzo interesują mnie ludzie i ich problemy. Dlatego wstąpiłam do organizacji kościelnej, która pomaga potrzebującym. Chociaż uczę ubogie kobiety szycia, to jednak prawdziwe poczucie spełnienia daje mi pomaganie tym kobietom w zaspokajaniu ich potrzeb socjalnych, zdrowotnych i finansowych. Ponieważ sama przez lata borykałam się z problemami, chętnie rozmawiam z nimi o ich kłopotach. Mogą liczyć na moje współczucie i zrozumienie. Radzę im, jak mogą poprawić swój los. Jestem też dobrą swatką i pomagam w ten sposób wielu rodzinom.

Staram się rozbudzić w tych kobietach ducha niezależności – uczę je, jak mogą poradzić sobie same, zamiast wyciągać ręce i prosić o pieniądze. Chcę, żeby nauczyły się wykonywać pracę, która przyniesie im pożytek, zapewni trochę pieniędzy i będzie dla nich źródłem zadowolenia. Niektóre z tych kobiet robią coś, co mogą sprzedawać – na przykład domowe kluseczki. Inne hodują kurczęta na sprzedaż, a pozostałe uczą się szycia, robienia na drutach, haftowania i szydełkowania. Te umiejętności zawsze mają wzięcie, a przy tym pozwalają moim podopiecznym w pewnym stopniu uniezależnić się od swoich mężów i rodzin.

Niektóre z tych kobiet pracują w swoich domach, zarabiając jednego czy półtora funta dziennie. Duch, którego staram się w nich rozbudzić, staje się coraz silniejszy. Kobiety zazdroszczą sobie nawzajem. Rywalizacja podtrzymuje ich zainteresowanie pracą, a ta przynosi im pieniądze.

W naszym społeczeństwie bardzo trudno jest dorastać bez ojca, co stało się moim udziałem. Taki los był mi pisany. Gdy widziałam, jak ojcowie przytulają i rozpieszczają swoje dzieci albo zabierają je na wakacje do innego miasta, czułam dotkliwe ukłucie zazdrości. Miałam poczucie, że życie bez ojca to wielkie nieszczęście.

Kiedy patrzyłam, jak moja matka boryka się z trudnościami, żeby nas wychować, cierpiałam. Ale myślę, że ostatecznie wyszło to nam na dobre. Bardzo wcześnie nauczyliśmy się brać na siebie odpowiedzialność.

Gdy byliśmy mali, chodziliśmy do szkoły i wracaliśmy do domu o czwartej albo pół do piątej po południu. Uczyliśmy się, a niedziele mieliśmy wolne. Pomagałam matce w sprzątaniu, a w niedzielę chodziliśmy do kościoła rano i po południu.

Latem mój najstarszy brat założył w domu coś w rodzaju klubu dziecięcego. Nie wolno nam było wychodzić. Nie mieliśmy ogrodu ani balkonu, gdzie moglibyśmy się bawić. Dlatego brat zrobił dla nas ze sklejki zestaw do gry w szachy. Nauczył nas grać w szachy i w domino. Jestem pewna, że pomogło nam to rozwinąć umiejętności matematyczne, zmuszając nas do myślenia i planowania. Miałam wtedy jakieś dwanaście lat.

Kiedy matce brakowało pieniędzy, płakała i opowiadała nam o ojcu. Mówiła: „Wasz ojciec był niezwykłym człowiekiem. Lubił muzykę i grał na skrzypcach".

Mówiła tak, ale wcale nie jestem pewna, że naprawdę jej się to podobało. Była bardzo poważna, a ojciec – wesoły i towarzyski. On i jego przyjaciele urządzali przyjęcia, grali na instrumentach i pili wino. Konserwatywny duch mojej matki nie mógł znieść takiej wesołości. Na tych przyjęciach toczyły się rozmowy, które wydawały się jej uwłaczające.

Wykształcenie i charakter uczyniły z mojej matki osobę niezwykle skromną. Była niedostępna i zasadnicza. Pamiętam, że przypinała do sukni białą metalową broszkę w kształcie kokardy. Oznaczała ona, że matka nie pije alkoholu ani nie pali tytoniu oraz że stara się odwodzić od tych nałogów innych.

Matka pracowała nad ojcem tak długo, aż wreszcie zrezygnował z hucznych przyjęć. Chciał, żeby matka ubierała się w stylu zachodnim, ale nigdy nie zdołał jej do tego przekonać. Na co dzień nosiła tradycyjną suknię, a kiedy wychodziła z domu, zawsze nakładała na domową sukienkę *habara* – czarną powłóczystą szatę – i owijała głowę szalem.

W młodości moja matka zakochała się w swoim kuzynie ze strony ojca. Wpadła jednak w oko mojemu ojcu – swemu kuzynowi ze strony matki – który poprosił o jej rękę. Jej rodzina początkowo go odrzuciła, mimo że był lepiej wykształcony niż pozostali kandydaci. Znał francuski.

Mój ojciec ożenił się z córką swojego szefa, która wkrótce potem zmarła w połogu. Dziecko również urodziło się martwe. Widocznie takie było ich przeznaczenie.

Niedługo potem mój ojciec ponownie poprosił o rękę matki. Było to już po śmierci mojego dziadka. Moja babka powiedziała do swej córki: „Bóg chce, żebyś poślubiła swojego kuzyna". Matka była przeciwna temu małżeństwu. Powtarzała: „Nie chcę go. Nie chcę go. Nie chcę go". Ale rodzina była głucha na jej zaklęcia, a jej stryj powiedział: „W naszej rodzinie dziewczęta nie mówią: «Chcę tego, nie chcę tamtego». Ten mężczyzna oświadczył ci się dwa razy. Zostaniesz jego żoną".

Poślubiła go wbrew swojej woli. Ale mój ojciec był dla niej bardzo dobry i cierpliwy. Kochał ją i pragnął, żeby matka odwzajemniła jego uczucia, lecz ona zawsze była przeciwko niemu. Co parę miesięcy uciekała od niego i wracała do domu swojej matki.

Ojciec wydawał się tym nie przejmować, ale moja babka rugała córkę i mówiła: „To twój los, dziewczyno. W życiu kobiety nie ma miejsca na kaprysy. Musisz pogodzić się z losem i z pokorą dźwigać swoje brzemię".

Moja matka wyszła za mąż, kiedy miała dwadzieścia dwa lata. W tamtych czasach dziewczynę w tym wieku uważano już za starą pannę. Na początku małżeństwa nieustannie uciekała do swojej matki. Mieszkała u niej miesiąc lub dwa, a wtedy przyjeżdżał po nią mój ojciec. Pytał: „Czy wszystko już w porządku? Czujesz się wystarczająco dobrze, żeby wrócić do domu?" Potem ją zabierał. Wytrzymywała miesiąc czy dwa i znowu od niego uciekała. Wydaje się, że w ich życiu nie działo się nic szczególnego, co byłoby przyczyną jej ucieczek. Po prostu go nie lubiła. Płakała i skarżyła się swojej matce: „Nie cierpię go. Nie mogę znieść jego obecności. Nie kocham go".

Ojciec okazywał jej nieskończoną cierpliwość i w końcu doczekał się nagrody. Był łagodny i starał się ułatwiać jej życie. Zatrudnił służącą, która nazywała moją matkę „żoną swojego wuja". Dziewczyna zajmowała się sprzątaniem i gotowaniem. Wynajął domek z ogrodem, żeby sprawić jej przyjemność.

W końcu moja matka poddała się i została w domu. Myślę, że nawet go polubiła. Niestety mój ojciec miał przed sobą tylko trzy lata życia.

Kiedy matka wspominała ostatnie lata spędzone z ojcem, przepełniał ją żal i często płakała. Mój najstarszy brat urodził się w tym niespokojnym okresie ciągłych ucieczek i powrotów. Ja przyszłam na świat już po tym, jak przestała uciekać.

Pomna swoich doświadczeń, moja matka nigdy nie zmuszała żadnego ze swoich dzieci do małżeństwa. Kiedy trzeba było dokonać wyboru, zawsze pytała nas o zdanie.

Gdy pojawił się Saad, początkowo widywaliśmy się w domu mojej ciotki ze strony matki. Polubiłam go, ale – rzecz jasna – nie dałam tego po sobie poznać. Dziewczynie nie wolno okazywać swych prawdziwych uczuć. Byliśmy sąsiadami, więc widywaliśmy się bardzo często. Kiedy Saad przyszedł do mojej matki, żeby poprosić o moją rękę, byłam bardzo zadowolona, ale nic nie powiedziałam.

W tym czasie jeszcze jeden mężczyzna wystąpił z propozycją małżeństwa. Matka przedstawiła mi obie możliwości. Powiedziała: „No, Alice, który z nich bardziej ci się podoba? Eskandar jest krewnym twojego ojca. Pracuje na kolei. Jako potencjalny mąż ma tę przewagę, że jest pracownikiem rządowym, ma dobrą, stałą pracę, a na starość będzie dostawał emeryturę. Saad pracuje w sklepie, a jego przyszłość wydaje się mniej pewna". Matka skłaniała się ku Eskandarowi, ale ja zakochałam się w Saadzie, więc wybrałam właśnie jego.

Sądziłam wówczas, że małżeństwo jest rzeczą łatwą i przyjemną – końcem drogi, czasem spokoju i bezpieczeństwa. Saad miał dwadzieścia pięć lat, ja – szesnaście. Ponieważ bardzo wcześnie straciłam ojca, nic nie wiedziałam o mężczyznach i nie miałam pojęcia, jacy bywają mężowie. Moja matka nie wyszła ponownie za mąż. Mężczyźni byli dla mnie tajemnicą.

Większość tego, czego dowiedziałam się po ślubie, była dla mnie szokiem. Saad był porywczy i miał gwałtowne usposobienie, o czym przekonałam się dopiero, kiedy został moim mężem. W tym czasie nie zatrudnialiśmy pomocy domowej. Musiałam robić wszystko sama. Nie miałam pojęcia o obowiązkach i ograniczeniach stanowiących nieodłączną część życia mężatki. W domu rodzinnym człowiek je i śpi, kiedy chce. Czuje się wolny. Saad krzyczał na mnie z byle powodu i był gotów mnie uderzyć, kiedy usiłowałam się bronić. Wszystko to było dla mnie szokiem, który jednak nie mógł się równać ze wstrząsem, jakiego doświadczyłam, kiedy odkryłam, że mój mąż zakochał się w młodszej kuzynce, która zamieszkała z moją matką po naszym ślubie. Miałam wtedy dwoje dzieci. To prawda, tamta kobieta miała jasną skórę – nie ciemną jak moja – ale nie była żadną pięknością. Nigdy nie wiadomo, co w kobiecie może wzbudzić w mężczyźnie pożądanie.

W dowód swoich uczuć Saad zaczął dawać tej kobiecie pieniądze za moimi plecami. Pewnego dnia przyłapałam go, jak się z nią całował. Gorzko płakałam.

To zdarzenie zostawiło we mnie niezatarty ślad. Jeszcze dzisiaj, po czterdziestu latach, odczuwam jego skutki. Sprawiło, że przestałam ufać mężczyznom. Nie lubię ich ani nie szanuję – wszystkich bez wyjątku – i do tej pory nie mogę znieść żadnego mężczyzny.

Saad od dawna żałuje tego, co zrobił. Uwielbia mnie. Ale co się stało, to się nie odstanie. Byłoby dla mnie lepiej, gdybym wcale nie wyszła za mąż. Mąż starał się wynagrodzić mi krzywdę, jaką mi wyrządził, ale takie rany nigdy się nie goją. Jestem z nim. Pod każdym względem oddaję mu sprawiedliwość i nie czuję już do niego nienawiści, jaka wypełniała moje serce, kiedy ta sprawa była jeszcze świeża, ale moje złudzenia na temat mężczyzn na zawsze legły w gruzach. Żaden z nich nie zasługuje na zaufanie. Nawet moi synowie.

Saad doprowadził do ślubu swojego brata z moją kuzynką, żeby wszystko zostało w rodzinie. To nie było dobre rozwiązanie, ale nie miałam w tej sprawie nic do powiedzenia. Pewnego dnia wyglądałam przez okno, odwrócona plecami do pokoju. Mój szwagier wszedł do środka, podszedł do mnie od tyłu i objął mnie. Odwróciłam się, odepchnęłam jego rękę, wykręciłam mu ją za plecami, a później bez słowa wyszłam z pokoju. Do dzisiaj, kiedy się spotykamy, wbija wzrok w podłogę. Wszyscy mężczyźni są tacy sami!

Mój problem polega na tym, że jestem z natury otwarta i towarzyska, często się śmieję i chętnie rozmawiam z ludźmi. Mężczyźni błędnie biorą to za zaproszenie do flirtu. Kobieta powinna się zachowywać jak ponura sowa, żeby inni ją szanowali.

Pewnego wieczoru odwiedził nas przyjaciel mojego męża. Saada nie było w domu. Przyjęłam tego mężczyznę serdecznie. Jeszcze nie zdążył usiąść, a już wyznał: „Kocham cię". Odpowiedziałam: „Owszem, kochamy się jak rodzeństwo". Ale on się upierał: „To inny rodzaj miłości". Wtedy wstałam i pokazałam mu drzwi. Nigdy nie powiedziałam o tym mężowi. Co by to dało?

Innego wieczoru, kiedy Saada także nie było w domu, przyszedł do niego inny znajomy. Mój najmłodszy syn spał za ścianą. Poprosiłam gościa, żeby usiadł, zapewniając go, że mąż niedługo wróci. Siedział, patrzył na mnie i palił, wydmuchując w moją stronę dym w dwuznaczny sposób. Znowu poczułam się bardzo niezręcznie, ale tym razem byłam lepiej przygotowana. Wstałam i obudziłam synka, a potem trzymałam go przy sobie aż do nadejścia męża.

Moja niechęć do mężczyzn nie wzięła się z niczego. Nienawidzę ich. Moje nadzieje i złudzenia dotyczące tego, jacy są mężczyźni, rozwiały się pod wpływem bolesnych doświadczeń. Byłam wierna i oddana mężowi i spodziewałam się, że on odwdzięczy mi się tym samym.

Kiedy się pobraliśmy, przynosiłam mu posiłki do łóżka. Wiedziałam, że jest zmęczony po długim dniu w pracy. Kobiety chętnie usługują mężczyźnie, którego kochają. Kiedy Saad wracał do domu, grzałam wodę, obmywałam mu stopy i delikatnie je wycierałam. W zimie własnoręcznie nakładałam mu czyste skarpety, żeby było mu ciepło. Uwielbiałam męża i okazywałam to, usługując mu.

Po tym, jak przyłapałam go z moją kuzynką, nadal spełniałam swoje obowiązki, ale odtąd nie byłam już na każde jego zawołanie. Mężczyźni nie szanują kobiet, które im usługują. Chcą mieć kobietę, która ładnie wygląda i jest dobra w łóżku.

W dniu mojego ślubu kobiety dokładnie wydepilowały moje ciało. Robimy to przy użyciu miękkiej masy przyrządzonej z cukru i cytryny, zwanej *halawa*. Wyrabiamy ją starannie palcami, nakładamy na ramiona, nogi i łono, żeby przylgnęła do włosów, a potem odrywamy szybkim ruchem. Kiedy moje ciało było zupełnie gładkie, kobiety wykąpały mnie. Miałam na sobie różowy atłasowy szlafrok. Byłam w domu mojej matki. Saad już wcześniej wniósł na górę nasze meble. Kiedy zszedł na dół i zobaczył mnie, zaczął wiwatować z radości. Czuł się szczęśliwy. Mieliśmy zamieszkać na piętrze, razem z jego bratem i siostrami.

Saad wynajął cztery taksówki, żeby przewieźć naszych gości i członków rodziny do kościoła na ceremonię ślubną. Moja siostra i kuzynka ze strony matki pojechały ze mną.

Po wyjściu z kościoła pojechaliśmy do fotografa, który zrobił nam zdjęcia ślubne. Później wybraliśmy się na krótką przejażdżkę po mieście, po której wróciliśmy do domu. Moja matka ugotowała dla nas kolację. Zwykle przygotowanie kolacji weselnej należy do matki pana młodego, ponieważ jednak matka Saada nie żyła, moja matka podjęła się tego zadania. Zjedliśmy i spaliśmy do rana.

Byłam szczęśliwa. Kochałam Saada, a on był młody i przystojny. Ja też byłam wtedy niebrzydka, nie tak jak teraz – z siwymi włosami i zaledwie połową zębów.

Nad ranem przyszli goście, żeby wręczyć nam pieniądze i dowiedzieć się, co się wydarzyło w nocy. Musieliśmy im pokazać zakrwawione prześcieradła, które są dowodem na to, że panna młoda była dziewicą. Ten obyczaj przetrwał do dziś.

Za pieniądze, które dostaliśmy w prezencie ślubnym, kupiliśmy dla mnie złote bransolety. Wtedy kosztowały około dwóch funtów egipskich (dzisiaj byłyby warte dwadzieścia funtów). Saad kupił mi trzy pary złotych bransolet.

Chociaż mężczyźni byli dla mnie tajemnicą, matka nie pozwoliła, żebym weszła do małżeńskiego łoża zupełnie nieprzygotowana. Powiedziała: „On zrobi to i to". Oczywiście, kiedy się kogoś kocha, te sprawy przychodzą łatwo. Jeśli dziewczyna nie kocha męża i została przymuszona do małżeństwa, to seks wydaje jej się nieznośny i budzi w niej przerażenie. Kiedy dziewczyna kocha mężczyznę, zrobi dla niego wszystko. Uczyni, co w jej mocy, żeby go zadowolić. Jednak później, kiedy przychodzi nam borykać się z codziennymi problemami, seks staje się nie do zniesienia.

Po naszej nocy poślubnej byłam obolała przez dwa dni. Kiedy kobieta nie ma problemów i kocha męża, seks jest dla niej przyjemnością. Jeżeli jednak musi się zmagać z codziennymi trudnościami, to nie ma na niego ochoty. Seks wydaje jej się nieznośny. Kiedy z trudem wiążesz koniec z końcem, w twoim życiu nie ma miejsca na czułość ani miłość.

Problemy spadły na mnie wkrótce po ślubie. Później pojawiły się poranne mdłości. Zaszłam w ciążę niemal natychmiast, a moja najstarsza córka urodziła się dokładnie dziewięć miesięcy po naszym ślubie. Oczywiście ludzie od razu zaczęli gadać. Wiedzieli, że pobraliśmy się z miłości, więc mówili między sobą, że na pewno zaszłam w ciążę jeszcze przed ślubem. Egipcjanie zawsze tak gadają!

Siostry i brat Saada mieszkali w jednym pokoju, a my – w drugim. Między naszymi sypialniami znajdował się salon, a moja matka mieszkała na parterze.

Saad dawał mi sześć funtów egipskich tygodniowo na utrzymanie domu. Gospodarowałam nimi bardzo oszczędnie, ale to było po prostu za mało. Kiedy na świat przyszły nasze dzieci i było nas czworo oraz jego brat i siostry, z trudem wiązałam koniec z końcem. Konieczność liczenia się z każdym groszem wywołuje napięcia między małżonkami, a nasz związek nie był wyjątkiem.

Kiedy kończyły mi się pieniądze, mówiłam o tym Saadowi. Wtedy on bił mnie i krzyczał: „Dlaczego wszystko wydałaś? Zarabiam tylko tyle. Skąd wezmę więcej?" Ale mieliśmy dużo gąbdo wyżywienia. Początkowo sprzedawałam swoją złotą biżuterię, żeby co miesiąc zdobyć dodatkowe pieniądze. Od czasu do czasu odcinałam kawałki złotego łańcucha i sprzedawałam je za parę funtów.

Kiedy brakowało nam pieniędzy, Saad oskarżał mnie, że pomagam ukradkiem swojej matce. Gdy zostawało mi kilka funtów, stawał się równie podejrzliwy. Problemom nie było końca.

Niemal nie jedliśmy mięsa. Kupowałam kość z odrobiną mięsa. Gotowałam ją i podawałam mu mięso, żeby nie odczuł, w jak rozpaczliwym znaleźliśmy się położeniu. Saad zjadał mięso, a ja wraz z dziećmi musiałam się obywać bez niego.

Czułam, jak narasta we mnie złość.

Chciałam znaleźć jakieś wyjście. Ale kobieta, która nie ma ojca, środków utrzymania, przydatnych umiejętności ani majątku, staje się niewolnicą. Nie ma żadnych możliwości. Musiałam być cierpliwa. Miałam też dzieci, o których musiałam myśleć.

Właśnie poczucie bezsilności – wrażenie, że wszystkie drzwi są przede mną zamknięte – skłoniło mnie do tego, żeby nauczyć się szyć. Musiałam sobie pomóc, a kiedy to zrobiłam, Saad zaczął mi okazywać więcej szacunku. Wiedział, że nie jestem już całkowicie od niego zależna, więc zaczął bardziej się ze mną liczyć.

To było znacznie później. Jednak w pierwszych latach małżeństwa z każdym dniem było coraz gorzej. Kiedy Saad mi ubliżał, ja odwzajemniałam mu się tym samym. Kiedy mnie bił, broniłam się. Nasze życie stało się pasmem awantur. Teraz jest inaczej. Mąż oddaje mi wszystkie pieniądze na znak swojego uwielbienia i szacunku. Myślę, że wreszcie zdał sobie sprawę, iż od samego początku niewzruszenie stoję u jego boku.

Praca zawodowa daje kobiecie nie tylko niezależność finansową, ale także prawo głosu w sprawach, które są dla niej ważne. Właśnie to staram się przekazać kobietom, którym teraz pomagam. Jeśli kobieta jest całkowicie na utrzymaniu męża, to on prędzej czy później złamie jej ducha. Stanie się zwykłą niewolnicą.

Mężczyźni nie mogą żyć bez seksu. Kiedy Saad źle mnie traktował, seks stawał się dla mnie nie do zniesienia. Myślę, że większość kobiet reaguje podobnie. Cierpiałam wtedy katusze.

Kiedy nie mógł już wytrzymać bez seksu, przychodził do mnie i prosił o wybaczenie, a gdy dostał, czego chciał, wracał do swoich dawnych zachowań.

Kobiety lubią mężczyzn, którzy mają pieniądze i są hojni. Saad narzekał, że za dużo wydaję, a mimo to zdołał odłożyć sporo pieniędzy. Moja młodość – najlepsze lata – była pełna goryczy i nieustannych kłótni o pieniądze. Saad był nie tylko porywczy, ale także skąpy.

Pod wpływem swoich doświadczeń stałam się wrażliwa na cierpienie innych. Dopóki nie zaznałam goryczy życia w małżeństwie, nie zważałam na cudze problemy. Teraz współczuję każdej spotkanej kobiecie.

To prawda, poślubiłam mężczyznę, którego kochałam. Ale moja miłość wkrótce legła w gruzach. Teraz nienawidzę wszystkich mężczyzn, chociaż tego nie okazuję. Mężczyźni są niczym, nic dla mnie nie znaczą i nie znoszę ich z całego serca.

Wszyscy mężczyźni to zdrajcy. Nie ufam żadnemu z nich. Moje doświadczenia i przeżycia innych kobiet umacniają mnie w tym przekonaniu.

Pomimo problemów i goryczy egipskie kobiety na ogół są nadzwyczaj lojalne wobec swoich mężów. Nauczyłam się jednak, że kobieta nie powinna usługiwać mężowi jak niewolnica. Kobieta, która dba o siebie, zmusza męża, żeby – wbrew sobie – okazywał jej szacunek. Jeżeli jednak wszystkie jej wysiłki skupiają się na domu i dzieciach, to mąż traktuje ją jak służącą.

Większość egipskich mężczyzn lubi kobiety gotowe do nocnej „współpracy". Innymi słowy, seks to najważniejszy element małżeństwa. Egipska tradycja obrzezania dziewcząt nie ułatwia kobietom życia. Kiedy byłam dziewczynką, obyczaj ten nadal był praktykowany wśród egipskich chrześcijan. Trwało to jeszcze w czasach, kiedy dorastała moja najstarsza córka, która urodziła się w roku 1940. Później ludzie zaczęli myśleć inaczej i większość chrześcijan zrezygnowała z poddawania dziewcząt temu zabiegowi.

Doskonale pamiętam czas, w którym zostałam obrzezana. Miałam wtedy osiem lat. Miałam zostać poddana temu zabiegowi wraz z siostrą i z najbliższą kuzynką ze strony matki. Wieczorem, w dniu poprzedzającym ceremonię obrzezania, zebrano nas razem i poplamiono nam dłonie pomarańczową henną. Nasza rodzina świętowała przez cały wieczór przy dźwiękach fletów i bębenków. Byłyśmy przerażone. Wiedziałyśmy, co nas czeka. Pytałyśmy się nawzajem: „Boisz się?", a każda z nas odpowiadała: „Bardzo się boję". Powtarzałyśmy to przez całą noc, jak refren. Nie mogłyśmy zasnąć.

O piątej nad ranem usłyszałam położną, która weszła do pokoju. Miałam być pierwsza, ponieważ byłam najstarsza. Położna wykonała zabieg, a później utarła cebulę z solą i nałożyła tę miksturę na ranę jako środek przyżegający. Potem kobiety przeniosły mnie na łóżko. Kazały mi trzymać nogi wyprostowane i nie łączyć ze sobą ud, żeby rana nie zarosła.

Później przyszła kolej na moją kuzynkę, a wreszcie – na siostrę. Położono je w łóżkach w tym samym pokoju. Przyniesiono nam mnóstwo jedzenia – kurczaki i granaty. Musiałyśmy jeść. Kurczęta były wtedy bardzo tanie, kosztowały niecałe dziesięć piastrów za parę. Każda z nas musiała zjeść przynajmniej jednego całego kurczaka. Granaty są bardzo ważne – powiedziano nam – ponieważ mają właściwości ściągające. Zjedzenie dużej ilości tych owoców miało pomóc w gojeniu się ran. Przyniesiono nam talerze pełne soczystych różowych granatów. Musiałyśmy je zjeść. Myślę, że tak naprawdę dostałyśmy granaty dlatego, że powodują zaparcia i miały nas powstrzymać od wypróżnienia się zbyt szybko po zabiegu.

Siódmego dnia wstałyśmy. Dostałyśmy nowe sukienki. Moja sukienka była jaskrawoczerwona, sukienka mojej siostry – jaskrawozielona, a sukienka kuzynki – żółta. Cieszyłyśmy się z nowych sukienek. Matki poleciły nam, abyśmy ukryły swoje odcięte łechtaczki w rąbku nowej sukni. Rodzina poprowadziła nas uroczyście ulicami jak panny młode, a później zabrała nas na piknik nad rzeką. Kazano nam wrzucić odcięte łechtaczki do Nilu. To miało nam przynieść szczęście. Gadanie!

O zachodzie słońca wróciłyśmy do domu. Było po wszystkim.

Ten zabieg utrudnia dziewczynie czerpanie przyjemności z seksu, a skoro seks jest dla mężczyzn bardzo ważny, jakim cudem ten obyczaj miałby przynieść komukolwiek szczęście?

Dla kobiety seks nie jest najważniejszą rzeczą na świecie, ale pewne okoliczności mogą uczynić go znośnym. Na przykład to, jak mężczyzna traktuje kobietę, a także sytuacja finansowa rodziny. Trzecim z tych czynników jest miłość.

Jeśli mężczyzna ubliża kobiecie, obraża ją albo bije, a później przychodzi do niej, żeby się z nią przespać, seks wydaje się kobiecie odrażający. Ja doświadczałam w małżeństwie wszystkich trzech okoliczności. Kiedyś powiedziałam mężowi: „Żałuję, że w ogóle wyszłam za mąż". Nigdy tego nie zapomniał. Zapytał z wyrzutem: „Czy godzi się tak mówić?" Ale ja się upierałam: „Oczekiwałam innego życia. Dzisiaj, kiedy słyszę twoje kroki na schodach, moje serce truchleje z przerażenia". Powiedziałam to dawno temu, ale Saad nadal pamięta moje słowa. Widocznie głęboko go zraniłam.

Jednak nie wszystkie kobiety niechętnie uprawiają seks. Mój brat miał żonę, która pragnęła go w dzień i w nocy. Ale to także choroba. To nienormalne. Pożądała go, kiedy się poruszał i kiedy siedział nieruchomo. Wkrótce poczuł się zupełnie wyczerpany. Był pewien, że wszystkie kobiety są takie same, stracił nadzieję i podupadł na zdrowiu. Cierpiał na niedowład rąk i nóg. Nie mieli dzieci. Mój brat rozwiódł się z żoną. Gdyby miała dzieci, może zostałaby uleczona. Biedna kobieta, nie miała szczęścia.

W pierwszych latach małżeństwa, gdy czułam się nieszczęśliwa, szukałam pociechy u matki. Kiedy spotykało mnie coś złego, wypłakiwałam się na jej ramieniu. Była wściekła na Saada i brała moją stronę. To tylko pogarszało sprawę. Moja matka się zamartwiała, a Saad stawał się jeszcze bardziej agresywny. Dlatego przestałam się jej skarżyć. Szybko zdałam sobie sprawę, że muszę trwać u jego boku, spełniać swoje obowiązki i znosić swój los. Kiedy Saad zobaczył, jak inne kobiety zachowują się wobec swoich mężów, zaczął doceniać moją niezłomność.

Kiedy zaszłam w ciążę z pierwszym dzieckiem, Saad bardzo się ucieszył. Mój mąż miał pewną zaletę, która odróżniała go od większości egipskich mężczyzn – cieszył się z córek, a nawet wolał je niż synów. Ponieważ nasze pierwsze dziecko okazało się dziewczynką, Saad był bardzo szczęśliwy. Nie posiadał się z radości po narodzinach wszystkich naszych córek. Muszę mu to przyznać. Ja wolę chłopców.

Wszystkie moje porody były łatwe. Przy pierwszym dziecku tuż po kąpieli poczułam słaby ból. To było po południu. Poszłam do matki i powiedziałam: „Trochę boli mnie brzuch", a ona odparła: „O Boże, to znaczy, że już się zaczęło".

Przez całą noc ból przychodził i odchodził. O dziesiątej rano stał się bardzo silny. Moja matka wezwała położną, tę samą, która przed laty mnie obrzezała. Kobieta weszła do domu i powiedziała: „Zagrzej trochę wody". Moja matka posłuchała jej, a dziecko przyszło na świat bardzo szybko. To była dziewczynka. Czułam się trochę obolała, to było moje pierwsze dziecko, ale dziewczynka była bardzo ładna i to sprawiło mi radość.

Jej ojciec był wtedy w Kairze. Natychmiast wyruszył w drogę powrotną, mówiąc: „Ona nie może urodzić dziecka, kiedy mnie tam nie ma. Jadę do domu!" Kiedy przyjechał, był bardzo szczęśliwy, wziął córkę na ręce i ucałował. Była mu bardzo droga.

Po roku i trzech miesiącach urodziłam chłopca. Jedliśmy akurat lunch. On też urodził się bardzo szybko. Poczułam ból, a niespełna dwie godziny później mój synek przyszedł na świat z pomocą położnej. Podobnie było z pozostałymi dziećmi.

Być może rodziłam dzieci z taką łatwością dzięki temu, że zawsze byłam aktywna. Sama sprzątałam dom. Często chodziłam po schodach – w górę i w dół. Prałam, szorowałam podłogę. Wszystko to wzmocniło mięśnie brzucha i ostatecznie wyszło mi na dobre.

Początkowo dzieci dawały mi dużo szczęścia. Jednak później, kiedy dorosły, przeżyłam ciężkie chwile z moimi synami. Najstarszy bardzo mnie rozczarował.

Mariam była bardzo ładna, więc szybko wyszła za mąż. Mąż ją uwielbiał. Był nauczycielem matematyki i chociaż im się nie przelewało, nie pozwolił Mariam pracować. Została w domu. Później, kiedy zaoszczędził trochę pieniędzy, otworzył sklep. Bardzo dobrze im się powodzi. Mariam pomaga mężowi w sklepie i stoi wiernie u jego boku. Są ze sobą szczęśliwi.

Jusef to mój najstarszy syn. Kochałam go bardziej niż córki i traktowałam lepiej niż pozostałe dzieci. Był dla mnie wszystkim – ciągle tylko Jusef, Jusef, Jusef. Kiedy świetnie sobie radził w szkole, a potem dostał się na politechnikę, nie posiadałam się z radości. Dawałam mu wszystko, czego chciał – wycieczki, markowe ubrania, kieszonkowe. Dawałam mu dwadzieścia pięć piastrów dziennie, co dwanaście lat temu stanowiło pokaźną sumę – równowartość dzisiejszych dwóch i pół funta. Wydawał się prawdziwym dżentelmenem!

Na drugim roku studiów nagle się zmienił. Przestał być kochającym synem, którego tak hołubiłam. Wcześniej miał zwyczaj informowania mnie o swoim rozkładzie zajęć. Zapisywał go dla mnie na kartce, żebym wiedziała, o której godzinie wychodzi i kiedy wraca do domu. Trzymałam tę kartkę w kuchni, dzięki czemu mogłam na czas przygotowywać synowi jego ulubione potrawy.

Jednak w trakcie tego roku zaczął wychodzić i wracać do domu bez słowa. Nie wypowiadał nawet słowa „mama". Pokładałam w nim wielkie nadzieje. To był błąd. Nie wolno wiązać wszystkich swoich nadziei z inną osobą.

Próbowałam się dowiedzieć, co mu jest. Pytałam: „Co się z tobą dzieje, Jusefie?", a on odpowiadał: „Nic". Nie rozumiałam, co się dzieje, i gorzko płakałam.

Ludzie zastanawiali się: „A może ktoś rzucił na niego złe zaklęcie?" Odpowiadałam, że nie wierzę w takie rzeczy. Kiedy płakałam, jego ojciec mówił: „Masz, czego chciałaś. Spójrz na bożyszcze, które stworzyłaś. Mówiłaś, że chcesz mieć synów. Oto twój syn. Kochałaś go bardziej niż inne dzieci, a on ma cię za nic. Musisz pogodzić się z losem".

Pewnego wieczoru podczas kolacji wpadła mi do głowy pewna myśl. Jusef jak zwykle siedział przy stole milczący i ponury. Zapytałam go: „A może się zakochałeś?", a on odparł: „Tak". Próbowałam zgadnąć, kim jest jego wybranka. Mówiłam: „Czy to ta i ta? A może tamta?", aż wreszcie trafiłam. Zapytał: „Co o niej myślisz?", a ja odpowiedziałam: „Pochodzi z dobrej rodziny, to dobra dziewczyna". Znałam tę dziewczynę, ponieważ pochodziła z naszego miasteczka. Później powiedziałam: „Nie możesz jeszcze myśleć o małżeństwie. Nie dam rady utrzymywać ciebie i twojej żony. Nie mam dość pieniędzy". Mój syn odparł: „W takim razie chcę się chociaż zaręczyć", a ja na to: „Na to też nie mogę się teraz zgodzić. Zaręczyny również dużo kosztują, a ja nie mam w tej chwili tylu pieniędzy". Rodziny narzeczonych odwiedzają się, wymieniają prezenty i muszą wypełnić tradycyjne obowiązki. To wszystko kosztuje. Jusef wyglądał na rozczarowanego, więc poradziłam mu: „Możecie już teraz przyrzec sobie małżeństwo. Później zajmiemy się formalnościami. A ty tymczasem skończysz studia. Jeśli tej dziewczynie naprawdę na tobie zależy, będziesz mógł się o tym przekonać. Pobierzecie się, kiedy skończysz studia, za dwa lata".

Ale Jusef był innego zdania. Od tamtej pory stał się dla mnie jeszcze bardziej szorstki, a ściśle mówiąc – całkowicie mnie ignorował. Kiedy czegoś potrzebował, zapisywał to na skrawku papieru i podrzucał go w miejscu, w którym mogłam go znaleźć. To było wszystko.

Dziewczyna, w której się zakochał, miała ciemną cerę, ale była dość ładna. Płakałam, kiedy myślałam o tym, jaki stał się nieprzyjemny. Gdy mnie widział, czasami drwił ze mnie, mówiąc: „Kobieto, zanim będziemy gotowi poprosić o jej rękę, ona już dawno będzie należała do kogoś innego". I rzeczywiście, dziewczyna zaręczyła się ze swoim krewnym ze strony matki.

Dwa lata później Jusef skończył studia i chciał pracować jako inżynier na zlecenie rządu. Potrzebował trzydziestu funtów, żeby załatwić niezbędne formalności. Poprosił mnie o tę kwotę, a ja powiedziałam: „Nie mam tylu pieniędzy". W tym czasie ledwie wiązaliśmy koniec z końcem. Dodałam: „Możesz spłacać tę kwotę na raty, mogliby odejmować ci pewną część miesięcznej pensji, dopóki nie zapłacisz całości". Ale Jusef upierał się: „Chcę mieć całą sumę od razu". Porozmawiał z ojcem, a ten dał mu pieniądze. Jusef złożył podanie i został zatrudniony – wyjechał do Aleksandrii.

Myślisz, że przysłał mi choćby jeden list, aby mnie uspokoić i zapewnić, że wszystko u niego w porządku? Nie napisał ani słowa. Jego zawzięta niechęć sprawiła, że straciłam pewność siebie. Czułam się przegrana. Kiedy ludzie widzieli, w jak żałosnym jestem stanie, radzili mi, żebym spróbowała odzyskać syna za pomocą magii. Byłam tak zdesperowana, że postanowiłam skorzystać z tej rady. Ludzie mówili: „W małym miasteczku, jakieś półtorej godziny drogi autobusem stąd, mieszka pewien czarownik. Jego ojciec jest kapłanem. On sam również został kapłanem i trzyma w domu stare księgi. Na pewno będzie wiedział, co zrobić, żebyś odzyskała Jusefa. Kiedy dotrzesz do tego miasteczka, zapytaj o Ama Botrosa".

Odłożyłam na bok racjonalne myślenie, włożyłam czarną suknię, nakryłam głowę i wraz z przyjaciółką wyruszyłam na poszukiwanie tego człowieka.

Miasteczko leżało u podnóża góry. Szukałyśmy Ama Botrosa – przemierzałyśmy ulice, rozpytując o niego. Kiedy go odnalazłyśmy, zapytał, jak się nazywam. Przedstawiłam się jako Umm Jusef i opowiedziałam mu o swoim problemie. „Dziewczyna, którą pragnie poślubić mój syn – powiedziałam – zaręczyła się z innym mężczyzną. Od tej pory Jusef zwrócił się przeciwko mnie, obwinia mnie za to, co się stało".

Am Botros popatrzył na mnie i zapytał: „Chcesz odzyskać syna? Pragniesz znowu usłyszeć, jak wypowiada słowo «mamo»?" Przytaknęłam gorliwie: „Tak". Wtedy powiedział: „Potrzebuję ośmiu funtów. Przyjdź do mnie za tydzień o tej samej porze". Zawahałam się i po krótkim namyśle zaproponowałam mu pewien układ: „Proszę, oto trzy funty. Resztę zapłacę później, kiedy zobaczę skutki twoich działań".

Kiedy po tygodniu wróciłam do niego, dał mi dwie kartki papieru. Jedną z nich miałam położyć na balkonie. „Niech sama odleci". Drugą kartkę kazał mi podrzeć na drobne kawałeczki, wrzucić do wody, a później rozlać tę wodę na progu domu ukochanej Jusefa.

Zrobiłam, jak mi polecił. Nie wiem, czy w tych czarach naprawdę coś jest, ale dziewczyna odesłała prezent zaręczynowy swojemu kuzynowi, który był wówczas jej narzeczonym, a Jusef napisał do mnie długi list z przeprosinami. To było bardzo dziwne, z pewnością szatan maczał w tym palce. Nie wiem, co o tym wszystkim myśleć.

Dziewczyna wysłała do mojego syna list, w którym zawiadomiła go o zerwaniu zaręczyn i zapytała, czy nadal chce ją poślubić. „I co ty na to?" – napisał mi w liście Jusef. Wielki Boże, jaka byłam szczęśliwa! Świat wydawał się za mały, żeby pomieścić moją radość.

Odpisaliśmy, że się zgadzamy, a on odpowiedział w kolejnym liście: „Tego i tego dnia ty i ojciec musicie iść do jej domu i poprosić o jej rękę". Zgodziliśmy się.

Martwiłam się, czy matka dziewczyny będzie nam przychylna, dlatego postanowiłam odwiedzić ją nieoficjalnie, żeby wybadać grunt. Jeśli wszystko będzie w porządku – pomyślałam – w umówionym dniu zabiorę ojca Jusefa i pójdziemy tam razem.

Samia otworzyła drzwi i przywitała mnie bardzo serdecznie: „Dzień dobry, ciociu. Wejdź, proszę". Kiedy weszłyśmy do środka, powiedziałam: „Były między nami nieporozumienia. Jeżeli wcześniej sprzeciwiałam się twojemu małżeństwu z Jusefem, to dlatego, że nie miałam dość pieniędzy, aby należycie poprosić o twoją rękę. Jeśli się zgodzisz, zapomnimy o urazach". A ona się zgodziła.

Później Abu Jusef i ja złożyliśmy jej rodzinie oficjalną wizytę. Poszliśmy tam i powiedzieliśmy: „Cieszymy się, że jesteśmy tutaj z wami, aby w imieniu naszego syna, Jusefa, prosić o rękę waszej córki, Samii. Czy macie coś przeciwko temu?" Jeśli obie rodziny dobrze się znają, to pada odpowiedź: „Nie,

nie mamy". Jeżeli natomiast rodziny nie znają się zbyt dobrze, krewni dziewczyny mówią: „Prosimy o tydzień do namysłu, żebyśmy mogli sprawdzić reputację chłopca, jego warunki mieszkaniowe i sytuację finansową". Kiedy oświadczyny zostają przyjęte, obie rodziny rozpoczynają serię wizyt i rewizyt, podczas których wymieniają prezenty.

Po tym wszystkim Jusef i Samia się pobrali. Myślisz, że byli szczęśliwi? Nic podobnego. Bez przerwy się kłócili. Z powodu tej dziewczyny Jusef zrobił sobie wroga z własnej matki, a teraz, kiedy wreszcie byli małżeństwem, nie wydawali się szczęśliwi.

Dlaczego w małżeństwie jest tyle nieszczęścia? Często się nad tym zastanawiam. W wypadku Samii i Jusefa zaczęło się od tego, że Samia uważała się za zamożniejszą i lepszą od mojego syna. Dawała mu to odczuć od samego początku. Jusef nie mógł tego znieść, więc zaczął się z nią kłócić. „Jak śmiesz tak mówić? Jak mogłaś to zrobić?" Jusef jest porywczy jak jego ojciec, gotów wybuchnąć z byle powodu.

Samia dokuczała mu, a on ją bił. Uciekała od niego, a my przyjmowaliśmy ją pod swój dach i braliśmy jej stronę, gdyż jakiekolwiek inne zachowanie przyniosłoby nam wstyd. Kiedy się uspokajała, zabieraliśmy ją z powrotem do Jusefa. Przez pewien czas żyli w zgodzie, a później wszystko zaczynało się od nowa. Braliśmy stronę Samii, ponieważ była kobietą i uciekała do nas, kiedy miała problemy. Myślę jednak, że nie należy zadzierać nosa.

Wśród tych awantur straciłam miłość syna. Dzisiaj Jusef traktuje mnie jak kogoś obcego. Wszystkie te konflikty skłóciły nas ze sobą, a jego żona po części jest temu winna. Po ślubie robiła wszystko, żeby odsunąć od nas syna. Teraz zachowuje się lepiej, ale co się stało, to się nie odstanie.

Zanim Abu Jusef przeszedł na emeryturę i przenieśliśmy się do Kairu, co roku mieliśmy cztery tygodnie wakacji. Trzy z nich spędzaliśmy w Aleksandrii, a jeden w Kairze, u Samii i Jusefa. Oboje pracowali. Z jakiegoś powodu Samia robiła, co tylko mogła, żebyśmy czuli się u nich niemile widziani. My z kolei dokładaliśmy starań, aby nie sprawiać jej kłopotu. Chcieliśmy spędzić trochę czasu z synem. Samia bardzo nam to utrudniała. Na przykład przed wyjściem do pracy wyłączała lodówkę. Było gorące lato, a my musieliśmy przez cały dzień pić ciepłą wodę z kranu. O piątej po południu Samia włączała lodówkę i wkładała do niej butelkę wody, żeby schłodzić ją dla Jusefa. Takie zachowania były dla nas upokarzające.

Kiedy odwiedzała ich jej matka, obie z Samią odgrywały przed nami małe przedstawienie, żeby wprawić nas w zakłopotanie. Ich rozmowy dotyczyły różnicy między pozycją zawodową Samii a stanowiskiem Jusefa. Matka pytała Samię: „Który poziom osiągnęłaś w pracy?", a ona odpowiadała: „Siódmy albo ósmy". Wtedy jej matka mówiła z dumą: „A twój mąż?" Samia na to: „Szósty albo siódmy". Jej matka spoglądała na nas znacząco i pytała: „Czy zatem nie ma różnicy między twoją pensją a jego?" Wszystko to miało umniejszyć Jusefa w naszych oczach. Próbowały dać nam do zrozumienia, że Samia wyszła za mąż za kogoś gorszego od siebie.

Kiedy przyjeżdżaliśmy do nich, żeby spędzić tydzień z synem, zawsze proponowaliśmy, że zapłacimy im za swoje utrzymanie. Nigdy nie zjawialiśmy się w ich domu z pustymi rękami. Przywoziliśmy im chleb i różne przysmaki z Górnego Egiptu. Samia ignorowała te podarunki. Koniecznie chciała dać nam odczuć, że jesteśmy dla niej ciężarem, chociaż nasze wizyty były dużo krótsze niż odwiedziny jej matki, która często mieszkała u nich przez trzy lub cztery miesiące.

Pewnego razu Samia postawiła przed Abu Jusefem jedzenie, które wcześniej podano komuś innemu. To było duszone mięso z warzywami – było w nim widać pozostawione przez kogoś okruszki chleba. Byłam wstrząśnięta. Samia okazała swojemu teściowi brak szacunku.

Myślę, że przez wszystkie te lata bała się, iż jakikolwiek miły gest z jej strony mógłby nas skłonić do pozostania u nich dłużej. A przecież ani Abu Jusef, ani ja nie chcieliśmy być ciężarem dla żadnego z naszych dzieci.

Gdyby mój syn był prawdziwym mężczyzną – a myślę, że nim nie jest – przywołałby swoją żonę do porządku. Jednak nawet dzisiaj, kiedy mieszkamy w Kairze, Jusef prawie się nami nie interesuje. Odwiedza nas nie częściej niż raz na miesiąc.

Kiedy Samia urodziła dzieci, złagodniała. Pewnego dnia powiedziała mi: „Ciociu, może zachowywałam się wobec ciebie niewłaściwie. Nikt mi nie powiedział, jak mam postępować. Ale widzę, że nigdy mnie nie krytykowałaś, i jestem ci za to wdzięczna. Obserwowałam też, jak zachowujesz się wobec innych. Dużo się nauczyłam, bo twoje postępowanie jest wyjątkowe. Wydajesz się interesować problemami innych bardziej niż większość ludzi, których znam, i jesteś gotowa pomagać potrzebującym. Jesteś zdrowa i pełna energii. Może właśnie w ten sposób Bóg wynagradza cię za twoją dobroć. Pomyślałam, że powinnam brać z ciebie przykład". Odpowiedziałam: „Nikt nie jest lepszy od ciebie, Samio", a ona na to: „To nieprawda". Próbuje się poprawić.

Natomiast mój syn żyje tylko dla siebie. Po ślubie to Samia namawiała go do takiego postępowania, a jej dawny wpływ zostawił trwały ślad. Nie myślał o swoim młodszym bracie, kiedy ten studiował i z pewnością potrzebował pomocy i wsparcia starszego brata. Prawie nie interesuje się losem swoich zamężnych sióstr, co przecież jest jego obowiązkiem. Na szczęście skutki jego zachowania nie są tak poważne, jak dawniej. Czasy się zmieniły i dziewczęta nie są już tak bardzo zależne od swoich mężów i braci. Mogą pracować i być w pewnym stopniu samodzielne.

Kiedy kobieta jest całkowicie zależna od męża (tak jak ja w pierwszych latach małżeństwa), marzy o synach. Woli synów niż córki, ponieważ wierzy, że chłopcy będą wspierać ją w potrzebie – mają przecież środki, żeby jej pomagać. Najstarszy syn rozwiał moje nadzieje. To najmłodsza córka pomaga mi i upiera się przy tym, aby co miesiąc wysyłać mi pięć funtów egipskich ze swojej pensji. To dość niezwykłe, gdyż – jak nakazuje obyczaj – po ślubie kobieta powinna być oddana rodzinie męża.

Od młodych mężczyzn oczekuje się, że kiedy zaczną pracować, będą wspierać finansowo rodziców – pomagać im na starość i dbać o swoje zamężne siostry. To bardzo ważne, ponieważ dziewczyna, która ma za sobą męskich krewnych, cieszy się większymi względami i szacunkiem męża niż kobieta pozbawiona takiego wsparcia.

Szczęście w życiu i w małżeństwie zależy tylko od jednej rzeczy – od pieniędzy.

Ludzie mówią, że to nieprawda, ale ja jestem pewna, że tak właśnie jest. Pieniądze dają ludziom przestrzeń na miłość i nadzieję. Brak pieniędzy całkowicie wypełnia ich myśli i nie zostawia miejsca na nic innego.

Kiedy kobieta ma pieniądze, staje się bardziej tolerancyjna. Jest spokojniejsza. Może beztrosko jeść, pić i ubierać się – nie czuje, że znalazła się w potrzasku. Może myśleć o miłości.

Gdy zaś kobieta nie ma pieniędzy, jej życie jest pełne cierpienia. Jej nerwy są napięte jak postronki. Staje się nietolerancyjna. Jak można znaleźć miłość pośród cierpienia i niedoli?

Moim zdaniem sytuacja kobiet mogłaby się poprawić, gdyby istniały szkoły, w których dziewczęta zdobywałyby wiedzę o prowadzeniu domu, radzeniu sobie z mężem i tajnikach udanego życia małżeńskiego.

Wiele problemów, z jakimi borykają się młode mężatki, wynika z niewiedzy. Kobieta wchodzi w małżeństwo nieświadoma, ślepa i przerażona. Zanim doświadczenie nauczy ją wszystkiego, co powinna wiedzieć o życiu, jej młodość przemija, uroda więdnie, a nadzieje znikają bez śladu.

W szkole uczono nas gospodarowania pieniędzmi. Dzieliłyśmy otrzymaną kwotę na kilka części o konkretnym przeznaczeniu – na ubrania letnie, ubrania zimowe, rachunki za energię elektryczną, czynsz, codzienne wydatki i tak dalej. Uczono nas, jak wykorzystywać pieniądze z jednej koperty do pokrycia dodatkowych kosztów w innej dziedzinie, a także jak uzupełniać nadwątlone w ten sposób zasoby.

Dużo się nauczyłam podczas tych lekcji. Jednak budżet, jakim dysponowałam w pierwszych latach małżeństwa, był tak napięty, że nie pomagało nawet najlepsze gospodarowanie. Z pustego i Salomon nie naleje.

W szkole powinno się uczyć dziewczynki, jak postępować z mężem. Na przykład seks jest tak ważny, że nie należy zostawiać edukacji dziewcząt w tej dziedzinie przypadkowi. Dostrzegam mądrość naszych muzułmańskich sióstr, które dokładają wszelkich starań, żeby dogodzić swoim mężom, aby ci nie szukali zaspokojenia swych potrzeb poza domem. W społeczności chrześcijańskiej, w której tak trudno jest uzyskać rozwód, kobiety starają się dużo mniej. Nie dbają o siebie i zaniedbują seksualne aspekty małżeństwa.

Mężczyźni rozmawiają ze sobą i wiedzą, którzy z nich nie znajdują w małżeństwie zaspokojenia. Bywa to źródłem goryczy i zawiści. Niektórzy mężczyźni zastanawiają się: „Dlaczego jemu żyje się lepiej niż mnie?" Kobieta powinna wiedzieć, że myśli mężczyzny nieustannie krążą wokół jednego tematu – seksu i sposobów osiągania satysfakcji seksualnej. Musi się nauczyć, jak sobie z tym radzić.

Moja najmłodsza córka Salwa wyszła za mąż z miłości, ale to nie uchroniło jej przed powszechnymi problemami. Podobnie jak wiele innych kobiet, bardziej niż sprawy łóżkowe interesował ją dom. Natomiast szwagierka Salwy pozwala, by w jej domu panował całkowity chaos, i spędza większość czasu na pielęgnowaniu swojej urody. Mąż za nią szaleje.

Mąż Salwy przyjaźnił się z jej najmłodszym bratem, Aminem. Pewnego dnia zapukał do naszych drzwi, a Salwa, która była wówczas sama w domu, otworzyła mu. Przyniósł Aminowi jakiś list. Salwa i ten chłopak studiowali na tym samym uniwersytecie. Moja córka przyjęła go chłodno, jak przystoi dziewczynie wobec nieznajomego mężczyzny. Chłopak oddał jej list i wyszedł, ale jej oschłość wzbudziła jego zainteresowanie. Wrócił pod drzwi, a kiedy ponownie mu otworzyła, zapytał: „Gdzie znajdę Amina?" „W kościele" – odparła i szybko zamknęła drzwi.

Któregoś dnia zobaczył ją na uniwersytecie i pozdrowił. Odwzajemniła pozdrowienie i uśmiechnęła się do niego. Jej uśmiech wywarł na nim wielkie wrażenie – tak bardzo się różnił od wcześniejszego szorstkiego zachowania Salwy w drzwiach naszego domu.

Zaczął do nas przychodzić. Odprowadzał ją do domu. Salwa jest bardzo bezpośrednia, więc zapraszała go do środka, a kiedy się wzbraniał, mówiła: „Mój ojciec wie, że spotykamy się w szkole i że odprowadzasz mnie do domu". Wtedy on przyjmował zaproszenie.

Po czterech latach zaręczyli się, a wkrótce potem pobrali. Salwa jest trochę nerwowa, ale bardzo inteligentna.

Zanim poznała Labiba, swojego męża, zakochała się w młodym muzułmaninie. Był naszym sąsiadem i synem wiejskiego dygnitarza, który osiedlił się w Kairze. Był żonaty. Oto jak zaskarbił sobie jej miłość. Pewnego dnia Salwa zobaczyła go na ulicy. Spotkał starego człowieka dźwigającego ciężki pakunek. Zatrzymał się, wziął od staruszka jego ciężar i pomógł mu zanieść go na miejsce. W ten sposób zdobył serce Salwy.

Obserwowała go przez okno. Nie mieliśmy o niczym pojęcia. Zaczęli ze sobą rozmawiać, a on począł jej przysyłać kartki świąteczne. To nas zaniepokoiło. Kiedy zdaliśmy sobie sprawę, co się dzieje, zbiłam Salwę i zmusiłam ją, żeby natychmiast zerwała tę znajomość. Małżeństwo muzułmanina z chrześcijanką jest u nas bezwzględnie zakazane. Chrześcijańska dziewczyna musi poślubić chrześcijanina, a w El Minji wiadomość o czymś takim wywołałaby wielki skandal. Jesteśmy bardzo przywiązani do swojego kościoła, a ja nigdy nie zgodziłabym się na to, żeby któreś z moich dzieci poślubiło osobę innego wyznania.

Minęło trochę czasu i Salwa wyszła za mąż za Labiba. Mają troje dzieci. Jednak Salwa, która jest bardzo podobna do mnie, wypełnia należycie tylko część swych małżeńskich obowiązków. Jest doskonałą panią domu i oddaną matką. Bardzo ciężko pracuje. Chociaż nie została obrzezana, nie wzbudziło to w niej entuzjazmu do fizycznej strony małżeństwa. Kiedy Mariam, moja najstarsza córka, osiągnęła odpowiedni wiek, miałam wątpliwości, czy poddać ją zabiegowi obrzezania. Ale nie było innego wyjścia. To była nasza tradycja, musieliśmy jej przestrzegać. Pamiętając własne przeżycia, chciałam oszczędzić jej bólu. Zabrałam ją do lekarza, ale on powiedział, że to niezgodne z prawem, i odmówił wykonania zabiegu. Musiałam więc skorzystać z usług położnej. Moja córka przeżyła ciężkie chwile. Jednak pomimo że została obrzezana, Mariam robi, co w jej mocy, aby zadowolić męża w tych sprawach. Stroi się, dba o swój wygląd i stara się zaspokajać jego potrzeby seksualne.

Z Salwą jest inaczej. Jeśli po długim dniu pracy i po uporaniu się ze wszystkimi obowiązkami domowymi moja córka czuje się zmęczona, mówi: „Nie". A w jej wypadku „nie" naprawdę znaczy „nie". Jest mało elastyczna i nie potrafi zmusić się do czegoś, na co nie ma ochoty.

To jeden z najpoważniejszych problemów w jej małżeństwie. Zachowanie Salwy denerwuje jej męża, który uważa, że moja córka nie wywiązuje się ze swych małżeńskich obowiązków. Kiedy Labibowi zaproponowano dobrą pracę w Kuwejcie, zabrał Salwę ze sobą, ale po roku odesłał ją do domu, ponieważ nie mógł nakłonić jej do seksu częściej niż raz na dziesięć nocy. Salwa wróciła do Egiptu i zamieszkała z nami, a on został w Kuwejcie.

Poznał tam dziewczynę, która została jego kochanką. Kiedy wrócił do Egiptu, przywiózł ją ze sobą i poprosił nas, żebyśmy przyjęli ją pod swój dach. Twierdził, że ta kobieta jest jego znajomą, która przyjechała do Egiptu jako turystka. Przyjęliśmy jego wyjaśnienia bez słowa sprzeciwu. Nie można bez powodu wątpić w prawdomówność drugiego człowieka.

Labib i ta dziewczyna wychodzili z domu rano i wracali dopiero późnym wieczorem. Salwa była zazdrosna. Staliśmy się podejrzliwi, a sprawy przybrały niekorzystny obrót. Mój zięć i jego znajoma zwiedzali Wieżę Kairską oraz inne atrakcje turystyczne. Salwa wypytywała ich, jak spędzili dzień. Kiedy ich odpowiedzi były niespójne, bardzo się denerwowała. Dochodziło między nimi do gwałtownych awantur, aż w końcu mój zięć wrócił z tą dziewczyną do Kairu. Salwa została z nami. Jednak rodzina nieustannie do niego pisała, przypominając mu o jego obowiązkach męża i ojca. Po pewnym czasie wrócił do Egiptu – sam.

Myślę, że to zmęczenie zniechęca wiele kobiet do seksu. Żeby czerpać z niego przyjemność, trzeba być spokojnym i odprężonym, nie zaś znużonym i przepracowanym.

Żałuję, że obrzezałam Mariam. Przez te wszystkie lata bardzo się zmieniłam. Dzisiaj myślę inaczej niż kiedyś. Doświadczenie wiele nas uczy, a spotkania z innymi ludźmi – jeszcze więcej.

W ciągu długich lat małżeństwa spotykałam ludzi z różnych klas. Pewnego razu wpadłam w pułapkę, która sprawiła, że straciłam wiarę w ludzi. I tym razem chodziło o pieniądze. Odłożyłam pewną kwotę, żeby kupić maszynę do szycia. Ktoś mnie oszukał, straciłam wszystkie pieniądze i musiałam zacząć oszczędzać od nowa.

Wtedy odkryłam, że nie mogę liczyć na niczyją pomoc. Wszyscy moi znajomi pochodzili z klasy średniej lub z zamożnych kręgów. O dziwo, tacy ludzie są najmniej skłonni pomagać sobie w biedzie. Dużo mniej niż biedacy.

Po wielu latach bacznego obserwowania ludzi doszłam do wniosku, że ogólnie rzecz biorąc, tylko biedacy pamiętają o pomocy, jakiej im udzielono. Z wdzięcznością wspominają każdy dobry uczynek. Dzisiaj mam znajomych wyłącznie wśród ludzi biednych i unikam przedstawicieli własnej klasy. Biedacy są lojalni. Większość ludzi z klasy średniej to egoiści. Biedacy mają więcej miłości i chętniej dzielą się nią z innymi.

Kolejna zmiana dokonała się we mnie po dwudziestu latach małżeństwa. Przez te wszystkie lata byłam załamana i nieszczęśliwa. Kiedy zaczęłam pracować i wychodzić z domu, spojrzałam na siebie i na innych z nowej perspektywy. Zaczęłam widzieć świat w jaśniejszych barwach i czułam się coraz lepiej. Dzisiaj cieszę się życiem.

Nadal jednak uważam, że wszyscy mężczyźni są nielojalni. Wszyscy zdradzają swoje żony. Nie ufam żadnemu mężczyźnie – nawet własnym synom.

Mój najstarszy syn, Jusef, zdradził żonę. Pojechał na praktyki do Niemiec. Tam zakochał się w pewnej Niemce. Zobaczył w niej kobietę inną niż wszystkie, które dotąd spotkał. Zobaczył swobodniejsze relacje między mężczyznami a kobietami i zwrócił się przeciwko temu, co pozostawił za sobą. Chciał się rozwieść ze swoją egipską żoną i poślubić tę niemiecką dziewczynę. Oczywiście staraliśmy się go powstrzymać i przypominaliśmy mu, że ma małego synka. Jego ojciec interweniował i przywołał go do porządku.

Może nasz najmłodszy syn jest inny i pozostanie wierny żonie, gdyż jest bardzo religijny. Religia wywiera na ludzi silny wpływ i nie pozwala im zejść na manowce. W dużym stopniu determinuje ludzkie zachowania. Religia to miłość, a miłość jest podstawą lojalności i zaufania.

Mój mąż zmienił się przez te wszystkie lata. Dzisiaj zdaje sobie sprawę ze swoich błędów i wyznaje, że ich żałuje. Chce, żebym miała tyle pieniędzy, ile mi potrzeba, żebym robiła to, na co mam ochotę, i cieszyła się życiem. Jestem więc zadowolona. Mimo to ku własnemu zdziwieniu wciąż nie mogę zapomnieć o tej starej historii z moją kuzynką.

Kobiety są bardziej lojalne niż mężczyźni. Czy jednak powinny być im równe? To inna sprawa. Mężczyznom nie podobają się silne kobiety. Kobieta wykonująca pracę przeznaczoną dla mężczyzn ma w sobie męskość, która wydaje się mężczyznom odpychająca. Oni lubią, kiedy kobieta jest słaba. Jaki sens ma związek z męską kobietą? To tak, jakby mężczyzna ożenił się z innym mężczyzną. Na przykład kobieta prawnik przejmuje pewne męskie cechy i nie może już budzić w mężczyznach pożądania.

Kobieta musi być słaba i delikatna. Żaden mężczyzna nie chce żyć z kobietą przypominającą mężczyznę. Mężczyźni uwielbiają kobiece łzy. Uwielbiają, kiedy kobieta jest słaba, i kochają jej łzy.

Bóg stworzył mężczyzn na prawników i lekarzy, chociaż niektóre kobiety również mogą pracować jako lekarki. Myślę jednak, że istnieją zawody męskie i kobiece i że powinno tak zostać, chociaż kobiety nie powinny być całkowicie zależne od mężczyzn.

Moim zdaniem nasze szczęście zależy od zdrowia i pieniędzy. Kiedy człowiek jest zdrowy i ma dość pieniędzy, w jego życiu jest miejsce na miłość.

Moje życie ostatnio zmieniło się na lepsze. Cieszy mnie praca z ludźmi ubogimi. Kocham swoje wnuki i jest mi bardzo przyjemnie, kiedy one są ze mną i kiedy nazywają mnie *Teta* – babcią. To wielkie szczęście. Celem mojego życia jest służyć Bogu poprzez niesienie pomocy ubogim.

„Nie wyszłabym za mąż
za białego mężczyznę.
Jeśli wybierzesz kogoś
podobnego do siebie,
to będzie on znosił wszystko,
co zrobisz, z większą łatwością
niż ktoś, kto się od ciebie różni”.

Suda

Gosposia

Ostatnio moja matka często choruje. Lubi miejscowych czarowników i uzdrowicieli – tych, którzy wiedzą – i chętnie zasięga ich rady. Ja czasami wierzę w magię, a kiedy indziej nie. Kiedy choruję i jestem u kresu sił albo gdy ktoś bliski, na przykład moja matka, jest chory, a my próbowaliśmy już wszystkiego, żeby mu pomóc – bez skutku – wtedy szukam ratunku w czarach.

Kiedy moja matka zachorowała, w ciągu jednego dnia zabrałam ją do trzech lekarzy. W naszym bloku mieszka małżeństwo lekarzy. Doktor zbadał ją rano, a jego żona – wieczorem. Tego samego dnia przed południem zaprowadziłam ją do trzeciego lekarza, który przyjmuje w pobliżu, w dzielnicy Embaba.

Ludzie mówili, że przewróciła się i dotkliwie zraniła dlatego, iż ktoś pewnie rzucił na nią zaklęcie. W Embabie ulice są dziurawe i nierówne. Pewnego dnia moja matka wpadła do rowu i boleśnie zraniła się w nogę.

Wieczorem pojechałyśmy do szpitala, gdzie założono jej szwy, ale wydaje się, że ten wypadek bardzo ją osłabił. Lekarze przepisali jej jakieś pigułki, lecz ona twierdziła, że nie może ich przełknąć, bo nie chcą jej przejść przez gardło.

Wtedy znajoma zawiozła ją do kobiety, która zajmowała się czarami, do dzielnicy Bulak, w innej części Kairu.

Ta kobieta powiedziała mojej matce: „Weź parę kaczorów, kurczaka, królika i gołębia. Musisz je okadzić. Potem włóż białą suknię i każ zabić te zwierzęta nad swoją głową, żeby ich krew spłynęła po twoim ciele". Moja matka wróciła do domu i powtórzyła nam słowa tej kobiety.

Ale jedna z naszych sąsiadek powiedziała, że ta uzdrowicielka, *Szejka* o imieniu Faransa (co w naszym języku znaczy „Francja"), kłamie i nie ma o niczym pojęcia. Powiedziałyśmy, że chcemy zrobić coś takiego, ponieważ wiemy, że matka poczułaby się dzięki temu lepiej. Wtedy ta kobieta – nasza sąsiadka – obiecała, że zabierze nas do mądrzejszej *Szejka*, która na pewno nam pomoże. Zgodziłyśmy się i poszłyśmy z nią. To było nad rzeką, w Sakkiijet Mekka.

Uzdrowicielka powiedziała mojej matce: „Nie martw się. Nic ci nie będzie. Przynieś mi dwa kurczaki – czarnego i czerwonego. Jednego z nich zabijemy, a drugiemu darujemy życie".

Przyniosłyśmy jej dwa kurczaki, a kobieta poleciła: „Weź trzy świece i zapalaj je w pobliżu miejsca, w którym śpisz – pojedynczo". Moja matka zapytała: „Czy muszę spać sama?", ponieważ ona i moja siostra śpią w jednym w łóżku, a ja w drugim. Nasze pokoje są bardzo małe.

Posłuchałyśmy rady tej kobiety. Pierwszego i drugiego ranka świece były wypalone do połowy. Ale trzeciego dnia obudziłyśmy się i zobaczyłyśmy, że po świecy nie zostało ani śladu. Przestraszyłam się. Pomyślałyśmy, że któraś z nas mogła niechcący przenieść świecę w inne miejsce, przyklejoną do porannego pantofla. Przeszukałyśmy wszystko, ale niczego nie znalazłyśmy.

Wtedy moja matka zaniosła wróżce dwa kurczaki i powiedziała jej, co się stało. Kobieta odparła: „Teraz wyzdrowiejesz. Nie martw się". Zabiła czerwonego kurczaka i pomazała jego krwią głowę i piersi mojej matki. Pomazała też jej język i poleciła jej, żeby połknęła krew. Matka posłuchała.

Później kobieta wzięła czarną kurę i umyła jej głowę oraz nogi, jak gdyby obmywała człowieka przed codzienną modlitwą. Powiedziała mojej matce: „W nocy, kiedy będzie ciemno, zabierz tę kurę w odludne miejsce i wypuść ją. Nie oglądaj się za siebie".

Wstałyśmy więc w środku nocy, zabrałyśmy czarną kurę na pobliskie pole i wypuściłyśmy ją.

Po tym zdarzeniu nadal chodziłam z matką do lekarza. Od jej wypadku minęło już prawie pięć miesięcy. Od czasu do czasu matka czuje się gorzej, ale może chodzić. Moja matka ma około pięćdziesięciu lat. Wydaje nam się stara. Nie jest taka jak wszystkie matki – bardzo o nas dbała i troszczyła się o nas, chociaż nasz ojciec umarł, kiedy byliśmy mali. Mój ojciec miał wcześniej inną żonę. Był starszy od matki.

Po stracie męża większość egipskich kobiet nie waha się porzucić dwojga czy trojga dzieci i ponownie wyjść za mąż. Dlaczego miałyby tego nie robić? Moja matka była inna. Chociaż była jeszcze młoda, opiekowała się nami i wspierała nas, kiedy dorastaliśmy.

Bardzo cierpiałam, kiedy umarł mój ojciec. Mieszkaliśmy wtedy na wsi. Mój brat nie martwił się tak bardzo jak ja – no cóż, jest chłopcem i może zadbać o siebie. Moja siostra była jeszcze mała. Popłakała trochę, a potem zapomniała. Ale ja przeżywałam ciężkie chwile. Miałam wtedy siedem lat. Mój ojciec umarł w dniu święta *Id al-Adha**. Pracował jako operator maszyny do mielenia

---

* Święto *Id al-Adha* (lub *Id al-Kebir*) – tak zwane „duże święto", muzułmańskie Święto Ofiar, obchodzone na pamiątkę gotowości Abrahama do złożenia ofiary z własnego syna. Najważniejsze święto muzułmańskie, trwa cztery dni i jest związane z pielgrzymką do Mekki (przyp. tłum.).

pszenicy i kukurydzy. To był dzień świąteczny. Ojciec nie miał żadnych objawów choroby. W to święto nikt nie pracuje, mówią, że praca w tym dniu to grzech.

Tego dnia ojciec nagle umarł. Powiedział: „Jestem trochę zmęczony", a zanim wezwaliśmy lekarza, już nie żył. Wtedy nas, starsze dzieci, zabrano do domu wuja, a niemowlę, które jeszcze piło z piersi – do sąsiadki, która miała dziecko w tym samym wieku i mogła karmić moją siostrzyczkę do czasu, aż moja matka przyjdzie do siebie.

W dniu pogrzebu ludzie uznali, że powinniśmy pójść za trumną ojca w kondukcie pogrzebowym. Mój brat, który miał wtedy cztery lata, twierdzi, że pamięta ojca, ale ja w to nie wierzę. Ja sama zapomniałam, jak wyglądał.

Pamiętam, że w dniu jego śmierci piekły mnie oczy. Widocznie płakałam. W dniu pogrzebu szłam spokojnie za trumną. Ludzie mówili: „Nie warto płakać, bo ten, kto umarł, i tak już nie wróci".

Kiedy ciało ojca zabrano do meczetu, żeby żałobnicy mogli się nad nim pomodlić, trumna zrobiła się nagle bardzo ciężka. Ojciec nie chciał, żeby wyniesiono go z meczetu. Wtedy odprawiono w jego intencji specjalną ceremonię, *zikr*, i odczytano nad jego trumną fragmenty Koranu. Mój ojciec był martwy, ale wydawało się, że zachował swoją wolę. Nie bardzo rozumiem, o co w tym wszystkim chodzi. Mężczyźni powiedzieli: „Chodźmy. Podnieśmy go i zanieśmy na cmentarz". Ale nie mogli ruszyć trumny z miejsca.

Mój ojciec był dobrym człowiekiem. Może dlatego pragnął zostać w meczecie – w świętym miejscu. Wtedy mój dziadek ze strony matki szybko powiedział do ojca: „Przestań, Ahmadzie. Ci ludzie są zmęczeni i chcą wykonać swoją pracę! Jest bardzo gorąco. Przestań się popisywać. Wiemy, że byłeś dobrym człowiekiem. No, rusz się. Chcesz udawać, że jesteś szejkiem?" Mój dziadek mówił do niego w ten sposób. Czy zmarły słyszy, co mówią żywi? Później mój dziadek powiedział do mężczyzn: „Teraz podnieście go. Pomogę wam". Dźwignęli trumnę, a ona niemal uleciała w górę. Wydawało się, że porusza się sama, a mężczyźni, którzy ją niosą, z największym trudem starają się za nią nadążyć.

Ludzie byli zdziwieni, ponieważ mój ojciec miał opinię kobieciarza. Jako operator maszyny młynarskiej kontaktował się głównie z kobietami. Ludzie mówili, że podszczypywał kobiety i zachowywał się wobec nich zuchwale. Kiedy jednak trumna ojca „pofrunęła" do miejsca jego ostatniego spoczynku, nie obawiając się dnia sądu, zmienili o nim zdanie. Jeszcze dzisiaj, kiedy przyjeżdżamy do rodzinnej wioski, ludzie nazywają nas „dziećmi tego dobrego człowieka".

Później rozstawiono namiot żałobny, *siwan*. Po jednej jego stronie mężczyźni z naszej rodziny witali żałobników płci męskiej, a po drugiej znajdowały się kobiety. Czytano Koran przez głośniki i podawano czarną kawę. Przy takiej okazji kawę podaje się bez cukru, aby podkreślić, że jest to czas smutku i żałoby.

Jeśli zmarły mężczyzna miał starszego brata, to on przyjmuje kondolencje. Jeżeli miał tylko siostrzeńca, właśnie on wita mężczyzn z rodziny oraz innych gości.

W czwartek po pogrzebie krewne zmarłego i kobiety z sąsiedztwa idą na cmentarz. Zabierają ze sobą specjalny, okrągły chleb zawierający mleko, masło i kawałki owoców. Dają duży kawałek chleba i około pięćdziesięciu piastrów [równowartość jednego dolara] mężczyźnie, który odczytuje na grobie fragmenty Koranu, a później dzielą resztę bochenka między wszystkich, których spotkają w pobliżu grobu. Zwykle jest tam mnóstwo dzieci. To swego rodzaju dobroczynność w imieniu zmarłego. Po piętnastu dniach ponownie rozstawia się *siwan* – tutaj, w Kairze, robi się to czterdziestego dnia – a żałobnicy raz jeszcze idą na cmentarz, tym razem jednak bez jedzenia. Szejk czyta głośnio Koran i dostaje za to pieniądze.

Oczywiście część osób płacze. Ja płakałam, ponieważ to był mój ojciec i pamiętałam go. Moja matka opłakiwała zmarłego męża. Moja kuzynka ze strony ojca płakała, ponieważ straciła stryja. Jednak w naszej wsi nie ma zawodowych płaczek. Dzięki Bogu jesteśmy ludźmi religijnymi i nie praktykujemy takich zwyczajów.

W naszej wiosce kobieta, która na pogrzebie bije się po twarzy, jest uważana za pogankę, *kafra*. Jesteśmy bardzo religijni. Ludzie z sąsiednich wiosek robią takie rzeczy i wynajmują zawodowe płaczki.

W przeciwieństwie do wielu Egipcjan nie chodzimy w czerni przez rok po śmierci bliskiej osoby. Po czterdziestu dniach zdejmujemy czarne ubrania, nie tak jak w Kairze. We własnym domu kobieta już drugiego dnia po pogrzebie nie musi ubierać się na czarno. To niedorzeczne wymagać od kogokolwiek, aby spał w czarnej odzieży. To zbyt przygnębiające.

Kobiety z naszej rodziny w każdy sobotni poranek chodzą do meczetu na lekcje religii. W trakcie tych zajęć uczymy się o małżeństwie, chorobie i śmierci i dowiadujemy się, jak sobie z nimi radzić. Dzięki temu intuicyjnie czujemy, co jest dobre, a co złe. Te lekcje są bardzo pomocne.

Kiedy przenieśliśmy się do Kairu, moja matka nadal chodziła na te nauki, ale tutaj odbywały się one w niedzielę. Ponieważ ja wtedy pracuję, często pytałam matkę: „Co powiedział dzisiaj szejk Ahmad?", i w ten sposób korzystałam z lekcji, jakie pobierała. Matka mówiła: „Powiedział, że kobieta musi dbać o męża, przed pójściem do łóżka wkładać czyste ubranie i zawsze ładnie pachnieć. Przed zaśnięciem powinna trzy razy zapytać męża: «Czy jest coś, czego pragniesz?» Jeśli mąż odpowie, że niczego mu nie trzeba, kobieta może zasnąć". To była nauka na jeden dzień. Innym razem szejk mówił o poście i o modlitwie.

Podczas ostatniego ramadanu (w okresie postu) chodziłam jeszcze do meczetu. Ale w tym roku, odkąd zaręczyłam się z Salahem, trudno mi znaleźć na to czas. Pracuję i chcę spędzać wolny czas z narzeczonym. W trakcie zeszłorocznego ramadanu zwykle jadłam coś o świcie, potem dokonywałam porannych ablucji i szłam do meczetu, żeby się pomodlić, lub też modliłam się, a dopiero później szłam do meczetu. Byłam tam do dziesiątej. Odmawiałam modlitwy maghrib i isza. Później przez pół godziny słuchałam kazania. Następnie odmawiałam modlitwę tarawih, złożoną z dwudziestu rakatów. Te modlitwy odmawia się o różnych porach dnia.

W tym roku mój narzeczony wraca z pracy i przerywa post ze swoją rodziną. Odwiedza mnie, a czasami przychodzi do mnie prosto z pracy. Wtedy przerywa post razem z nami. Gdybym poszła do meczetu, nie mielibyśmy dla siebie czasu, więc wolę zostać z nim.

Po śmierci mojego ojca mieszkaliśmy nadal w rodzinnej wsi, w domu mojego dziadka ze strony ojca. Mój ojciec zapłacił swoim dwóm braciom kwoty należne za ich części domu i odtąd mieszkał w nim sam.

Ojciec i brat mojej matki zapytali ją, czy wyjdzie powtórnie za mąż, a ona odparła: „Nie, zostanę sama i wychowam dzieci".

Mieliśmy półtora akra ziemi, którą dzierżawiliśmy za kwotę około sześćdziesięciu funtów rocznie. Należała do mojego ojca. Siostra ojca miała akr ziemi i także oddała go w dzierżawę.

Moja matka dostała resztę. Mieliśmy także pięćdziesięcioprocentowy udział w przychodach z maszyny do mielenia zboża i mieszkaliśmy za darmo w rodzinnym domu.

Kiedy mój dziadek zrozumiał, że matka nie zamierza powtórnie wychodzić za mąż, przynosił nam wszystko, co uprawiał – ryż, kukurydzę i pszenicę. Dzięki temu mieliśmy zapasy na cały rok, tak jakbyśmy uprawiali własną ziemię i sami zbierali plony. Dziadek opiekował się nami.

Moja siostra i ja przez sześć lat chodziłyśmy do szkoły, a później postanowiłyśmy zostać w domu. Mój brat nie chciał iść do szkoły średniej. Jego umysł był zamknięty na naukę. Matka nakłaniała go, żeby uczył się dalej. Zatrudniła nawet korepetytora, żeby uczył go w domu za pięć funtów miesięcznie. W tamtych czasach była to wygórowana cena. Nauczyciel arabski życzył sobie przeciętnie półtora funta, a angielski – dwa funty. Matka chciała, żeby mój brat poszedł na uniwersytet i został nauczycielem. Nic z tego nie wyszło. Brat nieustannie zadawał sobie pytanie: „Po co to wszystko?" Może nie miał ochoty się uczyć albo nie był wystarczająco zdolny. Ostatnią klasę w szkole powtarzał trzy razy, bez skutku. Nie nadawał się do szkoły średniej, więc zrezygnował.

Wtedy brat mojej matki powiedział: „Nie ma sensu, żeby moja siostra nadal mieszkała na wsi". W tym czasie umarł mój dziadek ze strony matki, który mieszkał blisko nas. Mój wujek mieszkał wtedy w Kairze. Po śmierci dziadka to on był za nas odpowiedzialny. Wuj odwiedził nas i zapytał mojego brata, co chciałby robić. Powiedział: „Próbowałeś się uczyć, ale nic z tego nie wyszło.

Co chciałbyś robić? Jakie zajęcie mogłoby cię zainteresować? Chciałbyś zostać kierowcą albo mechanikiem samochodowym? A może wolałbyś uprawiać trzy akry ziemi, które należały do twojego dziadka, i zabrać ze sobą matkę i siostry? Mógłbyś uprawiać ziemię, karmić je i opiekować się nimi".

Mój brat powiedział: „Nie chcę być rolnikiem. Chcę zostać kierowcą". Wtedy wujek zabrał go do Kairu, do szkoły dla kierowców. On sam też jest kierowcą.

Kiedy przyjechaliśmy do Kairu, wujek załatwił mojemu bratu pracę na stacji benzynowej należącej do człowieka z naszej wioski. Właściciel zaproponował: „Zapłacę ci osiemnaście funtów [około dwudziestu pięciu dolarów] miesięcznie", a mój brat przyjął tę propozycję, zwłaszcza że mógł liczyć na wysokie napiwki. Kiedy tylko urządził się w nowym miejscu, sprowadził z wioski matkę, żeby z nim zamieszkała.

W domu, w którym mieszka wujek, w dzielnicy Embaba, zwolniło się mieszkanie, więc wujek zarezerwował je dla nas. Mieszkaliśmy u niego przez trzy miesiące, a kiedy poprzedni lokatorzy się wyprowadzili, przenieśliśmy się do tamtego mieszkania. Przedtem pojechałam do starszej siostry, która była już mężatką. Moja młodsza siostra przyjeżdżała do nas na okres od jednego do trzech tygodni, a później wracała do wioski.

Miałam wtedy osiemnaście lat. Podróżowałam sama. Droga do rodzinnego domu była bardzo prosta. Jechałam pociągiem do miejscowości położonej w pobliżu naszej wioski, przesiadałam się do pierwszego autobusu, a potem do drugiego, który dowoził mnie pod sam dom. Bilety autobusowe kosztowały po cztery piastry [około czterdziestu centów].

Kiedy wszyscy przeprowadziliśmy się do Kairu, wydatki mojego brata wzrosły. Mężczyzna, który go zatrudnił, powiedział: „Naucz się prowadzić i zacznij pracować dla mnie jako kierowca. Pracujesz w biznesie samochodowym, więc to nie powinno być dla ciebie trudne". Mój brat posłuchał jego rady i już po miesiącu miał prawo jazdy.

Jednak szef uprzykrzał mu życie. Często podnosił głos i był dla niego nieprzyjemny, więc po dwóch miesiącach mój brat powiedział mu: „Oto pańskie kluczyki. Odchodzę. Nie pozwolę, żeby nas pan poniżał". Upokarzając mojego brata, ten mężczyzna poniżał całą rodzinę. Brat zarabiał wtedy trzydzieści funtów miesięcznie.

Odszedł i zaczął pracować dla pewnego ministra, który płacił mu pięćdziesiąt funtów miesięcznie. Został tam rok. Żona ministra okazała się nie do zniesienia. Nie sposób jej było dogodzić. Mój brat woził ją całymi dniami. Mówiła: „Abdo, jedź powoli", a kiedy zwalniał, upominała go: „Abdo, jedziesz za wolno, pospiesz się". Mówiła też: „Może umyłbyś samochód?" Brat odpowiadał na to wszystko: „Tak, proszę pani", i dodawał: „Chociaż mycie samochodu nie należy do moich obowiązków, zrobię to. Jestem czysty i nie lubię jeździć brudnym autem".

Minister często jeździł na spotkania późnym wieczorem, a ponieważ mieszkał niedaleko od nas, mówił: „Abdo, zabierz samochód do domu, odpocznij trochę, a potem przyjedź po mnie". Tak więc w ciągu dnia mój brat woził żonę, a wieczorami – męża. W końcu powiedział: „Do diabła z tymi pięćdziesięcioma funtami! Znajdę coś innego!"

Później pracował dla przedsiębiorcy, który zajmował się eksportem i importem. Zarabiał u niego siedemdziesiąt funtów miesięcznie. Ten człowiek miał mnóstwo pracy i Abdo nie czuł się tam zbyt dobrze. Został u niego rok, a później odszedł. Za każdym razem mój brat rezygnuje z pracy dopiero wtedy, kiedy czeka już na niego nowa posada. Ma przecież matkę i dwie siostry na utrzymaniu!

Zatrudnił się u mężczyzny, który płacił mu trzy funty dziennie plus napiwki – w sumie Abdo zarabiał pięć funtów dziennie. Pracował dla niego przez miesiąc. Wtedy pojawił się człowiek o imieniu Saad. Miał aptekę i fabrykę kosmetyków, takich jak ta czerwona rzecz, którą nakłada się na usta.

Ten człowiek dał mojemu bratu samochód i płaci mu osiemdziesiąt funtów miesięcznie. Abdo jeździ z przedstawicielem tej firmy, żeby pokazywać próbki i dostarczać zamówione towary. Wraz z napiwkami jego miesięczna pensja wynosi teraz sto trzydzieści funtów. To wystarczy, żeby się utrzymać. Właściciel firmy jest chrześcijaninem. Mój brat pracuje u niego już ponad miesiąc.

Abdo jest zadowolony, jeśli nie musi wozić pań ani samego szefa. Lubi dostarczać klientom towar.

Zanim zatrudniłam się u swych obecnych pracodawców, pracowałam dla kobiety o imieniu Nahed. Niezbyt ją lubiłam. W kamienicy mówiono o niej, że nie potrafi utrzymać służącej.

Ale to nie była zła praca. Ta kobieta zatrudniała kucharza i kilkunastoletniego chłopca, który sprzątał dużą część domu. Sprzątał pokój dzieci i salon. Ja byłam odpowiedzialna za jej sypialnię i jadalnię. Nie musiałam gotować, chociaż czasami robiłam zakupy. Ta kobieta mówiła: „Sudo, zrób zakupy w drodze do pracy. Tobie ufam najbardziej. Kucharz przychodzi dopiero o dziesiątej, a wtedy na targu nie ma już najświeższych produktów". Więc robiłam zakupy. Doszło jednak między nami do nieporozumienia, przez które odeszłam z tej pracy. Ta kobieta zaproponowała mi dwadzieścia pięć funtów, a ja się zgodziłam. Pewnego dnia przyszła do mnie i powiedziała bardzo gładko i uprzejmie: „Sudo, tak naprawdę to jakie masz obowiązki? Twoja praca jest bardzo lekka. Co powiesz na dwadzieścia funtów miesięcznie? To uczciwe wynagrodzenie za twoją pracę".

Odparłam: „Oczywiście, dlaczego nie? Zgadzam się na dwadzieścia funtów". Nie lubię się kłócić ani sprawiać problemów. Ale postanowiłam, że w swoim czasie odpłacę jej pięknym za nadobne.

Rozpoczęłam pracę u tej kobiety piętnastego dnia miesiąca. Zapłaciła mi połowę miesięcznego wynagrodzenia, które wówczas wynosiło jeszcze dwadzieścia pięć funtów, a później przepracowałam kolejne dwa tygodnie za połowę kwoty dwudziestu funtów. Moja pracodawczyni próbowała załagodzić sprawę, mówiąc: „Przecież na ogół salon jest zamknięty, no i jemy przy stole w holu. Co tydzień sprzątasz tylko jeden dodatkowy pokój". Rzeczywiście tak było, ale ja byłam zła z powodu obniżonego wynagrodzenia. Ta kobieta najpierw dała mi trzynaście funtów, a teraz ta kwota skurczyła się do dziesięciu. Nic nie powiedziałam, bo wtedy nie miałam jeszcze żadnej pracy w zanadrzu. Zwierzyłam się przyjaciółce i poprosiłam ją o radę.

Przyjaciółka powiedziała: „Czy ta kobieta nie ma męża, z którym mogłabyś porozmawiać?" „Owszem, ma, ale egipskie kobiety nie pozwalają swoim mężom wtrącać się w sprawy związane z zatrudnianiem służących" – odparłam. „Jej mąż przychodzi na obiad o czwartej po południu, ale ja nie mam z nim żadnego kontaktu".

Przyjaciółka słyszała, że moi obecni pracodawcy potrzebują kogoś do pomocy. Przedstawiła mnie tym ludziom, a ja zgodziłam się dla nich pracować. „Mogę zacząć najwcześniej pięć dni po święcie" – powiedziałam, a oni na to przystali.

W przeddzień święta wzięłam ubrania robocze, które trzymałam w domu tej kobiety, pani Nahed. Kiedyś ubierałam się bardzo szykownie, nawet do pracy – nie tak jak teraz. Wzięłam swoje ubrania i pantofle i zawinęłam je w gazetę. Kiedy pani Nahed to zobaczyła, zapytała: „Co robisz, Sudo? Nie wyprałaś w tym tygodniu swoich ubrań?", a ja odpowiedziałam: „Są bardzo brudne. Państwo nie wygotowują ubrań, jak robimy to w domu, dlatego zabieram je ze sobą, żeby je porządnie wyprać w mydle i potasie".

Oczywiście kłamałam. Ale ona nie potraktowała mnie uczciwie. Nie dotrzymała słowa. Zabrałam swoją pensję, dwa funty, które podarowała mi w prezencie świątecznym, oraz funta, za którego miałam kupić jarzyny w drodze do pracy pierwszego dnia po przerwie świątecznej. Nie wróciłam.

Czułam, że te pieniądze mi się należą. Nie miałam wyrzutów sumienia. Mówiłam sobie: „Pracuję dla niej od dwóch miesięcy i straciłam już dziesięć funtów. Dlaczego nie miałabym powetować sobie tej straty?"

Kiedy przyszłam do nowej pracy, mój obecny pracodawca powiedział: „Moja żona gotuje i przyrządza sobie herbatę w ciągu dnia, więc nie będziesz miała zbyt ciężkiej pracy". Powiedział to w obecności mojej przyjaciółki. Zapytałam: „W takim razie na czym polega moja praca?", a on odparł: „Będziesz tylko sprzątać i robić zakupy". Zgodziłam się. Zaraz potem okazało się, że jego żona jest za granicą, a ja trochę się zaniepokoiłam tym, że będę z nim sama w domu. Żeby mnie uspokoić, powiedział: „Nie bój się. Nie myśl, że jestem tu sam. Moja żona niedługo wraca". Chciałam mu pokazać, że się tym nie przejmuję, więc odparłam: „Nawet gdyby był pan sam, będę wykonywać swoją pracę, to wszystko". Ale byłam trochę zaniepokojona.

W okresie świąt zawsze biorę pięć dni wolnego i jadę do rodzinnej wsi. Z biegiem czasu dostawałam kolejne podwyżki, aż wreszcie moje wynagrodzenie wzrosło do dzisiejszej kwoty trzydziestu funtów.

Moja historia jest bardzo prosta. Moje życie mogłoby się potoczyć zupełnie inaczej, gdyby żył mój ojciec.

Chodziłam do szkoły do dwunastego roku życia. Moja siostra wyszła za kuzyna mojej matki ze strony ojca, *Ibn 'Am Ummi*. Nazywałam go *Ja Chali* – wujem ze strony matki – i *Guz Uchti* – mężem mojej siostry. Po śmierci ojca i po tym, jak rzuciłam szkołę, część czasu spędzałam w rodzinnej wiosce. Przez pewien czas mieszkałam u siostry i jej męża. Szwagier utrzymywał mnie, a ja byłam z tego zadowolona. Ale pewnego dnia mój szwagier umarł. Poczułam, że muszę zacząć pracować. Miałam wtedy dwadzieścia lat.

W tym czasie poznałam mężczyznę, który pracował w firmie zajmującej się pakowaniem i sprzedażą ryb. Był żonaty, ale przez rok utrzymywał to w tajemnicy, ponieważ chciał, żebym wyszła za niego za mąż. Przyszedł do mojej siostry, żeby poprosić ją o moją rękę, gdyż matka mieszkała jeszcze wtedy na wsi.

Byłam niedoświadczona i zakochałam się w tym mężczyźnie. Pomyślałam: „Wyjdę za niego i będę miała własny dom. O cóż więcej można prosić?" Kiedy się dowiedziałam, że on ma żonę, bardzo się zdenerwowałam. Powiedział: „Oczywiście, musisz być na mnie zła", a ja odparłam: „Nie chcę cię więcej widzieć. Nie pokazuj się we wsi ani w domu mojej siostry".

Czułam się zraniona i nieszczęśliwa. Wróciłam do rodzinnej wioski i rozchorowałam się. To był chyba jedyny moment w moim życiu, kiedy byłam naprawdę przygnębiona. Czułam się tak źle, że zamknęłam szczelnie okiennice i drzwi. Leżałam w łóżku, nie mogłam jeść ani pić. To był pierwszy cios w moim szczęśliwym życiu.

Ten mężczyzna odczekał trochę, a później znowu się pojawił. Zapytał: „O co ci chodzi? Już mnie nie chcesz?" Odpowiedziałam mu gwałtownie: „Oczywiście, że chcę. Mówiłeś, że mnie kochasz, a ja kochałam ciebie. Jak mogłeś mnie oszukiwać?", a on na to: „Więc zróbmy tak: wynajmę dla ciebie mieszkanie i będziemy razem, a wieczorami będę się widywał z dziećmi. Zmuszono mnie, żebym ożenił się z tą kobietą. Mam z nią dwoje dzieci, ale nigdy jej nie kochałem i teraz też nie kocham".

Wahałam się. Przecież każda kobieta chce mieć mężczyznę tylko dla siebie. „I co mi z tego przyjdzie, jeśli nadal będziesz utrzymywał żonę i dzieci?" – zapytałam. On zarabiał wtedy trzydzieści pięć funtów miesięcznie. I co z tego? Co dobrego mogło z tego wyniknąć? Takie rozwiązanie nie było korzystne ani dla jego żony, ani dla mnie. Z taką pensją nie mógł utrzymywać nas obu.

Ten mężczyzna pochodził z Sudanu. Powiedział mi: „No cóż, jeśli się na to nie zgadzasz, znajdę jakieś inne wyjście. Poszukam pracy za granicą. Mojemu bratu, który został w Sudanie, dobrze się powodzi. Sprzedam wszystko, co tutaj mam, i dam ci to, czego zapragniesz, zbuduję dla ciebie dom i zrobię wszystko, czego ode mnie zażądasz. Zapewnię ci wszystko, czego potrzebujesz, i już nie będziesz się musiała martwić, że moja pensja nie wystarczy. Nie chcę, żeby pewnego dnia moje dzieci zarzuciły mi, że je sprzedałem".

Wysłuchałam go, ale wróciłam do wioski. Wydzwaniał do mnie z pracy. Jeden z naszych sąsiadów – burmistrz – ma aparat telefoniczny. Co jakiś czas wołano mnie do telefonu – to był on. Byłam uprzejma, pytałam go, jak się miewa i co słychać u mojej siostry, która mieszkała w Kairze. Wciąż ją odwiedzał. Kiedy poczułam się lepiej, przez pewien czas kursowałam w tę i z powrotem między rodzinną wsią a Kairem. Dwa miesiące spędzałam w wiosce, a dwa kolejne – w Kairze. Nie powiedziałam mu „nie". Zastanawiałam się nad jego propozycją.

Jednak z czasem zdałam sobie sprawę, że ten człowiek nie jest w stanie utrzymywać jednocześnie mnie i swojej rodziny. Powiedziałam sobie: „Po co miałabym wychodzić za mąż? Oczywiście po to, żeby prowadzić spokojne życie, mieć własny dom i nie musieć pracować". Nigdy wcześniej nie pracowałam i sama myśl o pracy trochę mnie przerażała. Rozmawiałam ze sobą w ten sposób, aż wreszcie pomyślałam: „Dlaczego tkwię tutaj bezczynnie jak sęk w kłodzie drewna? Przecież mogę iść do pracy, a jeżeli postanowię wyjść za tego człowieka, będę mogła mu pomóc i zamieszkamy we własnym domu. Jeśli natomiast zdecyduję, że nie chcę być jego żoną, to znajdę innego mężczyznę, który mnie poślubi". Wtedy już wiedziałam, jak można zarabiać na życie.

Kiedy podjęłam tę decyzję, poszłam do pracy i zarobiłam swoje pierwsze pieniądze. To były dobre, czyste pieniądze, więc w czym problem? Ale gdyby moi kuzyni ze strony ojca, *Welad Amme*, dowiedzieli się, że pracuję jako służąca, to byłby skandal i wielki wstyd. Dlatego ukryłam to przed nimi. Nie rozumiem, dlaczego praca w cudzym domu miałaby przynosić komukolwiek wstyd, wiedziałam jednak, że nikt w mojej rodzinnej wsi nie może się dowiedzieć, iż pracuję jako służąca. Moi krewni ze strony ojca byliby oburzeni i powiedzieliby, że okryłam ich hańbą.

W końcu porozmawiałam z wujem ze strony matki. Powiedziałam mu, że ludzie, u których pracuję, są bardzo przyzwoici, i zapewniłam, że wujek może w każdej chwili przyjść i poznać moich pracodawców. W ten sposób okazałam mu zaufanie i zapewniłam sobie jego przychylność i ochronę. Dwa lata temu wujek przyszedł do domu ludzi, u których pracuję. Nie wszedł do środka. Rozmawiał z nimi w drzwiach. Później moi pracodawcy przyszli do naszego domu z kurtuazyjną wizytą i wszyscy byli zadowoleni.

Chociaż mój wujek ze strony matki wie już, że pracuję, jego żona nie ma pojęcia, na czym polega moja praca. Wiedzą o tym tylko moja matka, brat, młodsza siostra i wujek. Tylko nasza piątka. Mam ich przyzwolenie i to wystarczy.

Kiedy ktoś inny pyta, czym się zajmuję, mówimy mu, że pracuję w biurze pewnego inżyniera. Przecież umiem czytać i pisać. Połowa mojej rodzinnej wsi mieszka dzisiaj w naszej dzielnicy. Zbudowali tu domy. Widzą, że wychodzę z domu i wracam wieczorem, ale nie wiedzą, co tak naprawdę robię.

Nasza rodzina jest bardzo różnorodna. Wśród moich krewnych są Biali i Czarni. Moi najbliżsi kuzyni i kuzynki ze strony ojca mają najróżniejsze kolory skóry – od białej, przez wszystkie odcienie brązu, po całkiem czarną. Kiedy tylko stałam się świadomą osobą, zauważyłam, że moja rodzina jest właśnie taka. Nie zastanawiałam się nad tym, wydawało mi się to zupełnie naturalne. Dopiero w Kairze kolor skóry okazał się istotny. We wsi wszyscy znaliśmy się z imienia i nazwiska, a kolor skóry nie miał żadnego znaczenia.

W każdy razie, kiedy poszłam do pracy i zobaczyłam, jak zarabia się pieniądze, powiedziałam sobie: „Wielkie nieba! Chciałaś wyjść za mąż dla bezpieczeństwa finansowego – żeby zamieszkać we własnym domu i mieć mężczyznę, który będzie cię utrzymywał. Ale spójrz na siebie. Możesz utrzymać się sama. Nie ma pośpiechu, małżeństwo może zaczekać".

Jednak ten żonaty mężczyzna był we mnie szaleńczo zakochany i nie chciał zrezygnować. Przyszedł do mojego wuja, *Chali*, i płakał jak kobieta. Nigdy nie widziałam, żeby mężczyzna tak płakał z powodu dziewczyny. Co mogłam zrobić? Chciałam, żeby przestał mnie nachodzić i żeby zostawił mnie w spokoju. Musiałam znaleźć jakiś sposób, żeby go powstrzymać.

Mieszkał w Gizie. Pewnego dnia poprosiłam go: „Czy mógłbyś mi podać swój adres? Mam kuzynkę, *Bint Chaal Ummi*, która mieszka w pobliżu. Chyba jest twoją sąsiadką". Pewnego dnia kuzynka powiedziała mi: „Wczoraj w drodze na targ spotkałam tego mężczyznę. Mieszka gdzieś w okolicy". To był przypadek. Postanowiłam znaleźć sposób, żeby go zawstydzić i w ten sposób zmusić, aby trzymał się ode mnie z daleka.

Bez przerwy za mną chodził. Chciał znać każdy mój krok. Próbował utrzymywać kontakty z moją rodziną. Ale ja już go nie chciałam. Wydoroślałam i zmądrzałam. On jednak nie mógł się z tym pogodzić. Musiałam coś zrobić, żeby przestał mnie nachodzić. Oto co zrobiłam.

Pewnego dnia powiedziałam mu: „Już cię nie chcę. Dlaczego ciągle tu przychodzisz?", a on odparł: „Sama nie wiesz, co mówisz. Jesteś dumna, ale zmienisz zdanie". Odpowiedziałam: „Jestem teraz starsza i wiem, o co mi chodzi". Ale on nie słuchał. Codziennie czekał na przystanku autobusowym, przy przejeździe kolejowym, tylko po to, żeby mnie zobaczyć. Najpierw mu ubliżałam, a później zaczęłam go ignorować, ale on był uparty.

Powiedział swojej żonie, że ma kuzynkę, która mieszka w Gizie – miał na myśli moją kuzynkę – i że ją odwiedza. Pewnego dnia moja kuzynka i ja postanowiłyśmy wybrać się do jego domu na herbatę. Przed budynkiem spotkałyśmy jego siedmioletniego synka i zapytałyśmy go: „Ibrahimie, czy twój ojciec jest w domu?", a chłopiec odpowiedział: „Tak". Weszłyśmy więc na górę. Moja kuzynka przedstawiła mnie i powiedziała, że kobieta, która nam otworzyła, to Umm Ibrahim, żona tego mężczyzny i matka chłopca, którego spotkałyśmy na zewnątrz. Później wyjaśniła Umm Ibrahim, że przyszłyśmy zapytać ją o radę, ponieważ wkrótce wychodzę za mąż i szukam wolnego mieszkania do wynajęcia. „Przechodziłyśmy obok twojej kamienicy – powiedziała moja kuzynka – więc powiedziałam do Sudy: «Chodź, zapytamy Umm Ibrahim, czy w tym budynku jest jakieś wolne mieszkanie»". To był podstęp. Ten mężczyzna tam był. Wydawał się bardzo zakłopotany. Kiedy wychodziłyśmy, odprowadził nas do drzwi. Powiedziałam mu: „Wiesz, dlaczego do was przyszłam? Nie jestem zaręczona ani nie wychodzę za mąż. Jeśli jeszcze raz pokażesz się w naszym domu, pójdę do twojej żony i opowiem jej o wszystkim, a wtedy ona cię wyrzuci i upokorzy. Więc trzymaj się ode mnie z daleka i przestań wreszcie wtrącać się w moje sprawy". Najpierw powiedział: „Myślisz, że to mnie powstrzyma?", ale potem coś mu zaświtało w głowie i zapytał: „Naprawdę już mnie nie chcesz?", a ja odparłam: „Naprawdę. Masz troje dzieci na utrzymaniu. Myślisz, że wyjdę za ciebie i będę żebrać na ulicy? A może sądzisz, że po ślubie pójdę do pracy?" Nadal było mi bardzo przykro, ale postanowiłam, że odtąd nie chcę mieć z nim nic wspólnego. Byłam pewna, że nie wynikłoby z tego nic dobrego.

To był dla mnie bardzo trudny czas. Naprawdę zakochałam się w tym mężczyźnie i na początku mówiłam sobie: „I co z tego, że jest żonaty? Jednego dnia przyjdzie do mnie, a następny spędzi z żoną". Wydawało mi się to możliwe, a miłość sprawiała, że starałam się bagatelizować złe strony tej sytuacji. Kiedy jednak odkryłam, że mogę utrzymywać się sama, rozmyśliłam się i nabrałam odwagi do tego, żeby go odrzucić. Praca i niezależność zmieniły nie tylko moją sytuację finansową, ale także uczucia. Poczułam wielką ulgę. Po jakimś czasie przestałam go kochać. Pomyślałam: „Czego od niego chcę? Czuję się dobrze i mogę sama o siebie zadbać. Jutro wyjdę za kogoś lepszego od niego". Nigdy nie żałowałam tej decyzji.

Po nim zjawili się kolejni kandydaci na męża. Ale ja się nie spieszyłam. Wbiłam sobie do głowy, że mogę poczekać.

Jedna z moich znajomych ma córkę, która wyszła za cudzoziemca – mężczyznę z Senegalu. Ten człowiek ma kuzyna ze strony ojca, *Ibn 'Ama*, który powiedział mojej znajomej: „Chciałbym się ożenić z twoją przyjaciółką, Sudą". Kiedy się o tym dowiedziałam, pomyślałam: „Dlaczego nie? Wyjdę za niego i zamieszkam za granicą. Czego mi więcej potrzeba? Mam dość Egiptu". Powiedziałam o tym wujowi i matce, a oni się sprzeciwili. „Wolelibyśmy, żebyś poślubiła egipskiego zamiatacza ulic niż cudzoziemca, o którym nic nie wiemy. Skąd mamy wiedzieć, co ten człowiek będzie z tobą robił, kiedy zabierze cię do siebie? A jeśli nasze kraje staną się wrogami i już nigdy się nie zobaczymy? A jeśli będziesz miała dzieci z tym mężczyzną, lecz nie będziesz z nim szczęśliwa? Co zrobisz? Czy będziesz mogła zabrać dzieci i wrócić do Egiptu? Jak utrzymasz siebie i dzieci?" Wysunęli mnóstwo argumentów przeciwko temu małżeństwu. Wysłuchałam ich i wszystko przemyślałam, aż wreszcie mnie przekonali.

Moja znajoma, ta, która wyszła za Senegalczyka, przyjęła obywatelstwo senegalskie. Zostanie w Egipcie jeszcze przez rok – do czasu, aż jej mąż urządzi się w swoim kraju – a później do niego dołączy. Mężczyźni, którzy żenią się z egipskimi kobietami, nie pozwalają im jeździć do Egiptu częściej niż raz na dwa lata, ponieważ bilety lotnicze są bardzo drogie. Po przyjściu na świat dzieci mężowie pozwalają swoim żonom spędzić trochę czasu z ich matkami, ale później zabierają je do swego kraju, mówiąc: „Nie chcemy, żeby nasze dzieci dorastały w Egipcie. Powinny się wychowywać w Senegalu".

Pomyślałam: „Chcę widywać matkę przynajmniej raz w miesiącu". Nawet jeśli zamieszkam daleko, w innym egipskim mieście, będę mogła przyjeżdżać do niej raz na miesiąc oraz odwiedzać moje siostry i brata. Zdecydowałam więc, że nie poślubię cudzoziemca.

Po tej historii z żonatym mężczyzną byłam nieufna wobec wszystkich mężczyzn. Przestałam myśleć o miłości. To doświadczenie sprawiło, że stałam się bardzo ostrożna. Postanowiłam: „Pokocham mężczyznę, którego poślubię, dopiero wtedy, gdy będzie już moim mężem". Zakochać się w kimś, a potem myśleć o małżeństwie? O nie, nigdy więcej. Już raz dostałam nauczkę, to wystarczy.

Radziłam się w tej sprawie różnych osób, a kiedy Salah, mój obecny narzeczony, poprosił o moją rękę, byłam gotowa przyjąć jego oświadczyny. Znałam go dobrze od roku, a jego rodzinę jeszcze dłużej, chociaż nigdy wcześniej nie myślałam o nim jako kandydacie na męża. Byliśmy znajomymi.

Kiedy Salah mi się oświadczył, poprosiłam o radę krewnych i przyjaciół i uważnie wysłuchałam ich opinii. Wszyscy pytali: „Co czujesz?", a ja odpowiadałam: „Cóż, wydaje mi się, że mogłabym za niego wyjść". Moja rodzina była bardzo zadowolona, ponieważ wcześniej odrzuciłam kilka propozycji małżeństwa, mówiąc: „Nie, nie chcę żadnych mężczyzn". Bałam się, że wszyscy mężczyźni są tacy jak mój pierwszy ukochany. Że każdy będzie mnie okłamywał i zdradzał. Cieszę się, że zostanę żoną Salaha, gdyż widzę go takiego, jaki naprawdę jest. Znam jego prawdziwe oblicze.

Kiedy rozważałam jego propozycję, zapytałam go, czy był już w wojsku. Nie moglibyśmy żyć z kilku funtów żołdu. Powiedział, że wojsko ma za sobą, a ja poprosiłam: „Pokaż mi zaświadczenie". Musiałam mieć pewność. Kazałam mu rozłożyć na stole wszystkie dokumenty. Musiałam wiedzieć wszystko, na przykład, jak zamierza zdobyć prawo jazdy. Mówiłam: „Dzisiaj musisz się postarać o prawo jazdy. Jutro musisz zrobić to i to". Wszystko było zaplanowane w najdrobniejszych szczegółach. On robi wszystko, czego sobie życzę. Dlatego czuję, że jest mężczyzną, z którym można się dogadać, człowiekiem, którego mogę poślubić. Słucha mnie, a ja słucham jego. Mówi na przykład: „Ta sukienka trochę za bardzo prześwituje. Nie możesz w niej chodzić. Nie jest wystarczająco skromna". A ja odpowiadam: „Dobrze, nie będę jej nosić". Mówi: „Sudo, nie chcę, żebyś rozmawiała z tą kobietą, bo kiedy kobiety się spotykają, lubią się chwalić: «Mój narzeczony kupił mi to albo zrobił dla mnie tamto», a jeśli nie będę miał dość pieniędzy, żeby kupić ci to samo, będziemy mieli problemy. Dlatego nie ma sensu, żebyś spotykała się z tą kobietą albo zdradzała jej swoje sekrety i myśli. Nie powinnaś powtarzać tej czy innej przyjaciółce tego, co ci powiedziałem. To mogłoby ściągnąć na nas problemy". Salah ma dar przekonywania. Mówi też: „Jako kierowca zarabiam czterdzieści pięć funtów miesięcznie, a jeśli pracuję po godzinach, do piątej po południu, dostaję dodatkowe piętnaście funtów. Oto pieniądze, które zarobiłem. Zatrzymaj je". Oddaje mi swoją pensję. Ja wydzielam mu z tej kwoty tyle, ile mu potrzeba – pieniądze na codzienne wydatki – a resztę oszczędzam. Mówi: „Potrzebuję dzisiaj tyle i tyle". Daję mu tę kwotę. Nie pali papierosów i nie ma innych nałogów. To mnie cieszy. Jest odpowiedzialny i poważny, jak przystało na dobrego męża.

Po kilku miesiącach okazało się, że odłożyłam z jego pensji sporą sumę. Zapytałam go więc: „Ile chcesz wydać na prezent zaręczynowy dla mnie?", a on odpowiedział: „Gdyby to zależało ode mnie, wydałbym na niego pięćset funtów. Chcę ci podarować coś naprawdę dużego". Sprzeciwiłam się: „Nie, chcę tylko parę złotych bransolet i po obrączce dla każdego z nas". Miałam nadzieję, że złoto nie będzie zbyt drogie i że mój prezent zaręczynowy, *szabka*, nie będzie kosztował więcej niż sto trzydzieści, sto pięćdziesiąt czy sto sześćdziesiąt funtów. Większość młodych Egipcjan nie przywiązuje już do *szabka* tak dużej wagi jak dawniej. Współczesna para kupuje tylko obrączki, rezygnując nawet z bransolet. Wolimy oszczędzać na inne zakupy.

Kiedy Salah upierał się, że kupi mi *szabka*, żeby pokazać, jak bardzo mu na mnie zależy, sprawdziłam ceny złota w gazecie. Przyszłam do niego i powiedziałam: „Możesz uwierzyć, że złoto kosztuje dzisiaj tyle i tyle?", i dodałam: „Nie przejmuj się, Salah, zapomnij o tym. Kupmy tylko obrączki ślubne, jak większość młodych par. Będziemy je nosić, a resztę pieniędzy wpłacimy jako zaliczkę na lodówkę. Zanim weźmiemy ślub, lodówka będzie nasza". Ale on odpowiedział: „Nie, nie. To złoto jest podarunkiem mężczyzny dla kobiety. Chcę dać ci prezent. Muszę podarować ci coś, co pozwoli ci odczuć, jak bardzo mi na tobie zależy".

Dzisiaj biżuterię ślubną oraz inne niezbędne akcesoria można wypożyczyć na jeden dzień w salonie fryzjerskim. Zaproponowałam, żebyśmy tak zrobili, podobnie jak dużo innych par. Ale Salah powiedział: „Nie, kupię wszystko, czego będziesz potrzebowała w dniu ślubu. Chcę, żeby to było twoje". Ciągle to powtarzał, a ja odkryłam, że jest bardzo porządny i troskliwy.

Mogę mu powiedzieć: „Dziesięć funtów powinno ci wystarczyć na miesięczne wydatki", a on odpowie: „W porządku, to wystarczy. Czego mi więcej potrzeba?" I rzeczywiście – na co miałby wydawać większą kwotę? Może dać swojej matce pięć czy dziesięć funtów miesięcznie i zostawić sobie niewielkie kieszonkowe. Mężczyzna musi pomagać swojej matce. Jeśli Salah co miesiąc odda mi ze swojej pensji czterdzieści funtów, z czasem uzbiera się pokaźna suma. Za rok będziemy mogli sobie kupić coś, co się przyda w naszym domu.

Co jakiś czas Salah przestrzega mnie: „Nie wierz żadnej kobiecie, jeśli ci powie: «Salah jest taki i taki. Kiedyś się z nim spotykałam»". Pytam: „Czy to znaczy, że wcześniej nie spotykałeś się z żadnymi dziewczętami?", a on odpowiada: „Owszem, spotykałem się z wieloma, kiedy byłem w wojsku, ale żadnej z nich nie traktowałem poważnie. Jeśli coś cię zaniepokoi, zapytaj mnie. Nie wyciągaj pochopnych wniosków. Ludzie zawsze próbują szkodzić innym".

Salah jest czarny tak jak ja. Nie wyszłabym za mąż za białego mężczyznę. Jeśli wybierzesz kogoś podobnego do siebie, to będzie on znosił wszystko, co zrobisz, z większą łatwością niż ktoś, kto się od ciebie różni. A gdybym pewnego dnia miała jakiś kaprys albo popełniła błąd? Myślę, że mąż będzie dla mnie bardziej pobłażliwy, jeśli będzie jednym z nas. Gdybym jednak ja, czarna dziewczyna, wyszła za białego mężczyznę i gdybym zrobiła coś, z czego on byłby niezadowolony, to mógłby powiedzieć: „Myślisz, że możesz się tak zachowywać tylko dlatego, że jesteś czarna? Powinienem był się ożenić z białą kobietą!" Oszczędzę sobie takich przykrości, wychodząc za mężczyznę podobnego do siebie.

Mimo to małżeństwa mieszane zdarzają się bardzo często. Moja ciotka, siostra mojego ojca, wyszła za białego mężczyznę, a wszystkie ich dzieci są białe.

Mój wujek, *Chali*, jest żonaty z białą kobietą – pięknością o twarzy jak księżyc w pełni. Oczekują dziecka. Kiedy się spotykamy, mówię jej: „Coś ty zrobiła? Też coś! Na twoim miejscu nigdy bym nie spojrzała na tego czarnego mężczyznę!" Naprawdę, ta kobieta jest biała i ładna, więc dlaczego wyszła za tego czarnego mężczyznę? Lecz ona odpowiada: „Kocham go".

Mój kuzyn ze strony ojca – *Ibn Ami* – który mieszka w naszej rodzinnej wsi, także ożenił się z piękną kobietą o pełnej twarzy. Jest słodka jak cukier! Jego syn, *Ibn bint 'Ami*, który mieszka w pobliżu rodzinnej wioski słynnego egipskiego pieśniarza, Abd el Halim Hafeza, również poślubił białą dziewczynę.

Zanim przyjechałam do Kairu, nie dostrzegałam problemów związanych z różnicami w kolorze skóry. W naszej wiosce wszyscy znają mnie i moją rodzinę. Wszyscy wiedzą, kim był mój ojciec oraz kim są moi wujowie i stryjowie. Nikt nie może zawołać do mnie: „Czarna kobieto!" Nikt by się na to nie odważył.

Ale tutaj, w Kairze, zdarza się, że na ulicy podchodzi do mnie jakiś dzieciak i mówi: „Ty *Barbarijja*! Czarna kobieto!" W odpowiedzi warczę: „Ty wredny bachorze, ty draniu!" Takie komentarze aż się proszą o niegrzeczną odpowiedź. Rzadko idę ulicą z białą dziewczyną. Większość moich koleżanek ma ciemną skórę. Ale od czasu do czasu to się zdarza. Pewnego dnia moja przyjaciółka Laila (także ciemnoskóra) i ja szłyśmy ulicą z naszą białą koleżanką. Biała dziewczyna szła między nami. Zobaczyło nas kilku chłopców. Zaczęli się śmiać, przysuwać do siebie i wołać do naszej białej koleżanki: „Odsuń się od nich, dziewczyno! Jeszcze złapiesz od nich ten kolor!", i tym podobne.

Teraz się z tego śmieję. Takie słowa mnie nie ranią. Jestem jednym z boskich dzieł, a Bóg stworzył mnie właśnie taką. Ale takie komentarze mnie denerwują. Odpowiadam: „Ty sukinsynu! Czy to ty mnie stworzyłeś? Lepiej spójrz na siebie!" Ludzie, którzy mówią takie rzeczy, zwykle sami mają jakiś defekt – są za wysocy, za niscy albo kuleją. Odpłacam im pięknym za nadobne, najlepiej, jak potrafię. Mówię na przykład: „Lepiej zajmij się sobą. Napraw swoją złamaną nogę!", albo coś w tym rodzaju. Taki ktoś jest wtedy wyraźnie speszony i szybko odchodzi.

Zdarza się też, że ktoś podchodzi do mnie od tyłu i mówi do kolegi: „O, bracie, masz przed sobą swoje myśli" – czyli czarne myśli. Wtedy moja koleżanka i ja się śmiejemy. Inni wołają: „Hej, ty, biała!", a ja odpowiadam: „Załóż okulary, ty ślepy kundlu, synu łysej matki!" Oto co się dzieje, kiedy idziemy ulicą. Wymyślam im i śmieję się! Mamy do przejścia spory kawałek, więc takim przekomarzaniom nie ma końca. Zwykle zdarza się to w najbardziej zatłoczonych dzielnicach. Jakiś chłopak idzie za nami i mówi: „O Boże, co za piękność! Gdybyś była biała, nigdy bym cię nie opuścił. Poszedłbym za tobą na koniec świata!" To nic poważnego. Gadają tak, bo nie mają nic lepszego do roboty. Nic na to nie poradzę. Do pierwszego mężczyzny dołącza inny i odpowiada: „Mów sobie, co chcesz, połowa tej urody to ciemna skóra". Wtedy mówię: „Sam jesteś pięknisiem o twarzy jak księżyc w pełni. Jesteś słodki jak cukierek. Twoja głowa wygląda jak zapalona żarówka". I tak się przekomarzamy, idąc ulicą. Czasami odpowiadam im automatycznie, ledwie zdając sobie sprawę z tego, co mówię.

W mojej rodzinnej wiosce coś takiego nigdy się nie zdarza. Wszyscy wiedzą, że jesteś córką tego i tego. Wioska jest podzielona na rodziny. Nasza to rodzina Asad. We wsi mieszka też rodzina Haszisz, która sprawia nam trochę kłopotów. Moja rodzina jest bardzo religijna. Członkowie tamtej rodziny to nieokrzesane dranie bez zasad moralnych. Zdarza się na przykład, że chłopak z rodziny Haszisz patrzy pożądliwie na żonę swojego ojca albo żonę kuzyna ze strony ojca, *Ibn Amo*. Mówimy do nich: „Wy niemoralne, nędzne kreatury", a oni odpowiadają: „Wy czarni niewolnicy". To jedyna rodzina we wsi, z którą nie żyjemy w zgodzie.

Sołtys pochodzi z naszej rodziny.

Moi przodkowie przybyli do Egiptu z Sudanu. Najpierw przyjechał tu jeden z moich dziadków. Kiedy postanowił się ożenić, rodzina znalazła mu białą dziewczynę. Mieli dzieci, a on zaczął wykupywać ziemię. Jego dzieci pożeniły się i powychodziły za mąż w tej samej wsi, a ojciec podarował każdemu kawałek ziemi. Nie znam zbyt dobrze historii naszej rodziny, ale ja i moi krewni wiemy, że wszystko zaczęło się od naszego dziadka, Bchita Asada.

W naszej rodzinie wszyscy żyją ze sobą w zgodzie. Kiedy byłam dzieckiem, wszystkie święta były dla mnie bardzo ważne. Nadal są. Do dzisiaj z okazji każdego święta kupuję sobie jedną lub dwie sukienki. To matka nauczyła mnie, żebym dbała o swój wygląd.

Matka na wszystkie ważne święta zamawiała dla mnie i mojej siostry po dwie sukienki – wyjściową i domową. Mój brat dostawał nowe spodnie, koszulę i piżamę. Każde z nas musiało dostać dwie nowe sztuki garderoby. Tak było kiedyś i nadal tak jest.

W przeddzień święta, w dniu zwanym *jom el wakfa*, kąpaliśmy się i wkładaliśmy czyste, nowe ubrania. W dniu samego święta mniej więcej o czwartej rano obmywaliśmy twarze, ubieraliśmy się i wychodziliśmy na ulicę. Wieś była cicha i spokojna. Po jakimś czasie kupcy zaczynali rozstawiać swoje stragany. Sprzedawali gwizdki, kapelusze i łakocie. Ten i ów stał na ulicy z koszem pełnym dojrzałych winogron. Przypomina to dzień targowy. Krewni dawali nam, dzieciom, pieniądze, a my kupowaliśmy za nie słodycze albo huśtaliśmy się na huśtawkach w kształcie łodzi, które rozstawiano na ulicy specjalnie na tę okazję.

Mężczyźni szli tego dnia na poranną modlitwę. Wychodzili z meczetu około szóstej rano. Potem wszyscy chodzili po wsi, pozdrawiając się i składając sobie życzenia świąteczne. Tak wygląda każde święto. Kobiety zostają w domu, a mężczyźni krążą po wsi. Potem wracają do meczetu na świąteczne modlitwy. Do domu przychodzą dopiero po południu. Podczas ramadanu jemy *kahk* – słodkie ciastka posypane cukrem i nadziewane miodem. Bez nich święta nie byłyby świętami.

Późnym popołudniem kobiety składają sobie wizyty. Drugi dzień świąt jest dniem targowym. Kupujemy i pieczemy ryby. Wtedy mamy już dosyć mięsa, ponieważ w czasie postu poprzedzającego dni świąteczne, kiedy całymi dniami nic nie jemy ani nie pijemy, codziennie o zmierzchu przerywamy post i często jemy mięso. Przed wschodem słońca, w porze zwanej *sohur*, spożywamy fasolę lub ser, jogurt, mleko, jajka na twardo albo maślankę. O tej porze nie jemy gotowanych potraw, *tabich*, gdyż wszyscy jesteśmy zbyt znużeni. Moja matka pościła przez cały dzień, a w nocy gotowała dla nas. To było dla niej bardzo męczące. Ale często jedliśmy mięso o zachodzie słońca, jako pierwszy posiłek dnia.

W trakcie świąt nie gotujemy. Przeznaczamy te dni na odpoczynek i odwiedziny. Czasami jemy sardynki, solone sardynki, które można kupić na targu. W naszej wsi kupuje się je upieczone i posolone – gotowe do zjedzenia. Nazywamy je *fihlijja*. Nie wiem, czy w Kairze sprzedają takie sardynki. To długie, smukłe ryby. Układa się je w plecionym koszu – na przemian: warstwa ryb i warstwa soli. Przygotowuje się je w ten sposób, trzyma w koszu przez tydzień lub dwa, aż będą dobrze zasolone, a później się je sprzedaje.

Po zakończeniu święta jemy zwyczajne potrawy.

Po długim poście żołądek jest bardzo wrażliwy. Kiedy jemy ciastka zawierające mnóstwo cukru i tłuszczu, cierpimy na biegunkę i ból żołądka. A jednak robimy to. To ważna tradycja.

Ludzie zamożni często zabijają owcę albo barana i rozdają czwartą część mięsa tym, którym powodzi się gorzej – każda rodzina dostaje około pół kilo mięsa. Niektórzy ofiarowują ćwiartkę zabitego zwierzęcia zamężnej córce. Polecają swojej synowej albo niezamężnej córce: „Zanieś siostrze należną jej część". Do mięsa można dodać dwadzieścia kilogramów ryżu lub pszenicy, porcję *ru'a* – chrupiącego wiejskiego chleba – i mydło. Ludzie oczekują takich podarunków. Są one ważne, bo umacniają więzi rodzinne.

Jedzenie, które rodzina ofiarowuje swej zamężnej córce, pokazuje jej mężowi i jego krewnym, że może ona liczyć na ochronę i wsparcie swoich bliskich. Umacnia jej pozycję w relacjach z teściami. Bywa, że ludzie, których na to stać, dają swym zamężnym córkom całe zwierzę.

Małe dzieci dostają pieniądze – od dwudziestu pięciu do pięćdziesięciu piastrów, zależnie od możliwości.

Dorosłe dzieci nie muszą nic dawać swoim rodzicom. Jeżeli jednak będę miała dość pieniędzy, a mąż powie mi: „Podaruj ten prezent albo taką i taką sumę swojej matce", zrobię to. Ale gdybym wzięła coś bez wiedzy męża i dała to swojej matce, popełniłabym grzech. Szejk przestrzegał nas przed tym podczas jednej z cotygodniowych nauk.

Powiedział: „Kobieta, która wyszła za mąż, opuściła dom swojego ojca i przeniosła się do domu męża, grzeszy, jeśli bez wiedzy męża poda swoim rodzicom choćby szklankę wody". Nawet kiedy pożyczam sąsiadce garść soli, powinnam powiedzieć mężowi: „Sąsiadka pożyczyła ode mnie trochę soli". On ma prawo wiedzieć, a mówiąc mu o tym, okazuję mu szacunek. Oczywiście dotyczy to ludzi, którzy przestrzegają praw religijnych co do joty. Dla nas to tylko nauka, której trzeba wysłuchać, a potem życie toczy się jak dawniej.

Żeby się dowiedzieć, jakie obowiązki powinna spełniać kobieta wobec swojego męża, warto posłuchać opowieści o problemach innych kobiet. Lubię spędzać czas z kobietami starszymi od siebie. Na przykład z moją sąsiadką albo z sąsiadką przyjaciółki. Siedzę i słucham. Ta kobieta odeszła od męża. Dlaczego to zrobiła? To kłopotliwe pytanie, a wiele osób nie lubi wyjawiać innym prawdy o sobie. Zazwyczaj nie zadaję pytań, tylko siedzę i słucham. Widzą, że siedzę w milczeniu. Od czasu do czasu któraś z nich podchodzi do mnie i mówi: „Sudo, nigdy nie wychodź za mąż". Pytam: „Dlaczego? Co się stało?" Kiedy słyszę, jak mówi: „Nie wychodź za mąż", jestem zadowolona, ponieważ to ona rozpoczęła rozmowę. Teraz mogę pociągnąć ją za język i dowiedzieć się czegoś o małżeństwie. Dlaczego nie powinnam wychodzić za mąż? Cóż takiego dokuczliwego jest w małżeństwie? Kobieta może mi powiedzieć: „Mężczyzna zawsze zapewnia: «Kocham cię, uwielbiam. Świata za tobą nie widzę. Dam ci wszystko, o co poprosisz». Później jednak, kiedy zażyje z tobą przyjemności, zapomina o tym, co powiedział". To jeden z problemów, jakie czekają kobietę w małżeństwie – problem, o którym kobiety bez przerwy rozmawiają.

Jedna z naszych sąsiadek wyszła za mąż za mężczyznę, który przyszedł i poprosił o jej rękę. Pobrali się. Mieli troje dzieci. Przez cały ten czas wydawało się, że ta kobieta wcale go nie kocha. Myślę sobie, że gdybym nie lubiła swojego męża, to nie chciałabym mieć z nim dzieci. Wiedziałabym, że być może od niego odejdę, że nie chcę z nim zostać, więc brałabym pigułki antykoncepcyjne, żeby nie wydać na ten świat dzieci z góry skazanych na cierpienie. Ale nie wszystkie kobiety myślą w ten sposób.

Jeden z moich znajomych ożenił się z pewną kobietą i miał z nią córkę. Później poszedł do wojska. Spędził tam trzy lata. Kiedy wrócił, jego żona urodziła kolejną córkę, a potem syna. Po zakończeniu służby wojskowej ten człowiek wrócił do pracy w klubie sportowym. Należy do mężczyzn, którzy nigdy nie pytają żony: „Jak spędziłaś dzień?" albo „Co robiły dzisiaj dzieci?" Kiedy żona pyta go: „Co chciałbyś dzisiaj zjeść?", on odpowiada: „Zapytaj dzieci, na co mają ochotę, a ja zjem z nimi". Gdyby jego żona przyszła do mnie w odwiedziny i została u mnie przez cały dzień, a on po powrocie z pracy nie zastałby jej w domu, nigdy by nie zapytał: „Gdzie byłaś?" albo „Co robiłaś?" Mężczyzna ma prawo zadawać takie pytania. Przecież ten człowiek jest Egipcjaninem! Nie wiem, jacy są cudzoziemcy, ale w Egipcie mężczyzna mówi do żony: „Gdzie byłaś? Dokąd poszłaś? Co robiłaś? Dlaczego nie było cię tak długo? Nie wychodź dzisiaj z domu". To jego prawo. Nasi duchowni mówią nam, że tak musi być. Nie wiem, czy to prawda. Jeśli mężczyzna tego nie robi, oznacza to, że nie kocha żony, nie troszczy się o nią.

Gdybym powiedziała tej sąsiadce: „Muszę załatwić to i to. Chodź ze mną", odparłaby: „Dobrze, chodźmy". Wtedy zapytałabym: „Nie powiesz o tym mężowi? Nie zostawisz mu wiadomości?", a ona z pewnością powiedziałaby: „Moja droga, po co miałabym to robić? Czy on kiedykolwiek pyta, gdzie byłam albo co robiłam?" Problem w tym, że jej mąż nie zachowuje się jak mężczyzna. Nie interesuje się nią. Doszło nawet do tego, że ta kobieta i jej mąż śpią osobno. On śpi w jednym pokoju, a ona i dzieci – w drugim. Przynajmniej tak mi powiedziała.

Przez jakiś czas nie mogłam tego wszystkiego zrozumieć. Zapytałam ją: „W takim razie skąd się wzięły twoje dzieci? To nie mogą być jego dzieci". A ona odparła: „Są jego. Po ślubie miałam nadzieję, że kiedy na świat przyjdą nasze dzieci, on się zmieni, poprawi". Problem tego mężczyzny jest dość osobliwy. Pytany o niego, odpowiada: „Mojej żonie na mnie nie zależy, nie dba o mnie. Zostawia mnie i śpi z dziećmi". Ale ja myślę sobie: „Czy ona, kobieta, może cię poprosić, żebyś do niej przyszedł? Czy powie: «Muszę z tobą spać, choćby nie wiem co», i czy przyjdzie w nocy do twojego pokoju?"

Kiedy ta kobieta opowiadała nam o swoim problemie, radziłyśmy jej, żeby zachowywała się bardziej agresywnie. Mówiłyśmy: „Tak, kobieta powinna to zrobić. Powinna pójść do swojego mężczyzny". Jej mąż jest bardzo dumny. Mówi: „Nie będę jej prosił, żeby do mnie przyszła". Ona zaś powiada: „Nie będę mu się naprzykrzać, nalegając, że chcę spać w jego pokoju". Zrobili z tego wielki problem. Radziłyśmy jej: „Bądź cierpliwa i tolerancyjna". W ich sypialni stoi sofa, więc powiedziałyśmy jej: „Połóż się na sofie i śpij tam. Przekonasz się, czy on coś zrobi – czy przyjdzie do ciebie w nocy, czy też będzie cię unikał".

Kobieta skorzystała z naszej rady, ale mąż nadal ją ignorował. Pytała go: „Czy jest coś, czego pragniesz?", a on odpowiadał: „Nie". Wtedy poddawała się i szła spać.

Kiedy nam o tym opowiada, płacze: „Co mogę zrobić? Czy mam się sprzedawać? Myślicie, że mogę upaść tak nisko, by go błagać: «Chodź do mnie, pragnę cię»?"

Ta kobieta ma naprawdę dość całej tej sytuacji. Mówi: „Po co za niego wyszłam? Czy jestem jego żoną tylko po to, żeby usługiwać jego dzieciom? Czy jestem jego służącą?" Bez przerwy to powtarza i czuje się bardzo źle.

Pewnego dnia kobiety poradziły jej: „Słuchaj, wejdź do jego łóżka, połóż się pod ścianą i śpij tam. Odwróć się twarzą do ściany. Nie musisz leżeć z nim twarzą w twarz. Ale nie pozwól, żeby znowu tak łatwo się wymigał".

Ta kobieta była naszą najbliższą sąsiadką, dlatego musiałyśmy się angażować w jej sprawy. Była zdenerwowana i wściekła.

Mój wujek, który mieszka piętro wyżej, umie rozmawiać z ludźmi i często zajmował się problemami tej pary. Mąż tej kobiety skarżył się mojemu wujkowi, a ona opowiadała mu o swoich kłopotach. Bardzo ją lubiliśmy i przyznawaliśmy, że nie dostaje od męża tego, co jej się należy. Zachęcaliśmy ją jednak do tego, aby była cierpliwa, mówiąc: „Oczywiście musisz go znosić ze względu na dzieci".

Pewnego dnia nasza sąsiadka oświadczyła: „Nie będę tego dłużej tolerować. Zostanę z dziećmi w naszym mieszkaniu, a on musi się wyprowadzić".

Próbowaliśmy ich pogodzić. Jej mąż krzyczał: „Nie mogę jej znieść! Nie lubię jej, nie chcę! Ona nie jest dobrą kobietą".

Po rozpoczęciu ramadanu powiedział: „Spędzę święta z dziećmi, a potem odejdę. Wracam do domu ojca". Tak właśnie zrobił. Został z żoną i dziećmi przez piętnaście dni. Pewnej nocy, kiedy wszyscy spali, spakował się i wyszedł. Jego żona powiedziała: „Obudził mnie dźwięk zamykanych drzwi. Już go nie było".

Kiedy to się stało, wstała i przyszła nas obudzić. Jej ojciec mieszkał w tym samym budynku, na drugim piętrze. Poszliśmy więc na górę i powiedzieliśmy mu, co się stało. Ona czekała na nas i Bóg jeden wie, czy odczuwała smutek, czy też była zadowolona.

Ta kobieta już wcześniej upatrzyła sobie mojego wujka. Nie kryła się z tym, że bardzo go lubi. Wujek był żonaty od siedemnastu lat. Jego żona okazała się bezpłodna. Ludzie mówią: „Ożeń się, żeby Bóg obdarzył cię dziećmi". Mój wujek nie miał dzieci i nie czuł się szczęśliwy. W naszym kraju kobieta musi urodzić dzieci. Mężczyzna też musi mieć dzieci; w przeciwnym razie co po sobie zostawi, odchodząc z tego świata?

Ta kobieta przez krótki czas mieszkała sama, a później przeniosła się na górę, do mieszkania swojego ojca. Kobieta nie może mieszkać sama. Po pewnym czasie jej mąż zabrał troje swoich dzieci, aby zamieszkały w domu jego rodziców.

W tym czasie żona mojego wujka powiedziała coś, co go rozzłościło. Pokłócili się i wujek kazał jej się wyprowadzić. Powiedział: „Zamierzam powtórnie się ożenić". Pragnął żyć z tamtą kobietą. Teraz więc w domu mojego wujka również pojawił się problem.

Nasza sąsiadka jest bardzo ładna, a ja zapytałam ją: „Jak możesz patrzeć na tego obrzydliwego starucha?", mając na myśli swojego wujka. Roześmiała się i powiedziała: „Kocham go", a ja odparłam: „Kochaj go sobie, ile dusza zapragnie, ty idiotko".

Wujek rozwiódł się z żoną, która jest porządną czarną kobietą pochodzącą z naszej rodzinnej wsi. Przez jakieś trzy miesiące był sam, a kiedy nasza sąsiadka uzyskała rozwód, ożenił się z nią. Dwa razy poroniła, a teraz znowu jest w ciąży – w czwartym lub piątym miesiącu.

Mój wujek lubi swój dom i dba o swoją kobietę. Ona już wcześniej dostrzegła w nim tę zaletę. Kiedyś skarżyła mi się: „Dlaczego Bóg obdarzył tę bezdzietną kobietę takim troskliwym mężem, a ja, która mam troje dzieci, muszę znosić zaniedbywanie?" Często mówiła takie rzeczy i być może od samego początku planowała, że wyjdzie za mojego wujka. Nie wiem.

Przed ślubem wujek kazał pomalować mieszkanie. Ona oddała swoje meble do renowacji i zwróciła mieszkanie ojcu, który wynajął je pewnemu lekarzowi. Poślubiła mojego wujka i wprowadziła się do niego. Wydaje się szczęśliwa, a wujek rozkazuje jej na każdym kroku.

Myślę, że powodem rozstania tej kobiety z jej pierwszym mężem był seks. Jestem tego prawie pewna, gdyż ona często się skarżyła: „Możecie sobie wyobrazić, że on sypia ze mną raz na siedem lub osiem miesięcy?" Początkowo jej nie wierzyliśmy. Jak to możliwe, żeby mężczyzna mający żonę piękną jak pączek jaśminu po prostu ją ignorował? Myśleliśmy, że kobieta kłamie. Nie znaliśmy punktu widzenia jej męża. Kiedy jednak poznaliśmy go lepiej, zaczął mówić. Tak bardzo zaprzyjaźnił się z naszą rodziną, że kiedy wracał z pracy, mówił do żony: „Umm Aziz, zanieś nasze jedzenie do domu Umm Abdo. Zjemy razem". Nie lubił być sam na sam z własną żoną. Przyprowadzał więc żonę i swoich troje dzieci. Przynosili ze sobą jedzenie. Rozstawialiśmy w holu niski stół, *tablijja*, siadaliśmy na podłodze i jedliśmy razem, zupełnie jak w rodzinnej wsi. Jedliśmy razem obiady i kolacje. Nawet podczas ramadanu, kiedy każdy powinien jeść we własnym domu, przychodził i siadał z nami do stołu. Mówił: „Dzięki wam łatwiej mi znosić piekło, w jakie ta kobieta zmieniła moje życie". Nasza sąsiadka dokuczała mężowi i zdarzało się, że nie odzywali się do siebie przez dwa lub trzy miesiące. Bez przerwy się kłócili. Jednak on nigdy jej nie zawiódł, jeśli chodzi o pieniądze.

Nie wiem, czy ten mężczyzna miał jakieś problemy, czy też jego żona zrobiła coś, co sprawiło, że zaczął odczuwać do niej niechęć. A może po prostu był nią zmęczony. Po rozwodzie ożenił się ponownie, a jego druga żona ma dwuletniego synka.

Poznaję życie przez obserwację. Mówię sobie: „Gdyby mąż uprzykrzał mi życie albo gdyby pojawiły się między nami nieporozumienia, byłabym wystarczająco mądra, aby nie mieć z nim zbyt wielu dzieci, żeby później – jeśli zostanę z nimi sama – było mi lżej je wychować". Jestem dość wymagająca. Chcę wiedzieć o mężczyźnie jak najwięcej, zanim go poślubię. Opowieści o problemach innych kobiet sprawiły, że stałam się ostrożna. Ponieważ mój ojciec umarł, kiedy byłam dzieckiem, moim wychowaniem zajmował się wujek. Mówił mi: „Gdyby jakiś mężczyzna coś ci zrobił, nie byłoby to dla ciebie dobre". W ten sposób próbował mnie przestrzec przed problemami, jakie mogę napotkać. Dzięki temu stałam się silna, inaczej niż wiele młodych kobiet. To w dużym stopniu zasługa wujka, że jestem osobą ostrożną i cierpliwą.

Matka nigdy nie rozmawiała ze mną o relacjach między mężczyznami a kobietami. Za to wujek brał mnie na stronę i opowiadał jakąś historię – prawdziwą lub wymyśloną – żeby zilustrować problem. Mówił na przykład: „Posłuchaj. Pewna dziewczyna zakochała się w mężczyźnie. Obiecał, że się z nią ożeni, ale kiedy zaspokoił swoje żądze, porzucił ją. To prawdziwa katastrofa, ponieważ dziewczyna przez całe życie czeka na dzień, w którym będzie mogła wyjść za mąż tak jak należy. Pamiętaj: pochodzimy ze wsi i jesteśmy konserwatywni, tak jak ludzie z Górnego Egiptu. Musisz za wszelką cenę strzec swego honoru". Wyjaśniał mi to w ten sposób tak długo, aż zrozumiałam.

Honor kobiety jest jej największym skarbem. Nawet kiedy pierwszy raz w życiu się zakochałam, nie pozwalałam temu mężczyźnie zbliżyć się do siebie. Chociaż bywaliśmy ze sobą sam na sam, czasami przez dwie lub trzy godziny, nigdy nie próbował mnie dotknąć. Między innymi za to go kochałam. Gdybym jednak przytulała się do mężczyzny albo całowała się z nim, mógłby to wykorzystać przeciwko mnie. Gdybym pewnego dnia rozzłościła się na niego i zwymyślała go, mógłby powiedzieć: „Słuchaj! Pamiętasz, co się wydarzyło między nami?" Mógłby wprawić mnie w zakłopotanie. Nawet gdybym dała mu swoje zdjęcie, mógłby je wykorzystać, żeby mnie upokorzyć, gdyby doszło między nami do nieporozumienia. Pod tym względem Egipcjanie są do niczego – zawsze próbują zdobyć przewagę nad innymi. Kobieta musi być bardzo ostrożna.

Gdybyśmy na przykład zrobili sobie zdjęcie w miejscu publicznym i gdybym ja wzięła jedną odbitkę, a on drugą, to mógłby użyć tej fotografii, żeby mnie szantażować. Gdybyśmy się pokłócili, on powiedziałby: „Pokażę to zdjęcie twojej matce i bratu". Mogłabym odpowiedzieć: „Proszę bardzo, zrób to", ale gdybym później zaręczyła się z kimś takim jak Salah, a tamten mężczyzna pokazałby mu nasze zdjęcie, to Salah powiedziałby: „Przykro mi, nie mogę się z tobą ożenić. Jesteś taka i taka, zrobiłaś to i to. Nie zasługujesz na to, żebym cię poślubił". Tak to wygląda. Nawet jeśli między dwojgiem ludzi do niczego nie doszło, a przynajmniej do niczego poważnego – jeżeli na przykład szłaś z mężczyzną za rękę albo pocałowałaś go – to wszyscy inni mężczyźni będą pewni, że zrobisz z nimi to samo. Zniszczyłaś sobie reputację.

Dlatego jestem bardzo ostrożna. Widzę problemy innych i uczę się na ich błędach.

Kiedy byłam małą dziewczynką, w naszej wsi były dwie rodziny, które pałały do siebie nienawiścią. Syn jednej z tych rodzin i córka drugiej chodzili razem do szkoły i zakochali się w sobie. Chłopak poprosił rodzinę dziewczyny o jej rękę, ale został odrzucony. Powiedział więc do niej: „Prześpij się ze mną, a wtedy zmusimy ich, żeby pozwolili nam się pobrać". Posłuchała go i zaszła w ciążę. Rodziny postanowiły zabić ich oboje, ale wtedy wtrącili się inni ludzie i zapytali: „Czy jesteśmy z Górnego Egiptu, żeby zachowywać się tak bestialsko? Pozwólcie im się pobrać i sprawa będzie załatwiona". Chłopak wyjaśnił, że zrobił to, ponieważ tylko w ten sposób mógł zdobyć ukochaną dziewczynę. W końcu obie rodziny zgodziły się na ślub. Ta historia zakończyła się szczęśliwie, ale nie zawsze tak się dzieje. Za karę młodzi małżonkowie musieli przez trzy lata mieszkać poza granicami wsi, lecz później pozwolono im wrócić. Dzisiaj mają pięcioro dzieci i cieszą się szacunkiem, a cała historia poszła w zapomnienie.

Kiedyś my, czarne kobiety, wychodziłyśmy za mąż za białych mężczyzn. Teraz takie małżeństwa są coraz rzadsze. Już nie chcemy tego robić. Załóżmy, że byłabym żoną białego mężczyzny i któregoś dnia zobaczyłabym go, jak rozmawia z białą kobietą. Powiedziałabym sobie: „No cóż, ona jest biała jak on, dlaczego nie miałby z nią rozmawiać? A właściwie dlaczego miałby zostać z czarną kobietą, taką jak ja?" Byłabym zazdrosna i bardzo bym się martwiła.

Jeśli mój mąż będzie taki jak ja, nigdy nie powie do mnie „czarna kobieto" ani ja nie powiem do niego „czarny mężczyzno". Oczywiście nie wszyscy tak myślą. Mój szwagier zaręczył się z białą dziewczyną. Ciągle się kłócą, a ona zawsze wypomina mu jego czarną skórę. Ludzie mówią: „Gdyby była czarna tak jak on, toby go szanowała, a jej rodzina miałaby wzgląd na jego uczucia". Mój szwagier chciałby zerwać zaręczyny.

Czasami żartujemy między sobą, mówiąc: „O, biała kobieto, dlaczego nie poślubisz kogoś podobnego do siebie? Jest was wielu, a nas zaledwie garstka, więc dlaczego chcesz poślubić jednego z nielicznych czarnych mężczyzn? Jeśli ty za niego wyjdziesz, kto zostanie moim mężem?" Pojawiają się różne problemy. Moja siostrzenica ze strony ojca, *Bint ibn'Ami*, nazywa swojego ojca „czarnym mężczyzną". Ma cztery lata. Jej młodsza siostra ma ciemną skórę, więc ta dziewczynka nazywa ją „czarną Mahą" i mówi: „Jesteś czarna jak twój ojciec, Maho".

Jej ojciec się śmieje i mówi, że jego córka z tego wyrośnie. Ale to się nigdy nie zmienia. Dlatego wolę nie mieszać kolorów skóry.

Oczywiście mój wujek poślubił tę białą kobietę, naszą sąsiadkę, ale przed ślubem ona powiedziała nam wszystkim: „Jestem u jego stóp. Jeśli kiedykolwiek zrobię coś złego, on może ze mną zrobić, co zechce". W ten sposób okazała nam szacunek.

Nie miałam nic przeciwko temu, żeby wujek ożenił się z tą kobietą, ponieważ widziałam, że się kochają, ale powiedziałam jej: „Jeśli go kochasz, wyjdź za niego, ale później nie narzekaj". Powiedziałam to, bo mój wujek jest raczej trudny. Najchętniej nie dawałby kobiecie ani grosza. Kupuje dla niej wszystko, o co ona go poprosi. Co trzy dni robi dla niej zakupy na targu, ale nie daje jej pieniędzy na codzienne wydatki i nie pozwala jej chodzić na targ. Jego żona zostaje w domu. Właśnie tego chce mój wujek. Tak samo było z jego pierwszą żoną. Jeśli daje jej trochę pieniędzy, zapisuje to. Uważa, że kobiecie trzeba zapewnić wszystko, czego potrzebuje, ale nie należy dawać jej pieniędzy. Mówię mu: „Na Boga, gdyby mój mąż był taki jak ty, nie wytrzymałabym z nim nawet jednego dnia". Jego żona twierdzi, że taki układ jej odpowiada, ale ja w to nie wierzę. Mąż kupuje jej wszystko, czego ona zapragnie, lecz nie daje jej swobody wyboru.

Kiedy jego żona mówi: „Chciałabym mieć nową sukienkę", mój wujek odpowiada: „W porządku", a potem idzie i kupuje jej taką sukienkę, jaka się mu podoba, i daje ją żonie. Czy ona może się sprzeciwić? Nie, ponieważ przed ślubem wujek ostrzegał ją: „Moja kobieta nie będzie mi mówiła, co mam robić, ani nie powie: «Chcę sukienkę w takim kolorze czy o takim kroju». Robię, co mi się podoba. Będę jej dawał to, co zechcę". I rzeczywiście w ich małżeństwie tak właśnie jest. Wujek przynosi żonie wszystko, o co ona go prosi, i mówi jej: „Zrób to i to. Weź ten materiał i uszyj z niego sukienkę o takim i takim kroju". A ona musi go słuchać. Mówi też: „Moja kobieta nie będzie wychodziła z domu. Jeśli więc przyjdziesz do mnie i powiesz: «Chciałabym odwiedzić przyjaciółkę albo iść na targ», wiedz, że nigdy się na to nie zgodzę". Jego żona przyjęła te warunki, więc teraz nie może narzekać. Pewnego dnia przyszła do mnie z płaczem i poskarżyła się: „Twój wujek nie pozwala mi nigdzie wychodzić". Odparłam: „Wiedziałaś, w co się pakujesz, i zgodziłaś się na jego warunki". Założyła sobie pętlę na szyję, więc teraz musi akceptować swoje życie takie, jakie ono jest.

Pieniądze i seks to najważniejsze problemy, o jakich rozmawiają egipskie kobiety. Niektóre kobiety skarżą się, że mąż oddaje im wszystkie pieniądze, ale je zaniedbuje (tak jak obecna żona mojego wujka narzekała na swojego pierwszego męża). U innych jest odwrotnie. Seks i pieniądze. Pieniądze i seks. Nawet obrzezanie nie osłabia pragnienia kobiety, aby mąż poświęcał jej dużo uwagi.

Oczywiście każda muzułmańska dziewczynka musi zostać obrzezana. W przeciwnym razie nie byłaby muzułmanką. W naszej wsi tylko chrześcijańskie dziewczyny nie są obrzezane.

To konieczność. Wtedy dziewczyna po raz pierwszy w życiu poznaje smak cierpienia.

Przed obrzezaniem płakałam przez cały tydzień. Miałam wtedy dwanaście lat, ale już cztery lata wcześniej wiedziałam, jak wygląda ten zabieg. Dowiedziałam się tego z rozmów starszych dziewcząt.

Ludzie mówią, że im starsza jest dziewczynka w momencie obrzezania, tym mniejsze prawdopodobieństwo, że odcięte części ciała odrosną. Nie wiem, czy to prawda, ale to dlatego niektórzy odwlekają tę ciężką próbę do czasu, gdy dziewczynka ma dwanaście lub trzynaście lat.

Powiedziano mi, że poczuję niewielki ból, ale w rzeczywistości to było prawdziwe piekło. Po zabiegu położna polała ranę alkoholem – paliło żywym ogniem. Wiedziałam, że muszę przez to przejść. Wiedziałam, że nie uniknę tego zabiegu. To równie pewne, jak wyjście za mąż czy urodzenie dziecka. Ludzie mówią: „Małżeństwo jest jak obrzezanie, tylko lepsze" albo „Musisz zostać obrzezana, w przeciwnym razie nie będziesz mogła wyjść za mąż". A kiedy jesteśmy małymi dziewczynkami, niczego na świecie nie pragniemy bardziej niż małżeństwa.

Przed zabiegiem nie byłam przerażona. Starsze dziewczynki powiedziały, że to nie boli dużo bardziej niż ukłucie igłą. Nasze matki przestrzegały je: „Nie opowiadajcie o tym młodszym dziewczynkom. Nie mówcie im, że to bardzo boli, żeby się nie bały". Oczywiście kobiety doskonale wiedzą, o co w tym wszystkim chodzi, ale chcą dodać nam otuchy, a nie przestraszyć.

Kiedy przyszedł mój czas, było nas pięć: ja, moje dwie kuzynki ze strony ojca, *Banat Ami*, jeszcze jedna dziewczynka i jej kuzynka ze strony matki. To było po ramadanie. Woda w Nilu była czerwona. To była pora powodzi. Wtedy Nil jeszcze wylewał, nie tak jak dzisiaj.

Wieczorem w przeddzień zabiegu wykąpałyśmy się i położyłyśmy. Następnego ranka było bardzo upalnie. Moja matka powiedziała: „Wstawajcie, dziewczęta, i wykąpcie się w zimnej wodzie". Powiadają, że przed tym zabiegiem trzeba ochłodzić ciało. Wszystkie dziewczęta przyszły do naszego domu. Tymczasem kobiety przygotowały cytryny i cukier, żeby przyrządzić lemoniadę, którą miałyśmy dostać po zabiegu. Od tamtej pory nie cierpię lemoniady. Taki sam napój daje się pannie młodej po skonsumowaniu małżeństwa.

Tamtego ranka kobiety wzięły najstarszą dziewczynkę, rozłożyły dla niej na podłodze słomianą matę i nakryły ją kawałkiem tkaniny, żeby mata nie zaplamiła się krwią. Kobiety przytrzymywały dziewczynkę i zaczęły ją rozbierać. Byłam zdumiona. Nie sądziłam, że ktoś będzie nas przytrzymywał. Jedna z kobiet przytrzymywała prawą nogę dziewczyny, druga – lewą, a położna stanęła przed nią. Patrzyłyśmy na to, a jedna z nas powiedziała: „Co one z nią zrobią?" Wtedy kobiety kazały nam wyjść z pokoju. Zrobiło mi się słabo, drżałam na całym ciele. Nagle usłyszałam wrzask. Moja kuzynka zawodziła najgłośniej. Później do pokoju wprowadzono kolejną dziewczynkę, a po niej – następną. Wreszcie przyszła kolej na mnie. Kobiety zamknęły każdą z dziewcząt w osobnym pokoju, pozwalając jej płakać w samotności. Pytałyśmy, dlaczego one płaczą, a kobiety odpowiadały: „To nic takiego. Ta dziewczyna to mały tchórz. Po prostu się boi. Jest źle wychowana".

Kiedy przyszła moja kolej, powiedziałam im: „Słuchajcie, nie chcę, żeby ktoś mnie przytrzymywał". One odparły: „Dobrze, usiądź". Posłuchałam ich. Położna posypała tę rzecz [łechtaczkę] mąką, żeby nie wyślizgiwała jej się spomiędzy palców. Kiedy ją chwyciła, zaprotestowałam: „Co ty robisz, kobieto?" Odparła: „Nie chcesz wyjść za mąż?", i powiedziała pozostałym kobietom, żeby mnie przytrzymały. Płakałam i krzyczałam: „Co chcesz mi zrobić, suko? Czy powiedziałam, że chcę wyjść za mąż? Zostaw mnie w spokoju!" Użyła bardzo ostrej brzytwy. Było po wszystkim. Nie czułam bólu, dopóki nie polała rany alkoholem. Wtedy bardzo piekło.

Płakałam, a moja matka powiedziała: „Napij się lemoniady. To złagodzi piekący ból". Odparłam, dotykając swojej głowy: „Lemoniadę pije się tędy, co to ma wspólnego z tą raną tam, na dole?" Od tamtej pory nie znoszę lemoniady.

W południe kobiety chciały nas nakarmić. Ludzie mówili: „Nie dawajcie im mięsa, bo dostaną gorączki", więc dostałyśmy jajka i mleko. Wieczorem mogłyśmy już wstać i trochę chodzić. Każda z nas poszła do domu.

Położna kazała nam trzymać nogi rozchylone, żeby rana nie zarosła. Powiedziała, że gdyby tak się stało, musiałaby jeszcze raz otworzyć ranę brzytwą. Przeraziłyśmy się. Matka wkładała mi poduszkę między nogi, a moje kuzynki zostały w naszym domu.

Następnego dnia ta kobieta, położna, przyłożyła do rany bawełnę nasączoną oliwą. Trzeciego dnia wykąpałyśmy się w rzece. Byłyśmy zdrowe.

Położna, *Daja*, dała każdej z nas to, co nam odcięła. Powiedziała: „Weźcie to i noście przy sobie przez miesiąc". Miało nas to uchronić przed bezpłodnością, gdyby ktoś nieżyczliwy rzucił na nas zły urok. Matka zawinęła ten odcięty kawałek w skrawek materiału i przypięła do mojej sukni. Po miesiącu poszłam z kuzynkami nad rzekę i wrzuciłam to do wody.

Po obrzezaniu poczułam, że jestem już dorosła. Wiedziałam, że wkrótce wyjdę za mąż. Chodziłam do szóstej klasy. Byłam wysoka i silna. Pewnego dnia oświadczyłam: „Nie chcę już chodzić do szkoły. Wolę uczyć się szycia". Matka wysyłała mnie na praktyki do kilku szwaczek, ale każda z nich mówiła: „Sudo, zamieć podłogę, wyczyść to, zrób tamto". Wtedy moja matka postanowiła: „Do diabła z szyciem! Dlaczego one mają cię wykorzystywać. Zostań w domu. Dziewczęta z naszej rodziny nie pracują jako służące. Niedługo wyjdziesz za mąż".

Poznałam mojego narzeczonego przez jego matkę. Pewnego dnia przechodziłyśmy obok budynku spółdzielni rządowej i zobaczyłyśmy przed nim ludzi stojących, jak zwykle, w kolejce po jedzenie. Zapytałyśmy czekające przed spółdzielnią kobiety: „Co dzisiaj sprzedają?", a one odpowiedziały, że cukier, soczewicę albo coś w tym rodzaju. Powiedziałam więc do matki: „Ustawmy się w kolejce". Wtedy jeszcze nie pracowałam, więc miałam dużo wolnego czasu. Tego dnia w kolejce przed spółdzielnią stała też matka mojego narzeczonego. Był z nią jej najmłodszy syn, który miał wtedy sześć czy siedem lat. Zaczęłam się z nim przekomarzać: „Czarny chłopczyku, jesteś słodki jak cukier. Na Boga, wydam za ciebie moją córkę. Bądź aniołkiem – postój za mnie w kolejce i kup mi kilka worków soczewicy. Trochę czarnej soczewicy i trochę czerwonej". Rozmawialiśmy i żartowaliśmy.

Po chwili jego matka odwróciła się do mnie i zapytała: „Co chcesz kupić, złotko?" Odpowiedziałam: „Kilka worków soczewicy, babciu". Wtedy poleciła synkowi: „Ustaw się w kolejce, chłopcze, i kup trochę soczewicy dla swojej siostry. My usiądziemy na krawężniku i zaczekamy". Chłopiec zrobił to, o co go poprosiła.

Nie znałyśmy się, ale obie byłyśmy czarne, a ludzie o podobnym kolorze skóry przyciągają się wzajemnie. Od razu poczułyśmy do siebie sympatię. Matka Salaha powiedziała: „Śliczna jesteś, złotko. Masz miłe usposobienie i jesteś radosna. Czy to twoja matka?" Odparłam, że tak. Wtedy ona powiedziała: „Mieszkamy niedaleko stąd, tuż za spółdzielnią. Odwiedźcie nas któregoś dnia". Podziękowałam jej za zaproszenie. Wzięłyśmy soczewicę i każda z nas poszła w swoją stronę.

Innym razem spotkałam ją na targu. Powiedziała: „Witaj, dzielna dziewczyno, jak się miewasz?" Odparłam, że wszystko u mnie w porządku, i zapytałam o jej synka. Powiedziała, że chłopiec czuje się dobrze. Potem dodała: „Mam dwie córki. Chodź, poznasz je, będziecie mogły razem wychodzić. Moje córki są bardzo towarzyskie". Odparłam: „Bardzo chętnie, jeśli Bóg pozwoli". Powiedziała: „Mój synek ma urodziny dwudziestego dziewiątego stycznia. Przyjdź do nas na jego przyjęcie urodzinowe". Przyjęłam zaproszenie i powiedziałam jej, gdzie mieszkam. Byłoby mi niezręcznie pójść samej do ich domu, więc ona zaproponowała, że przyśle po mnie swoje córki. A potem dodała: „Albo jeszcze lepiej – może teraz wejdziesz ze mną na górę? Mieszkamy na piątym piętrze". Powiedziałam, że nie mogę. Bałam się z nią pójść. Właściwie wcale jej nie znałam. Trzeba być ostrożnym. Wtedy powiedziała synkowi, żeby zawołał swoje siostry, a on pobiegł na górę. Zbliżał się zmierzch. Po jakimś czasie jedna z dziewcząt zeszła na dół, a ja zabrałam ją do naszego domu. Nie chciałam iść do nich pierwsza.

Dobrze poznałam tę dziewczynę. Po paru miesiącach zostałyśmy przyjaciółkami. Pewnego dnia powiedziałam: „Dzisiaj robię na obiad klopsiki", a ona zaproponowała: „Przyjdę i pomogę ci". Powiedziałam, że będzie mi bardzo miło. Często mnie odwiedzała, aż pewnego dnia zaprosiła mnie na przyjęcie urodzinowe swojego brata. Poprosiłam: „Przyjdź po mnie, bo nie znam waszego domu". Nie chciałam iść tam sama. Ustaliłyśmy więc, że pójdziemy razem. To była moja pierwsza wizyta w ich domu. Czułam się nieswojo – nikogo tam nie znałam. Pytałam, kim są osoby obecne na przyjęciu, aż wreszcie wszyscy się poznaliśmy.

Później często bywaliśmy u siebie i zaczęliśmy uważnie się sobie przyglądać. W tym czasie nie było jeszcze mowy o małżeństwie. Salah, mój obecny narzeczony, był wtedy w wojsku, ale jego starszy brat zakończył już służbę wojskową i wrócił do domu.

Nie jestem zbyt rozmowna w kontaktach z mężczyznami. Jestem bezpośrednia, ale powściągliwa. Brat Salaha próbował wciągać mnie w rozmowy. Opierałam się. Myślałam: „Niby dlaczego on miałby być lepszy od innych mężczyzn?"

Później brat Salaha bardzo mnie polubił i kiedy ich odwiedzałam, zawsze tam był, a wieczorem odprowadzał mnie do domu. Miał w sobie coś z playboya – lubił dużo gadać i żartować. Mówił: „Co ci szkodzi umówić się ze mną?", a ja odpowiadałam: „Przykro mi, nie jestem dziewczyną dla ciebie. Nie jestem typem dziewczyny, która umawia się z chłopakami. Znajdź sobie kogoś innego". Podobnie było z młodszym bratem Salaha. Mówił: „Dlaczego idziesz tak daleko ode mnie? Podejdź bliżej. Przecież cię nie zjem".

Złościłam się i odpowiadałam: „O co ci chodzi? Zaproponowałeś, że mnie odprowadzisz. To wszystko. Nie musisz iść tuż obok mnie".

Pewnego wieczoru, kiedy wychodziliśmy z ich domu, młodszy brat Salaha próbował chwycić mnie za rękę. Krzyknęłam: „Oby cię Bóg pokarał, wstrętny zwierzaku. Czy jesteś dzieckiem, żeby zachowywać się w ten sposób? Zejdź mi z oczu". To byłby wstyd, gdybym szła z nim za rękę. Nauczono mnie, że nie wolno robić takich rzeczy. Gdybym ustąpiła, zyskałabym opinię łatwej, a to zmniejszyłoby moje szanse na dobre małżeństwo. Nieustannie miałam się na baczności, tak jak powinna to robić każda dziewczyna.

Młodszy brat Salaha wkrótce przestał odprowadzać mnie do domu. Myślę jednak, że powiedział innym: „Suda to najporządniejsza z dziewcząt, jakie kiedykolwiek weszły do naszego domu". Ale drugi brat był na mnie zły i powtarzał: „Ta dziewczyna jest źle wychowana i zawsze ma w zanadrzu jakieś obraźliwe słowo". Wtedy jedna z jego sióstr pytała: „Źle wychowana? A może po prostu próbowałeś ją obmacywać, a ona się nie zgodziła?" On na to: „To niedobra dziewczyna. Jest gotowa obrazić człowieka na oczach innych!" Pewnego dnia powiedział to przy mnie, a ja odparłam: „Gdybym chciała kogoś mieć, na pewno nie wybrałabym takiego gnojka jak ty!" To rozwiązało problem – brat Salaha zostawił mnie w spokoju.

Po powrocie z wojska Salah usłyszał o mnie od swojej rodziny. Kiedy się poznaliśmy, opowiedziałam mu o zachowaniu jego braci. Każda dziewczyna powinna ujawnić narzeczonemu swoją przeszłość, żeby później, jeśli ktoś go zapyta: „Słyszałeś, że twoja narzeczona umawiała się przedtem z innym mężczyzną?", mógł odpowiedzieć: „Tak, wiem o tym". Opowiedziałam mu więc o mężczyźnie, w którym się kiedyś zakochałam. Powiedziałam: „Kochałam go. Później okazało się, że jest żonaty, a ja odrzuciłam go z takiego i takiego powodu".

Kiedy Salah zaczął się do mnie zalecać, jego ojciec był bardzo niezadowolony. Rodzice chcieli, żeby ożenił się z jedną ze swoich szwagierek. Odmówił. Powiedział im: „Kocham tę dziewczynę" (miał na myśli mnie), i dodał: „Ożenię się z nią i z żadną inną". To poróżniło go z ojcem, który zagroził: „Nie pójdę z tobą prosić o jej rękę". Salah odparł: „O nic cię nie proszę. Nie chcę od ciebie ani grosza". W ten sposób wypowiedzieli sobie wojnę. Z mojego powodu nie rozmawiali ze sobą przez jakieś trzy miesiące.

Po pewnym czasie powiedziałam Salahowi: „Tak nie może być. Sama porozmawiam z twoim ojcem". W tym czasie byliśmy już formalnie mężem i żoną, ale nasze małżeństwo nie zostało jeszcze skonsumowane. Nadal mieszkałam w domu rodzinnym.

Kiedy rozpoczął się kolejny ramadan, powiedziałam: „To okres świąteczny. Konflikt między tobą a twoim ojcem to grzech i wstyd. Musimy wyjaśnić wszystkie nieporozumienia przed nadejściem święta". Poszliśmy więc do jego ojca, a on nas przywitał. Chyba zrozumiał, że zawinił. Powiedziałam: „Czy jest pan zły, ponieważ nie życzy pan sobie, żebym wyszła za mąż za pańskiego syna? Jeśli tak, to nie muszę za niego wychodzić". Zaraz jednak dodałam: „Ale myślę, że każdy mężczyzna sam wybiera kobietę, z którą pragnie żyć, i to nie powinno pana gniewać". Ojciec Salaha odparł: „Nie, moje dziecko, nie jestem zły. Boję się tylko, że Salah wpędzi mnie w kłopoty, bo dopiero co wyszedł z wojska i nie ma pieniędzy". Wtedy Salah powiedział: „Nie, ojcze, nie wpędzę cię w kłopoty. Mam trochę własnych pieniędzy, więc nie będę cię o nic prosił". A ja dodałam: „Nie chciałabym mieć mężczyzny, który musiałby prosić swojego ojca o pieniądze na ślub. Jeśli dzisiaj da mu pan pieniądze, kto będzie go utrzymywał jutro? Gdybym nie była pewna, że ten człowiek potrafi o mnie zadbać, nie wyszłabym za niego za mąż".

W ten sposób problem został rozwiązany. Odtąd żyję z teściami w zgodzie. Nawet moi szwagrowie okazali skruchę. Teraz mówią: „Tylko cię sprawdzaliśmy, żeby zobaczyć, co zrobisz". Może to i prawda. Ponieważ byłam przyjaciółką ich sióstr, musieli mieć pewność, że jestem przyzwoitą dziewczyną. Brat powinien chronić swoje siostry przed złymi wpływami. A jednak nawet teraz nigdy nie chodzę do ich domu bez Salaha. Pod tym względem mój narzeczony jest bardzo ostrożny. Mówi: „Jeśli będziesz chciała odwiedzić moją rodzinę, zabiorę cię do swojego domu. Nie chodź tam sama, kiedy mnie nie będzie". Taki już jest. Ma rację. Najlepiej unikać problemów.

Kiedy Salah postanowił, że chce się ze mną ożenić, najpierw wysłał swoją matkę, żeby ze mną porozmawiała. Przyszła do nas dwa lub trzy razy. Nie przyjęliśmy propozycji od razu. Chcieliśmy, żeby trochę się nachodziła, zanim damy jej odpowiedź.

Za pierwszym razem powiedziała: „Sudo, zauważyłam, że Salah cię kocha i chce się z tobą ożenić". Zapytałam: „Kto ci to powiedział? On cię przysłał, czy też przyszłaś do mnie z własnej inicjatywy?" Odparła: „On mi powiedział. Zgodziłam się i rozmawialiśmy o tym wczoraj. Chciał, żebym przyszła i zapytała cię o zdanie. Powiedział: «Matko, nadal nie wiem, co Suda o tym myśli», więc przyszłam, żeby porozmawiać z tobą w jego imieniu". To prawda – nie ujawniłam Salahowi swoich uczuć, kiedy zaczął się do mnie zalecać. Powiedziałam tylko: „Najpierw powinna ze mną porozmawiać twoja matka. Musi okazać nam swoją przychylność, zanim będziemy mogli rozważyć małżeństwo. Dopiero wtedy odpowiem: «Tak» lub «Nie»". To bardzo ważne, aby żyć w zgodzie z teściową. W przeciwnym razie ta kobieta może bardzo uprzykrzyć dziewczynie życie.

Jego matka powiedziała: „Wczoraj mój syn wyznał mi, czego pragnie, a potem dodał: «Suda jest dojrzałą kobietą i ma swoje zdanie. Może nie będzie chciała związać się z kimś, kto dopiero zaczyna i nie będzie w stanie dać jej wszystkiego, czego ona zapragnie». Ale to dobry chłopak. Słucha tego, co inni mają do powiedzenia, a jeśli dasz mu trochę czasu, z pewnością dobrze na tym wyjdziesz".

Przed tym wszystkim, a nawet jeszcze przed naszymi zaręczynami, Salah przychodził do mnie i mówił: „Sudo, przechowaj moją pensję. Kiedy będę czegoś potrzebował, przyjdę i poproszę cię o pieniądze". Od samego początku było między nami zrozumienie i dobra wola. Czasami przychodził do mnie i prosił: „Chcę sobie kupić parę spodni. Chodź i pomóż mi wybrać". Robiłam, o co mnie prosił, a wtedy on mówił: „Zdumiewające! Właśnie takie mi się podobają. Mamy podobny gust". Nie wiem, czy mówił to tylko po to, żeby sprawić mi przyjemność. Kiedy wybieram coś dla innej osoby, staram się trafić w jej gust. Salah musi dbać o swój wizerunek, a ja zawsze wybierałam dla niego coś odpowiedniego. Niektórzy mężczyźni wcale o to nie dbają. Wychodzą z domu w czerwonych spodniach i zielonej koszuli. Wyglądają niepoważnie.

Chodzimy razem po zakupy. Moi domownicy wiedzą wtedy, że jestem z nim. Poza tym nasze rodziny już złożyły sobie wizyty. Jednak przed zaręczynami mówiłam: „Słuchaj, Salah, dla zachowania pozorów w sąsiedztwie zaczekaj na mnie na przystanku autobusowym. Tam się spotkamy". Chodziliśmy więc, dokąd chciał, i kupowaliśmy to, czego potrzebował. W ten sposób poznaliśmy się lepiej.

Pewnego dnia powiedział: „Sudo, chciałbym kupić siostrze prezent". Zapytałam: „Co chciałbyś kupić? To jej urodziny czy jakaś specjalna okazja?", a on odparł: „Nie, nic specjalnego". Wtedy domyśliłam się, że tak naprawdę chce kupić prezent mnie, a siostra to tylko wymówka. Powiedziałam więc: „Słuchaj, nie okłamuj mnie. Nie lubię kłamstw", a on się przyznał. Powiedział: „Tak naprawdę chciałbym podarować coś tobie. Tyle dla mnie zrobiłaś. Chciałbym ci coś kupić". Ja na to: „Bardzo dziękuję, kiedy będę czegoś potrzebowała, powiem ci". Nie chciałam niczego od niego przyjąć. Nie chciałam mieć wobec niego żadnych zobowiązań. Powiedziałam więc: „Prezenty będą później, we właściwym czasie".

Kiedy jego matka przyszła ze mną porozmawiać, powiedziałam jej: „Salah jest bardzo miły. To dobry człowiek, a ponieważ jest twoim synem, z pewnością jest także szczery i uczciwy". Odparła: „Skoro tak, to nie zawstydzaj mnie i mojego syna odmową. Salah bardzo cię lubi". Przytaknęłam ze słowami: „Niech Bóg wskaże nam właściwą drogę. Powiem o tym moim krewnym, a później ty możesz z nimi porozmawiać".

Kiedy poruszyłam ten temat z moim wujkiem, powiedział: „Oczywiście, dlaczego nie? Znam go, jest w porządku". Wtedy poszłam do jego matki i powiedziałam: „Możesz już porozmawiać z moją rodziną". Przyszła więc. Pomyśleliśmy, że byłoby dobrze zebrać dzieci z obu rodzin i zapytać je, co myślą o naszym małżeństwie, jaka powinna być wysokość *mahr* (daru ślubnego)* i jaki prezent zaręczynowy wydaje się najbardziej stosowny. Rodzina musi żyć razem, dlatego wszyscy jej członkowie powinni uczestniczyć w podejmowaniu ważnych decyzji. Kiedy się zebraliśmy, mój wujek powiedział: „Salah dopiero zaczyna dorosłe życie i musi stanąć na własnych nogach, zanim będziemy mogli czegoś od niego zażądać. Kiedy będzie w stanie coś ofiarować, nic nie będzie stało na przeszkodzie jego związkowi z Sudą. Ponieważ jednak ci dwoje się kochają, pozwólmy im zawrzeć małżeństwo bez żadnych zobowiązań". Ponieważ nikt nie zgłosił sprzeciwu, ustalono, że pobierzemy się w kolejnym tygodniu, ale będziemy musieli zaczekać ze skonsumowaniem małżeństwa.

Salah odczekał tydzień, a potem zabrał mnie i kupił mi delikatny błękitny szyfon na długą suknię i parę sandałków. Wszyscy chcieli, żebym kupiła srebrzystobiałe sandałki, ale ja powiedziałam „nie" i kupiłam jasnobłękitne, w kolorze

---

* *Mahr* – w kulturach arabskich tradycyjny dar ślubny ofiarowywany kobiecie przez przyszłego małżonka i stanowiący dla niej zabezpieczenie na wypadek rozwodu. Wysokość mahru na ogół zostaje uzgodniona przez obie rodziny i określona w kontrakcie małżeńskim. W niektórych źródłach anglojęzycznych (także w oryginalnej wersji tej książki) dar ślubny nazywa się – niezbyt szczęśliwie – „ceną za narzeczoną" (*bride price*; przyp. tłum.).

zewnętrznych liści kapusty. Wybrałam buty, które będę mogła nosić także po ślubie. Później kupiliśmy dla mnie parę kolczyków oraz materiał na sukienkę i parę butów na ucztę weselną. Ta tkanina to wysokogatunkowy dżersej, po trzy i pół funta za metr. Teraz Salah czeka, aż wyznaczę datę ślubu.

Ze skonsumowaniem małżeństwa zaczekamy jakiś rok. Wspólnie ustalimy datę. Nie mamy siedmiuset czy ośmiuset funtów niezbędnych do rozpoczęcia wspólnego życia. Potrzebujemy przynajmniej trzystu funtów na kaucję za mieszkanie w tej okolicy. *Mahr* to kolejnych trzysta funtów. Mój wujek kupi za tę kwotę meble do dwóch pokojów w naszym nowym mieszkaniu. Rodzina podaruje nam trochę pieniędzy na inne niezbędne sprzęty, a Salah postara się odłożyć z pensji jak największą sumę na dobry początek wspólnego życia. Ja będę pracować jeszcze przez rok. Muszę zarobić na pralkę.

Przestanę pracować, kiedy zostanę mężatką i zamieszkam z mężem. Nie mogłabym prowadzić domu i pracować. Teraz chodzę do pracy, wracam do domu, jem i śpię. W domu piorę tylko swoje ubrania – nie robię nic więcej. Kiedy wyjdę za mąż, będę musiała poświęcić domowi całą swoją uwagę.

„Oto moja historia,
którą opowiedziałam
wraz z chwilami smutku i łez,
niczego nie dodając
ani nie ujmując".

Dunia

Urodziłam się w El-Hussanijja – jednej ze starych dzielnic Kairu, położonej między dzielnicami Sajedna el-Hussajn i Abbasijja. Mam młodszego o dwa lata brata o imieniu Jehja i starszą siostrę Lollę.

Przeprowadziliśmy się z El-Hussanijja do Bulak, kiedy byłam jeszcze mała, ale już wtedy sporo wiedziałam o świecie. Tak to już jest z nami, ludźmi. Przychodzimy na świat z określonym potencjałem mądrości – zdolność do rozumienia świata tkwi w nas od samego początku i nie wzrasta z czasem. Powiadamy, że Bóg daje każdemu człowiekowi głębię ducha i otwartość umysłu wedle jego indywidualnej natury i cech charakteru.

Kiedy przenieśliśmy się do Bulak, moja obecna macocha, Umm Fuad, już tam mieszkała. Żyła szczęśliwie ze swoim mężem i była dla nas bardzo dobra.

Byliśmy dziećmi i większość czasu spędzaliśmy na ulicy, bawiąc się beztrosko. Bawiłam się tam z Ezzem, moim obecnym (i drugim) mężem, z jego siostrami i z moją siostrą Lollą. Wszyscy mieszkaliśmy w tym samym domu. Matka Ezza urodziła go w tym domu latem 1950 roku, a ja przyszłam na świat trzy dni później, w dzielnicy El-Hussanijja. Byliśmy rówieśnikami i dorastaliśmy razem. Nazywałam jego ojca wujem, a jego matkę – żoną wuja.

Kiedy między naszymi rodzinami dochodziło do nieporozumień, moja matka mówiła: „Dzieci, idźcie się pobawić". Uważała, że nie powinniśmy uczestniczyć w kłótniach i waśniach rodzinnych. W tamtych dziecięcych latach Ezzo i ja byliśmy sobie bardzo bliscy i wszystkim się ze sobą dzieliliśmy. Ja dawałam mu to, co miałam – na przykład kanapkę. On też oddawał mi wszystko, co miał.

Kiedy Ezzo poszedł do szkoły, przynosił do domu słodką kaszę pszenną, którą tam dostawał. Zaszywaliśmy się w jakimś cichym kącie, z dala od innych dzieci, i jedliśmy ją razem. Byliśmy ze sobą bardzo związani, a on wolał spać u nas niż ze swoją rodziną. Ponieważ mieszkaliśmy w tym samym domu, na jednym piętrze – po dwóch stronach korytarza – było to bardzo łatwe. Jego rodzina nadal mieszka w tym domu.

Kiedy podrośliśmy, mój ojciec oznajmił: „Dunia poślubi Ezza, a Lolla wyjdzie za mąż za Fuada". W tamtym czasie zaczęliśmy lepiej rozumieć życie, jak to się zwykle dzieje, kiedy człowiek dorasta. Jednak los już niedługo miał nas rozdzielić, a mnie pisane było poślubić innego mężczyznę, zanim w 1974 roku zostałam żoną Ezza.

Kuzyn mojego ojca zmarł, kiedy byliśmy jeszcze mali. Zostawił po sobie czworo dzieci – dwóch chłopców: Fuada i Ezz el-Dina, którego nazywaliśmy Ezzem, oraz dwie dziewczynki: Alijję i Soheir. W mojej rodzinie było troje dzieci, więc w sumie było nas siedmioro.

Umm Fuad zaczęła pracować jako pokojówka w domu pewnych cudzoziemców w Heliopolis*, żeby utrzymać swoich czworo dzieci. Mojemu ojcu żal było tej kobiety, która nigdy wcześniej ani nie pracowała, ani nawet nie doświadczyła ścisku i tłoku panującego w miejskich autobusach. Nie mówiąc o tym mojej matce, postanowił ożenić się z Umm Fuad i w ten sposób wziąć na siebie odpowiedzialność za utrzymanie drugiej rodziny.

Pewnego dnia ojciec zabrał wszystkie dzieci – całą naszą siódemkę – do Ataby, żeby, jak co roku, kupić nam sandały na lato. Umm Fuad pojechała z nim. W pewnym momencie ojciec i Umm Fuad zostawili nas w sklepie. Polecili nam na siebie zaczekać i wyjaśnili, że mają coś do załatwienia w okolicy. Tak naprawdę poszli wziąć ślub. Kiedy wrócili, wyglądali na bardzo zadowolonych. Dopiero później zrozumiałam, co się wtedy wydarzyło.

Mój ojciec już wcześniej bił matkę, a w tamtym okresie stał się wobec niej szczególnie agresywny. Jak się wydaje, stało się to za przyczyną Umm Fuad, która często lamentowała i skarżyła się na moją matkę. Mówiła: „Umm Jehja zrobiła mi to czy tamto", a ojciec wierzył jej i bił moją matkę. Moja matka bardzo cierpiała, ponieważ chorowała na chorobę reumatyczną serca i chociaż wyglądała na zdrową i silną, w rzeczywistości wcale taka nie była.

Ludzie z pokolenia moich rodziców jadali lepiej niż my, bo za ich czasów jedzenie kosztowało grosze i było go w bród. Dlatego choroby nie ujawniały się u nich tak szybko i wyraźnie jak dzisiaj, kiedy jedzenie jest dużo droższe i trzeba jeść bardziej oszczędnie. Tak więc moja matka cierpiała, a kiedy mężczyzna ma więcej niż jedną żonę, jego kobiety zawsze rywalizują o czas i uwagę męża, a każda z nich pragnie, żeby sypiał z nią częściej niż z drugą żoną.

Kiedy stało się jasne, że problemy między moją matką a Umm Fuad nie znikną, ludzie poradzili ojcu: „Najlepiej będzie, jeśli je rozdzielisz. Wtedy będziesz mógł sprawiedliwie dzielić swój czas między obie żony. Będziesz nocował na przemian w jednym i w drugim domu". Wtedy ojciec znalazł dla nas

---

* Heliopolis – „miasto słońca", prastare miasto w starożytnym Egipcie, ważny ośrodek religijny, centrum kultu boga Re. Współcześnie – dzielnica Kairu nosząca nazwę Materija (przyp. tłum.).

dom w Embabie – popularnej dzielnicy Kairu (podobnie jak Bulak) – i wprowadziliśmy się do niego. Miałam wówczas jakieś osiem lat, a Ezzo był w drugiej klasie.

Przed śmiercią jego ojca często bawiliśmy się razem na ulicy, a ponieważ byliśmy dziećmi, nie mieliśmy pojęcia, czym jest śmierć i cierpienie. Po dziś dzień, kiedy ktoś umiera albo cierpi, myślę sobie, patrząc na bawiące się dzieci: „Kiedyś bawiliśmy się beztrosko na ulicy, tak jak one. Tylko dorośli odczuwają smutek i wiedzą, czym jest śmierć, czym jest życie i co oznacza towarzyszenie komuś w niedoli".

Tak więc mój ojciec rozdzielił swoje dwie żony i wynajął dla naszej rodziny dom, w którym były dwa pokoje – jeden na piętrze, a drugi na parterze. Ojciec bardzo lubi rośliny, więc założył mały ogródek w blaszanych puszkach. Przyniosłam ziemię z drugiego brzegu rzeki w dzielnicy Zamalek, a on dostał od kogoś sadzonki i zasadził w pojemnikach bazylię i kaktusy. Możesz mieszkać choćby w kurniku, ale jeśli będziesz o niego dbać, to twój dom będzie ładny i przytulny.

Podzieliliśmy się obowiązkami domowymi. Ja przynosiłam wodę (w naszym domu nie było bieżącej wody), troszczyłam się o rośliny i robiłam zakupy. Nie, to matka robiła zakupy, a ja przynosiłam czystą wodę i wylewałam brudną po praniu, które należało do obowiązków Lolli. Brałyśmy wodę od sąsiadów, którzy mieli w domu kran, kiedy jednak trzeba było wyprać dywaniki, robiłam to w rzece. Gdy zapraszaliśmy kogoś na obiad lub kolację, po wyjściu gości szorowałam w rzece garnki i patelnie i polerowałam je do połysku. Byłam w tym dobra.

Kiedy rośliny urosły, nadały naszemu domowi wyjątkowy charakter. Najbardziej lubiłam bazylię. Pod koniec dnia rozgniatałam między palcami jej liście, żeby uwolnić intensywną woń. Ścierałam kurz z liści i spryskiwałam je wodą, żeby były zielone i zdrowe. Nauczyłam się tego od ojca. Każdy człowiek na tym świecie robi to, czego go nauczono.

Kiedy przenieśliśmy się do tego domu, mój ojciec powiedział: „Zrobię tutaj coś nowego". Zobaczył, że dom jest przycupnięty nisko nad ziemią, i obawiał się, iż możemy paść ofiarą złodziei. Piętro było tak naprawdę parterem, a parter znajdował się pod ziemią i schodziło się do niego po schodach. Gotowaliśmy w dolnym pokoju, który wykorzystywaliśmy także jako schowek i spiżarnię. Spaliśmy na dywaniku na piętrze. Widząc, jak wygląda dom, mój ojciec powiedział: „Rośliny stworzą coś w rodzaju muru odstraszającego złodziei. Będą jednocześnie ozdobą i osłoną". Za każdym razem, kiedy udało nam się zdobyć nową puszkę albo wiaderko, przesadzaliśmy rośliny i w ten sposób wznosiliśmy wokół siebie zielony mur. Nad pokojem na piętrze zasadziliśmy pnącze, które miało zapewniać nam cień, gdyż pokój ten nie był zwieńczony dachem, lecz otwarty na niebo. Napełniałam wiadra wodą, kiedy moja siostra prała, ale nie chciałam, żeby ktoś mi mówił, co mam robić. Byłam uparta i lubiłam robić wszystko po swojemu.

Mój ojciec miał gwałtowny charakter i kiedy siedzieliśmy przed nim, zawsze czuliśmy się nieswojo. Nadal taki jest, a ja nawet dzisiaj nie ośmieliłabym się mu pokazać z odkrytymi ramionami czy z umalowaną twarzą albo mając na sobie cokolwiek innego niż tradycyjny strój egipskiej kobiety. Postępujemy w sposób, do jakiego nawykliśmy. Pełen dezaprobaty wzrok mojego ojca wywołuje u mnie dreszcz strachu. Jest bardzo surowy i konserwatywny. Kiedy my, dziewczynki, zapytałyśmy go, czy mogłybyśmy pójść do szkoły, odmówił, gdyż – jak twierdził – dziewczęta, które chodzą do szkoły, nie potrafią zajmować się domem i zwracają na siebie uwagę mężczyzn w szkole i na ulicy. Mój brat Jehja oraz Fuad i Ezzo chodzili do szkoły.

Mój ojciec pochodzi z Górnego Egiptu, z wioski o nazwie Sohag. Jest człowiekiem bogobojnym i nauczył nas odróżniać dobro od zła. Ostrzegał nas, że jeśli będziemy nieuczciwe lub niedbałe, pójdziemy do piekła. Wierzył, że ci, którzy nie kłamią i postępują uczciwie, cieszą się miłością Boga oraz innych ludzi. Nawet skały są im przychylne. Mój ojciec ma około sześćdziesięciu lat, a moja matka – pięćdziesiąt. Urodziła się i wychowała w El-Hussanijja.

Kiedy przenieśliśmy się do Embaby, w te wieczory, które ojciec spędzał poza domem, pytałam o niego matkę. Wszystkie dzieci pytają o swoich ojców, kiedy ci nie przychodzą wieczorem do domu. Matka odpowiadała: „Ojciec spędzi tę noc w pracy". Dopiero kuzynka otworzyła mi oczy: „Twój ojciec? Ożenił się z Umm Fuad i sypia u niej". Kiedy w końcu zapytałam o to matkę, potwierdziła i dodała, że o takich sprawach decyduje szczęście i przeznaczenie".

Mojej matce nie podobał się pomysł małżeństwa Lolli z Fuadem – pewnie dlatego, że wiedziała, iż nie chce tego sama Lolla. Ezzo i ja, kiedy dorośliśmy, często wychodziliśmy razem, a matka wydawała się nie mieć nic przeciwko temu.

Nie wychodziliśmy razem w takim sensie, w jakim robią to narzeczeni, kiedy wystrojeni idą do eleganckiego lokalu. Nie. Ezzo przychodził do nas i pytał: „Może pójdziesz ze mną kupić trochę nasion słonecznika do pogryzania?" Wtedy prosiłam: „Mamo, czy możemy wyjść i kupić trochę nasion słonecznika?", a ona odpowiadała: „Dobrze, idźcie". Narzucałam na domową sukienkę *milaja* lub okrywałam głowę *tarha** i wychodziliśmy. Kiedy robiło się ciepło, czasami szliśmy brzegiem po prażoną kukurydzę, trochę spacerowaliśmy, a później wracaliśmy do domu. Wszyscy wiedzieli, że lubię Ezza, a on lubi mnie.

Pewnego dnia do mojego ojca przyszedł nasz kuzyn ze strony matki, żeby poprosić o rękę Lolli. Ojciec odmówił. Ponieważ jednak jest bardzo sprytny, nie powiedział o tym Lolli, lecz postanowił wybadać grunt, a potem narzucić jej

---

* *Milaja* – element tradycyjnego stroju egipskiej kobiety, duża, czarna chusta narzucana na codzienną odzież i noszona poza domem; *tarha* – tradycyjne nakrycie głowy, zasłaniające jedynie włosy (przyp. tłum.).

swoją wolę. Pewnego dnia zawołał ją i powiedział: „Twój kuzyn chce się z tobą ożenić. O twoją rękę stara się też inny kuzyn i Fuad. Którego z nich byś wolała?"

Lolla skłaniała się ku swemu kuzynowi ze strony matki. Jego rodzina była zamożna, a wuj odbył kilka pielgrzymek do Mekki. Miał wytwórnię piecyków typu prymus i zezwolenie na eksportowanie ich do Syrii i Libanu.

Lolla była śliczna. Jest dość niska, ale miała wtedy ładną figurę. Wszyscy nazywali ją *el-batta*, co znaczy „kaczka" i wskazuje na miłą dla oka krągłość kształtów. Na mnie natomiast mówiono *dakkar* – „chłopak" – ponieważ byłam bardzo wysoka i miałam małe piersi.

Tak więc ojciec zapytał Lollę, kogo chciałaby poślubić, a ona – choć najpierw odparła, że w ogóle nie chce wychodzić za mąż – po chwili zastanowienia powiedziała: „Prawdę mówiąc, ojcze, wolałabym Walida, swojego kuzyna ze strony matki". Ojciec powtórzył: „Wolałabyś Walida, swojego kuzyna ze strony matki?", a później zaczął ją bić. Chciał zmusić ją do uległości i znając już jej zdanie, pokazać jej, kto tu rządzi.

Moja matka była przy tym, ale ona nigdy nie potrafiła przeciwstawić się ojcu. Kiedy jej ubliżał, kuliła się ze strachu, a gdy ją bił, przyjmowała jego ciosy bez słowa skargi. Nie mogła więc pomóc Lolli. Zamiast tego pobiegła po pomoc do sąsiadki.

Każdy z nas ma wokół siebie zarówno ludzi życzliwych, jak i takich, którzy życzą mu jak najgorzej. Sąsiadka, do której pobiegła moja matka, była kobietą dobrą i nastawioną do nas przyjaźnie. Działo się to latem, więc sąsiadka miała na sobie tylko domową sukienkę. W pośpiechu narzuciła na siebie coś, co wzięła za *milaja*, lecz co w rzeczywistości było zwykłym prześcieradłem. W takim stroju stanęła wraz z moją matką w progu naszego domu. Ojciec krzyczał: „Ona poślubi Fuada, choćby miała to zrobić ze stopami związanymi nad głową". Chciał przez to powiedzieć, że Lolla spełni jego wolę i nie będzie mogła wykonać najmniejszego ruchu, niczym skrępowane zwierzę niesione na rzeź. W końcu Lolla – całkowicie pokonana – powiedziała: „Dobrze, ojcze. Wyjdę za Fuada. Wszystko mi jedno".

Lolla zaręczyła się, a kuzyn przyszedł złożyć jej życzenia. Przyniósł jej ciastka i cukierki. Płakał, bo sam chciał zostać jej mężem. Oczywiście wszyscy zebrani wiedzieli, że Lolla wolałaby tego kuzyna i że chociaż nie było między nimi miłości, czuli do siebie wzajemną sympatię. Po chwili Walid otarł łzy i wyszedł, a Lolla wkrótce o nim zapomniała i rozpoczęły się przygotowania do ślubu.

Jednak ich narzeczeństwo trwało aż pięć lat, ponieważ zarobki Fuada, który pracował dorywczo jako robotnik, były zbyt niskie i nieregularne. Po całym tym zamieszaniu rodzina przez długi czas trzymała Lollę w zawieszeniu, aż w końcu Fuad zgromadził wystarczająco dużo pieniędzy, żeby założyć własny dom. W tym czasie kupowaliśmy Lolli a to sukienkę, a to koszulę, a to bieliznę, porcelanę i inne niezbędne przedmioty, aż wreszcie wyszła za mąż.

Pewnego dnia poszłam na duży targ warzywny w Rod el-Farag, żeby kupić owoce mango. Powiedziałam sprzedawcy, że cena jest za wysoka, a on mnie obraził. Odparłam: „Niech Bóg ci wybaczy", a on odpowiedział bardzo niegrzecznie. Wtedy zapomniałam o dobrych manierach i przestałam udawać potulną. Krzyknęłam: „Za kogo się masz, draniu? Ty kanalio, ty tchórzu!" Wzięłam swoje mango i wsiadłam na furmankę. Te furmanki przejeżdżają przez most w Embabie, więc mogłam wysiąść blisko domu. Pewien młody człowiek, który był wtedy na targu, widział całe zajście, a potem jechał za mną do samego domu.

Na ulicy spotkałam znajomą, która kiedyś przybiegła na ratunek Lolli. Zapytała mnie, gdzie byłam, a kiedy jej powiedziałam, spytała: „I co, dałaś się oszukać?" Ja na to: „Czy dałam się oszukać? Ależ skąd, znasz mnie, jestem Dunia!" Zawsze byłam pewna siebie. Sąsiadka roześmiała się, a ja poszłam do domu.

Wygląda na to, że ten młody mężczyzna zapytał ją, kim jestem, a ona okłamała go, że jestem córką jej siostry, i spytała, czy coś mu zrobiłam albo powiedziałam. Odparł, że nie, i dodał, iż chce się ze mną ożenić. Powiedziała mu więc, że mojego ojca można zastać w domu we wtorki, i poradziła mu, aby przyszedł i z nim porozmawiał. On jednak wolał najpierw spotkać się z moją matką. Pewnego dnia zjawił się w progu naszego domu. Powiedział mojej matce: „Chciałbym się ożenić z tą młodą damą". Matka odparła: „Młodą damą? Mój chłopcze, to będzie prawdziwa katastrofa!", lecz on odpowiedział: „Wiem o niej wszystko i znam jej cięty język". Wtedy matka zapytała: „Jak ją poznałeś?", a on opowiedział jej o zajściu na targu warzywnym i dodał, że podobają mu się dziewczyny z ikrą.

Miał na imię Omar i studiował na Uniwersytecie Kairskim. Jego ojciec był właścicielem dużej hurtowni. Moja matka powiedziała mu: „Synu, ta dziewczyna nie jest dla ciebie. Nie umie czytać ani pisać i nie potrafi odróżnić litery *alif* od kolby kukurydzy". Młody człowiek odparł: „Droga pani, wiem o tym, ale i tak chcę się z nią ożenić".

Jednak moja matka nie przyjęła jego oświadczyn. Ojciec również je odrzucił, mówiąc, że popełniłabym wielki błąd, gdybym wyszła za mąż za syna bogatego człowieka, ponieważ już nigdy nie czułabym się na swoim miejscu. Ojciec dodał: „I nie myśl sobie, że jesteś wyjątkowa tylko dlatego, że masz cięty język. Każdy człowiek umie mówić, a i zwierzęta, gdyby Bóg dał im mowę, potrafiłyby to robić". Ja jednak nie zgadzałam się z nim i nie omieszkałam mu tego powiedzieć. Wtedy ojciec osadził mnie w miejscu, nakazując, żebym przestała filozofować, bo on i tak nie da się zwieść mojej gładkiej wymowie. Na tym sprawa się zakończyła, a Omar już nie wrócił.

Po Omarze zjawił się inny młody człowiek. Miał na imię Magdi i był nieznajomym, który – podobnie jak Omar – poszedł za mną do samego domu. Wypytywał o mnie sąsiadów, a oni mu powiedzieli, że jestem dobrą dziewczyną, ale mam cięty język. Najwyraźniej to go nie zniechęciło, bo pewnego dnia przyszedł porozmawiać z moim ojcem w towarzystwie pośrednika.

Spodobał się ojcu, ponieważ był biedny. Jego rodzina mieszkała w Tancie, a on przeniósł się do miasta i wynajął pokój w dzielnicy Munira. Magdi miał piękną, okrągłą twarz, ale z jakiegoś powodu moje serce nie było mu przychylne. Jeśli chodzi o ludzi, zawsze kieruję się głosem serca, nie zaś tym, co widzą moje oczy, więc musiałam znaleźć jakiś sposób, żeby się go pozbyć. Wieczorami często do nas wpadał, a wtedy mówiłam: „Czy przyszedłeś, żeby dostać coś do jedzenia?" Moja matka, zażenowana, karciła mnie: „Przynosisz nam wstyd!", a ja odpowiadałam: „Zamknij się, kobieto!" Zachowywałam się okropnie, ale matka zawsze mnie rozpuszczała.

Kiedy byliśmy dziećmi, biłam Lollę i Jehję, a później mówiłam matce, że zrobiłam to, ponieważ oni nie pozwalali mi się bawić na ulicy. Wtedy ona też sprawiała im lanie. Rozpuszczała mnie. Mimo to Lolla bardzo mnie kocha. Biję jej syna, kiedy na to zasługuje, i mówię do niego w obecności jego rodziców: „Widzisz tego drania, Fuada? Myślisz, że boję się jego albo twojej matki?"

Dzieci Lolli szanują mnie i swojego wujka Ezza dużo bardziej niż rodziców. Fuad rozpieszcza je i nie podnosi na nie ręki, ale jak mogą przetrwać w naszej okolicy, wśród ludzi podobnych do nas, jeśli nie będą wychowywane tak jak inne dzieci? Każdą rzecz należy robić we właściwym czasie, nie przekraczając tradycyjnych granic.

Tak więc mój ojciec polubił tego chłopaka, Magdiego. Nie mam pojęcia, dlaczego ojciec lubi biednych ludzi! W końcu powiedziałam mu, że nie chcę wyjść za tego człowieka, ale musiałam znaleźć jakiś powód. Postanowiłam wymyślić jakąś historię, żeby go skompromitować.

Mieliśmy zwyczaj stawiać duży kocioł wody w pokoju na piętrze i kąpać się w nim. Wchodziliśmy do środka, zamykaliśmy za sobą drzwi i kąpaliśmy się. Powiedziałam ojcu, że pewnego dnia Magdi podglądał mnie przez dziurkę od klucza, kiedy się kąpałam. Oby Bóg mi to wybaczył, bo oczywiście nic takiego nigdy się nie wydarzyło. Powiedziałam ojcu: „Czy byłbyś zadowolony, gdyby mężczyzna, który poprosił o moją rękę, wszedł na górę i podkradł się do drzwi, a kiedy mu powiedziałam, że się kąpię, przyłożył oko do dziurki od klucza i patrzył na mnie?" Ojciec zapytał: „Jak go zauważyłaś?", a ja odparłam: „Usłyszałam jakieś stukanie, spojrzałam na drzwi i zobaczyłam jego mały palec poruszający się w dziurce od klucza, a potem dostrzegłam jego lśniące oko, na przemian zbliżające się do dziurki i oddalające od niej".

Mój ojciec powiedział: „Niech i tak będzie", a potem wziął Magdiego na rozmowę i oświadczył mu, że powinien się wstydzić tego, co zrobił. Magdi przysięgał, iż rzeczywiście wszedł na piętro, ale kiedy mu powiedziałam, że się kąpię, natychmiast odszedł.

Wtedy mój ojciec zapytał, dlaczego to zrobiłam, a ja wyjaśniłam, że kocham Ezza i nie chcę poślubić Magdiego. Ojciec wydawał się zadowolony i wkrótce powiedział Magdiemu, że o moją rękę poprosił również jeden z moich kuzynów i że jesteśmy zaręczeni. Umm Fuad bardzo chciała, żebym wyszła za Magdiego, ponieważ wiedziała o bliskiej więzi łączącej mnie z Ezzem i nie była z niej zadowolona. Do dzisiaj chowa do mnie urazę, a ja nie wiem, dlaczego.

Pewnego razu, kiedy miałam jakieś dziesięć lat, a Lolla – dwanaście, moja matka poszła do szpitala na operację. Pod jej nieobecność mieszkała z nami starsza siostra Ezza. Wyrywała rośliny i robiła straszny bałagan, a potem zrzucała całą winę na nas. Kiedy mój ojciec przychodził do domu, utyskiwała i skarżyła się na nas, a on nas bił. Jest takie powiedzenie: „Jeśli odwrócisz dzbanek na wodę do góry dnem, to córka będzie taka sama jak matka". Pod nieobecność matki przeżywaliśmy trudne chwile. Lolla robiła, co mogła – prała i gotowała dla nas – ale mimo to było nam bardzo ciężko.

Kiedy moja matka wróciła do domu, nie miała dwóch żeber, które usunięto, żeby zoperować jej chore serce. Brakowało nam pieniędzy, więc matka postanowiła pójść do pracy – bez wiedzy ojca – żeby podreperować rodzinny budżet. Wychodziła i wracała do domu po cichutku, nie mówiąc nikomu ani słowa. Wszyscy zastanawiali się, dokąd chodzi. Ludzie zawsze podejrzewają najgorsze.

Mam taki sam problem, ale gdyby człowiek przejmował się ludzkim gadaniem, nie mógłby ani na chwilę wyjść ze swojego pokoju. W naszych kręgach to nic złego pracować w sklepie, ale praca w cudzym domu jest uważana za hańbiącą. Niektórzy nazywają służące „zjadaczkami resztek", co oznacza, że kiedy gospodarze zjedzą swój posiłek, my – służące – zjadamy to, co po nich zostało, i wylizujemy do czysta ich talerze. Tak mogą mówić i myśleć tylko ludzie ograniczeni.

Na naszej ulicy nazywają mnie *el-chawagaja* – cudzoziemką. To dlatego, że dobrze się ubieram i trzymam się nieco na uboczu, a także dlatego, że w wielu sprawach mam inne zdanie niż nasi sąsiedzi i śmiało wyrażam swoje opinie. Nie umiem udawać – ta cecha charakteru bez przerwy ściąga na mnie kłopoty. Lubią mnie tylko ludzie równie prostolinijni jak ja.

Nawet teraz, w relacjach z własnym mężem, nie potrafię niczego udawać. Kobiety krytykują mnie za to, mówiąc: „Mężczyzna potrzebuje tego i owego. Mężczyźni są jak dzieci – trzeba ich hołubić i rozpieszczać". Wtedy pytam: „Czy musicie tak skomleć i przymilać się do swoich mężczyzn, bo nie jesteście pewne, skąd weźmiecie następny posiłek?" Śmieją się i nie wiedzą, co odpowiedzieć, ponieważ dobrze wiedzą, że kiedy tak siedzą i plotkują, ja troszczę się o dom i dbam o swoje sprawy. Śmieją się więc, a ja mówię: „Nieszczęsne kobiety, umiecie tylko siedzieć w przedpokoju z tyłkami rozpłaszczonymi jak wielkie bochny chleba! Ale ja? Jestem sprężysta i pełna energii. Troszczę się o swój dom i o męża czynem, a nie tylko słowami". Nie wiedzą, co na to odpowiedzieć.

Każda z tych kobiet zostawia swój dom i obowiązki, żeby wołać do sąsiadki: „Co dzisiaj ugotowałaś? Co ci zrobił twój mąż?" I tak dalej – same bzdury, z których nie wynika nic poza kolejnymi bzdurami.

Kobiety z naszych stron chętnie zbierają się na pogawędki, które nazywamy „rozmowami korytarzowymi", jako że odbywają się one w korytarzu lub w przedpokoju, ponieważ w większości domów nie ma salonu ani pokoju gościnnego. Jedna kobieta pyta wtedy drugą: „Słuchaj, czy twój mąż przespał się z tobą tej nocy?" Nazywają to jednak bardziej wulgarnie: „Czy tej nocy pieprzyłaś się z mężem?" Kiedy to słyszę, odpowiadam: „Wy źle wychowane suki, lepiej się zamknijcie". Takie słowa przyprawiają mnie o zakłopotanie.

Kiedy któraś z tych kobiet sypia ze swoim mężem, stara się mu przypochlebić przymilnymi słówkami i w ten sposób zdobyć jego miłość. Mówi do niego: „Jeszcze!", co oznacza, że chce, aby przespał się z nią jeszcze raz. Myśli, że sprawi mu tym przyjemność i zapewni sobie jego miłość. Nazywa go „swoją miłością, swoim kochaniem, swoim sercem i swoją duszą", starając się przywiązać go do siebie.

Ale mój mąż kocha mnie i bez tego, więc nie muszę niczego udawać. Następnego dnia kobiety przechwalają się przed sąsiadkami: „Och, żebyś wiedziała, mój mąż wspaniale mi dogodził tej nocy; czułam to aż po czubek głowy" albo „Mój mąż mnie kocha i dlatego spał ze mną tej nocy". Dogadują sobie: „Ty taka i owaka, twój mąż z tobą nie sypia, więc na pewno cię nie chce. Ale mój mąż nadal mnie pragnie i dlatego spał ze mną zeszłej nocy". Czasami jedna woła do drugiej: „Mój mąż podniósł dzisiaj maskę auta" – mając na myśli swoje nogi. „I wszedł do środka ze słowami: «Witaj, jak się masz i żegnaj!»" I tak bez końca. Te rozmowy są okropne!

Ja myślę zupełnie inaczej. Seks zajmuje mężowi i żonie pół godziny, czasami godzinę lub dwie – krótko mówiąc, zaledwie kilka chwil. Ważne jest to, co dzieje się później – codzienne wspólne życie. To prawda, sprawy łóżkowe są nieodzowne, lecz należy się nimi zajmować we właściwym czasie, nie przeceniając ich znaczenia.

Kiedy te kobiety próbują ze mną rozmawiać o takich sprawach, mówię im: „Niech was zaraza! Czy po czymś takim kobieta nie brzydzi się samej siebie? Czy może siebie znieść? Zaraz wstaje i obmywa się, żeby spłukać ze swego ciała plugawe ślady pozostawione przez mężczyznę".

Nie jestem w stanie zasnąć natychmiast po stosunku. To niemożliwe. Wstaję i myję się. Nie używamy papieru toaletowego i dzielimy łazienkę z sąsiadami (mieszkam w tym domu od ślubu z Ezzem w roku 1974), dlatego staram się być dyskretna. Ponieważ nie mamy papieru toaletowego, używamy do tego celu specjalnych ręczników. Myję się, wycieram takim ręcznikiem, a później piorę go w perfumowanym mydle, ponieważ te substancje trudno usunąć. Później wieszam ręcznik na wieszaku w sypialni, żeby nikt inny go nie zauważył.

Te ręczniki bardzo łatwo rozpoznać, a ja nie chcę, żeby ktoś oglądał moje ręczniki lub wiedział, jak wyglądają.

Rano biorę kąpiel i myję włosy, a później wstaje mój mąż i mówi: „Dzień dobry". Odpowiadam: „Niby dlaczego dobry? Z powodu naszej głupoty?", a on śmieje się i powtarza: „Głupoty?" Ja na to: „Tak, głupoty. Nie wystarczy, że mnie zbrukałeś, a ja musiałam wstać w środku nocy, żeby zmyć z siebie to twoje paskudztwo? Bo przecież było twoje, prawda?" Wtedy Ezzo uspokaja mnie: „Cicho, kobieto. Czy zagrzałaś dla mnie wodę na kąpiel?" Daję mu wodę, a on się kąpie i wydaje się bardzo zadowolony, kiedy mówię do niego w ten sposób.

Tak więc moja matka zaczęła pracować dla pewnej Włoszki w Tewfikijji – dzielnicy, w której mieszkają wszyscy cudzoziemcy. Pewnego dnia odwiedził nas mój wujek. Powiedział do matki: „Dlaczego pracujesz, żeby mu pomagać? Zostaw mu dzieci, a ja znajdę ci dużo lepszego męża". Moja matka miała śliczną figurę i była piękną kobietą. Jej stopy były kształtne jak kostki cukru. Starała się postępować zgodnie z wolą ojca i brać na siebie problemy rodziny, ale mój ojciec, który był z natury niewdzięczny, nie zauważał tego i traktował ją bardzo źle.

Przed ślubem Lolli Ezzo został powołany do wojska. Służył w Aleksandrii. Mniej więcej co dwa tygodnie przyjeżdżał do domu na przepustkę. W tym czasie moja matka i Umm Fuad zaczęły się kłócić o zaręczyny Lolli i przygotowania do jej ślubu. W końcu wynajęliśmy dla Lolli pokój za dwa i pół funta miesięcznie. Dopiero później moja siostra przeprowadziła się do swojego obecnego mieszkania. Czynsz za nie wynosi cztery i pół funta miesięcznie, a Fuad zarabiał wtedy sześć i pół funta. Jednak Lolla jakoś dawała sobie radę, ponieważ ma talent do gospodarowania domowym budżetem. Kupowała piętnaście dekagramów mięsa i gotowała je z warzywami dla siebie i dla męża. W ten sposób Lolla i Fuad zaczęli wspólne życie. Dopiero wtedy pojawiły się prawdziwe kłopoty.

Pracowałam wówczas w zakładzie krawieckim El Borai przy ulicy Abdel Chalek Sarwat. Lolla wyszła za mąż. Fuad krzyczał na nią, obrażał ją i bił, a jego matka zabroniła mojej przychodzić do domu młodej pary. Odgrywała rolę teściowej najlepiej, jak umiała. Kiedy moja matka chciała się zobaczyć z Lollą, szła do sąsiadki, a ta przesyłała mojej siostrze wiadomość. Wtedy Lolla przychodziła do sąsiadki i tam spotykała się z matką. W przeciwieństwie do mojej matki, która brała na siebie wszystkie problemy, moja teściowa krążyła i kluczyła, by nagle rzucić się do ataku i obwinić moją matkę za wszystkie kłopoty.

Wkrótce po ślubie Lolli matka otworzyła sklep mięsny razem z moim bratem Jehją, który nie chciał już pracować dla kogoś innego. Powiedział, że weźmie pieniądze, które udało mu się zaoszczędzić, i założy za nie własną firmę – jeśli mu się powiedzie, to zyski będą należały do niego, a jeżeli nie, to przynajmniej będzie panem własnego losu.

Mój ojciec pracował wtedy jako rzeźnik w restauracji w pobliżu Cinema Rivoli. Przygotowywał dla kucharzy mięso i krewetki. Dzisiaj w tym miejscu jest bank. Nie był to lokal, do którego chodziliby ludzie z naszych kręgów, lecz wykwintna restauracja dla gości z klasy wyższej. Kiedy Ezzo wrócił z Aleksandrii, zawoził mnie do pracy i z powrotem. Jednak wkrótce zaczęły się piętrzyć problemy wynikające z przebiegłych sztuczek jego matki, gwałtownego usposobienia mojego ojca oraz cierpień, jakie zadawał Lolli jej mąż. Nasze życie zmieniło się w nieprzerwaną walkę.

Mieliśmy w Embabie sąsiada, który bardzo nas lubił i regularnie do nas zaglądał. Pracował jako kucharz dla jednego z lokatorów budynku, w którym mieszkał Mohammad Hassanein Heikal*, blisko hotelu Sheraton. Kiedy mój brat otworzył własny sklep mięsny, Zain co wieczór w drodze do domu zamawiał u niego mięso. Każdego ranka w drodze do pracy dostarczałam mu zamówiony towar.

Pracowałam od dziewiątej trzydzieści do około drugiej po południu, a potem odwiedzałam Zaina i jadłam z nim obiad. Wracałam do sklepu o czwartej i pracowałam do ósmej wieczorem. Zarabiałam dwa funty tygodniowo. Pod koniec dnia wracałam do domu autobusem. Wysiadałam na przystanku „Kit Kat" – tak nazywał się pobliski sklep. Stoi tam również meczet, który nazywamy tak samo.

Kiedy moja matka zaangażowała się w prowadzenie sklepu mięsnego, zaczęła zaniedbywać dom. Wtedy ojciec powiedział, że muszę zająć się domem, a ja się zgodziłam. Wcześniej nie miał nic przeciwko temu, żebym pracowała, ponieważ wierzy w mój zdrowy rozsądek i wie, że nie dam się łatwo wpędzić w kłopoty. Mawiał, że byłby o mnie spokojny, nawet gdybym wracała sama do domu o trzeciej nad ranem, lecz niepokoiłby się o Lollę, gdyby znalazła się na ulicy w samo południe. Każdy ojciec doskonale wie, jak rozsądne są jego córki, a mój ojciec był pewien, że nie można mnie zbyt łatwo oszukać.

W tym czasie sklep Jehji zaczął przynosić straty i mój brat musiał znowu podjąć pracę u kogoś innego. Matka twierdziła, że właściciele hurtowni mięsnych oszukiwali go na wadze mięsa, które od nich kupował. Postanowiła zostać w sklepie, podczas gdy mój brat wrócił do pracy u innego rzeźnika. W ten sposób starali się wiązać koniec z końcem.

Ja prowadziłam dom, a moja siostra była już wtedy mężatką. Od czasu do czasu dochodziły mnie słuchy, że Ezzo jest w Kairze, ale nie przychodził mnie odwiedzić. Było mi przykro. Zastanawiałam się: „Dlaczego nie przyszedł?",

---

* Mohammad (Mohamed) Hassanein Heikal – znany pisarz i publicysta egipski, wieloletni redaktor naczelny kairskiego dziennika „Al-Ahram", wybitny arabski komentator polityczny, autor licznych książek, z których najbardziej znana nosi tytuł *Charif El-Ghadab* (Jesienna furia) i opowiada o przyczynach zamachu na prezydenta Sadata i o narodzinach islamu politycznego (przyp. tłum.).

a serce waliło mi jak młot. Cierpiałam. Myślałam: „Czy nie ma tych kilku groszy na bilet autobusowy?", i czułam się bardzo źle. Jego brak zainteresowania bardzo mnie martwił. Rozchorowałam się. Miałam gorączkę i wymiotowałam, a moja twarz zrobiła się żółta. Musiałam pojechać do szpitala zakaźnego w Embabie.

Ezzo był akurat w Kairze i przyszedł mnie odwiedzić. Posiedział jakieś dziesięć minut, a potem jego matka powiedziała: „Wstań i idź do swojej siostry". To była ta sama siostra, która pod nieobecność mojej matki wyrywała rośliny z naszego ogródka. Byłam bardzo chora, bliska śmierci. Musieli mi podawać glukozę. Matka Ezza przychodziła do mnie codziennie, ale jego brak zainteresowania to była z pewnością jej sprawka. Nie była szczera.

W tym czasie nosiłam pierścionek i bransoletki, które dostałam od Ezza w prezencie zaręczynowym. Kiedy matka kazała mu wyjść, Ezzo wstał i powiedział: „Muszę już iść, Dunio". Odparłam: „Szerokiej drogi". Byłam bardzo spokojna. W takich sytuacjach zawsze jestem opanowana. Mogę bardzo kogoś pragnąć, a mimo to zachowywać się tak, jakbym nie mogła go znieść. Jestem dumna. Bardzo, bardzo dumna! Kiedy matka Ezza wyszła, zdjęłam pierścionek i bransolety i oddałam je swojej matce. Wydawała się skonsternowana. Zapytała: „Dlaczego to robisz, Dunio?" Ale ja odpowiedziałam: „Ani słowa. Nie chcę o tym rozmawiać". Wtedy matka dała mi spokój.

Wyzdrowiałam i wyszłam ze szpitala. W tym czasie moja matka postanowiła zrezygnować z prowadzenia sklepu mięsnego, ponieważ praca ta okazała się dla niej za ciężka. Niektóre zawody są stworzone dla kobiet, inne zaś – dla mężczyzn. Są kobiety, które nie są w stanie podołać typowo męskiej pracy. Handel to zadanie dla twardego mężczyzny, a nie dla zwykłej kobiety.

Wyszłam więc ze szpitala, a moja matka została w domu. Zlikwidowaliśmy sklep mięsny, sprzedaliśmy wagi i lodówkę. Pewnego dnia zapytałam matkę: „I co teraz? Mam tak siedzieć z założonymi rękami? Kto będzie zawoził mięso Zainowi i skąd je weźmiemy?"

Postanowiliśmy powierzyć to zadanie znajomemu rzeźnikowi. Dostarczałam mięso jak dawniej. Rano Zain kupował i czyścił jarzyny. Przed jedenastą przywoziłam mu mięso, a on je przyrządzał. Wchodziłam do budynku od frontu, nie zaś tylnymi drzwiami. Byłam jeszcze bardzo młoda i ubierałam się nowocześnie, zamiast nosić tradycyjną galabiję i nakrycie głowy. Czasami drzwi otwierał mi Zain, innym razem – pani domu. Lubiła mnie, pozwalała mi się bawić ze swoimi dziećmi i częstowała mnie czekoladkami. Miałam osiemnaście lat. Po jakimś czasie miałam dość siedzenia w domu, więc za zgodą ojca wróciłam do pracy w zakładzie krawieckim. Odtąd Zain musiał sam starać się o mięso.

Jehja pracował dla innego rzeźnika, a Ezzo wrócił do Kairu i spytał mnie, gdzie jest mój pierścionek. Odpowiedziałam: „Na palcu mojej matki". Nie powiedział nic więcej. Wcześniej skarżyłam się znajomym, że Ezzo mnie zaniedbuje. Widocznie ktoś powtórzył moje słowa Umm Fuad, która powiedziała: „Niezależnie od tego, co jej zrobimy, ta dziewczyna nigdy nas nie zostawi". Jej słowa dotarły do mnie i do mojej matki. Moja matka jest osobą łagodną, więc nic na to nie powiedziała, ale ja wpadłam w furię i krzyknęłam: „Co?! Obojętnie, co mi zrobią, nigdy ich nie zostawię!"

Włożyłam pierścionek i bransoletki od Ezza do pudełka, wręczyłam je mojej matce i powiedziałam: „Proszę, oddaj je temu, który mi je kupił". Matka na to: „Moje dziecko, Ezzo to dobry chłopak", ale ja odparłam: „To już koniec!" Nigdy nie zlizuję tego, co wcześniej wyplułam, nawet gdyby moja plwocina miała się zmienić w drogocenny diament, skrzący się uwodzicielskim blaskiem. Moje „nie" znaczy „nie". Nigdy nie zmieniam zdania.

Co jego matka miała na myśli, kiedy powiedziała, że nie mogę zostawić jej syna? Sugerowała, że jestem zhańbiona i dlatego nikt inny mnie nie zechce. Takie słowa mogą oznaczać tylko jedno – że straciłam dziewictwo.

Mamy takie przysłowie: „Kiedy ktoś cię kocha, odwzajemnij jego miłość, a jego przyjemności staną się twoimi, lecz kiedy ktoś cię nienawidzi, odpowiedz mu nienawiścią i nigdy nie szukaj jego towarzystwa". Moja matka próbowała mnie przekonać, pytając: „Dlaczego nie?", a ja powtarzałam, że wszystko między nami skończone. Mój ojciec oświadczył: „Musisz poślubić Ezza", a kiedy odmówiłam, wyszedł i wrócił do swojej żony w Bulak. Omówił z nią tę sprawę, a ona najwyraźniej przekonała go, że nie powinien mi pozwolić zbyt łatwo postawić na swoim". Ojciec przyszedł więc do mnie i powiedział: „Ezzo nie zrobił niczego, co by uzasadniało twoje zachowanie. A gdyby nie przyszedł złożyć ci życzeń na święta? A gdyby jego matka nie przyszła do ciebie w jego imieniu?"

Ileż to problemów powstaje, kiedy ludzie gadają i próbują siać nienawiść w sercach innych! Niektórzy nie byli mi życzliwi i chcieli, aby wszyscy uwierzyli, że Dunia jest obrażalska, porywcza i uparta. Ale argumenty ojca otworzyły mi oczy.

W naszych stronach panuje zwyczaj odwiedzania się w czasie świąt. Ponieważ Ezzo był w wojsku, jego matka powinna przyjść do mnie zamiast niego, żeby ukoić moje serce życzliwymi słowami i okazać swoją dobrą wolę. Zazwyczaj narzeczony albo jego matka przynoszą prezent dla przyszłej żony. Ponieważ jednak byliśmy jedną rodziną i wiedziałam o ich kłopotach finansowych, niczego od nich nie oczekiwałam. Dla mnie zainteresowanie i dobre słowo to najcenniejsze podarunki. Jak mówi przysłowie: „Znajdź mnie, nie karm mnie".

Jednak matka Ezza nie przyszła do mnie, a ja pomyślałam, że tak postępują ludzie całkowicie pewni swego. Kiedy później usłyszałam słowa Umm Fuad o tym, że niezależnie od tego, co mi zrobią, nie będę mogła ich zostawić, poczułam się wstrząśnięta i upokorzona. Przez moje ciało przeszedł dreszcz oburzenia i pomyślałam: „Jak ona mogła powiedzieć coś takiego o mnie, która nie mam sobie nic do zarzucenia?"

Znałam siebie, a między jej synem a mną nie doszło do niczego poza kilkoma wspólnymi wyjściami do kina. Nigdy nie pozwoliłam Ezzowi, żeby mnie dotykał. Postanowiłam, że odtąd nie chcę mieć z nimi nic wspólnego. Powiedziałam sobie: „Na Boga, nawet jeśli dawniej uwielbiałam tego człowieka, nic nie może mnie skłonić, żebym teraz do niego poszła". To był koniec. Odtąd uciszałam swoje serce, tłumiąc w sobie miłość do tego mężczyzny. Ale to nie było łatwe. Cierpiałam i nie mogłam się powstrzymać od myślenia o Ezzie i o krzywdzie, jaką wyrządziła mi jego rodzina.

Pewnego dnia ojciec przyszedł do mnie i powiedział: „Musisz za niego wyjść". Odparłam, że tego nie zrobię, a on wrócił nadąsany do swej drugiej żony, ale dopiero po tym, jak wyładował na mnie swoją wściekłość. Tego dnia zbił mnie tak mocno, że prawie zmiażdżył mi ramię, tak że przez pewien czas matka musiała mi pomagać w myciu i ubieraniu. Sądziłam, że spuścił mi takie lanie, ponieważ był pewien, że – podobnie jak moja biedna siostra, Lolla – w końcu upadnę na kolana i powiem: „Dobrze, poślubię go". Ale ja nie dawałam za wygraną. Lolla powiedziała „tak", lecz ja powtarzałam „nie". Kiedy ojciec zrozumiał, że niczego nie wskóra, wyszedł.

W tym czasie nadal pracowałam w zakładzie krawieckim. Ciągle płakałam. Ludzie szeptali i plotkowali. Przypuszczali, że spotkałam innego mężczyznę, kogoś z pracy, kto spodobał mi się bardziej niż Ezzo i kto zawładnął moimi myślami. Tak naprawdę jednak nie było nikogo innego, a wszyscy mężczyźni, którzy ze mną pracowali, mieli już żony. To prawda – wszyscy mnie lubili i szanowali, ponieważ chętnie im pomagałam, mówiąc „z przyjemnością", kiedy prosili, żebym podała im nożyczki albo szpulkę nici, chociaż to nie należało do moich obowiązków. Moja praca polegała na wykonywaniu drobnych robót wykończeniowych, a nie na usługiwaniu pozostałym pracownikom. Ale ludzie nigdy nie przestają gadać.

Pewnego dnia rozpłakałam się w domu jednej z sąsiadek. Nagle kobieta zapytała: „A może chciałabyś wyjść za mąż za teścia mojej córki?" Jej córka jest dużo starsza ode mnie, więc zapytałam: „Co masz na myśli?", a ona odparła: „Możesz poślubić tego człowieka i wyjechać z Egiptu, zostawiając za sobą wszystkie problemy". Córka tej kobiety wyszła za mąż za Libijczyka. Sąsiadka powiedziała: „Kiedy ta wiadomość dotrze do Ezza – a z pewnością tak się stanie, bo ludzie nie przestaną gadać – Ezzo będzie wiedział, że go nie zdradziłaś, ponieważ ten mężczyzna jest stary, a ty nigdy wcześniej go nie widziałaś". Zastanowiłam się nad tym i pomyślałam, że w radzie tej starej kobiety z pewnością kryje się jakaś szczególna mądrość. Byłam jeszcze dzieckiem. Zgodziłam się spotkać z tym człowiekiem, chociaż przeżywałam katusze i bez przerwy płakałam.

W tym czasie ludzie powiedzieli mi: „Twój ojciec chce cię zabić", a ponieważ ojciec jest rzeźnikiem, posługuje się nożem zręcznie i bardzo pewnie.

Ludzie mnie ostrzegali, że pewnego dnia ojciec napadnie mnie na ulicy, i radzili, żebym miała się na baczności.

Wtedy pomyślałam: „Dobry Boże, wszyscy wiedzą, że kiedy kobieta wychodzi za mąż, małżonek musi jej bronić, a ojciec nie może powiedzieć przeciwko niej ani jednego słowa". Każdy myśli po swojemu, na miarę swoich – nie zaś cudzych – możliwości.

Pewnego dnia przyjechał ten stary człowiek, Libijczyk, o którym opowiadała mi sąsiadka. Zobaczył mnie – byłam jeszcze dzieckiem – i powiedział: „Tak, ożenię się z nią". Przyjaciele i ludzie życzliwi radzili mi: „Dunio, dobrze się zastanów, zanim zmarnujesz sobie życie", lecz ja odpowiadałam: „W każdym boskim zrządzeniu jest coś dobrego". Czułam się jak człowiek, który tonie i szuka czegokolwiek, czego mógłby się chwycić. Zgodziłam się poślubić tego człowieka. Nazywał się Hagg Ali. Mój przyszły mąż powiedział: „Ożenię się z nią, a później wrócę, żeby sporządzić umowę małżeńską". Nazywamy to *katb el-kitab* – „spisaniem księgi". Byłam tak głupia, że powiedziałam pochopnie: „Nie, nie, zrób to teraz, od razu". Tak też się stało.

Wieczorami, kiedy siedzę i rozmyślam, nie mogę pojąć, dlaczego tak postąpiłam i dlaczego powiedziałam wtedy to, co powiedziałam. Ale stało się. Hagg Ali oznajmił, że nie ma pieniędzy na dar ślubny, a ja odparłam, że w tym momencie to bez znaczenia. Zarejestrowaliśmy małżeństwo, a trzy dni później wszystkie dokumenty były już gotowe. Hagg Ali wyjechał do Libii, żeby poszukać dla mnie mieszkania. Miał wrócić za rok, aby skonsumować małżeństwo. To się nazywa *duchla* – wejście. Przed wyjazdem Libijczyk powiedział: „Teraz, kiedy jesteś mężatką, nie wypada, żebyś nadal pracowała". Odparłam, że nie może mi rozkazywać, dopóki nie zamieszkam w jego domu. On jednak nalegał, więc w końcu się zgodziłam, ale zrezygnowałam z pracy dopiero wtedy, gdy mój pracodawca znalazł kogoś na moje miejsce. Hagg Ali był zadowolony.

Pewnego dnia, niedługo przed moim odejściem z pracy, szef wysłał mnie z partią koszul do zakładu, w którym robiono dziurki na guziki. Idąc tam, spotkałam na ulicy ojca. Kiedy go zobaczyłam – wielkie nieba! – poczułam, że cały świat zawirował, a ja uniosłam się w górę, by po chwili opaść gwałtownie na ziemię. Czułam się tak, jakbym znalazła się w łodzi na pełnym morzu – łódka kręciła się w kółko, a ja nie mogłam jej zatrzymać.

Ojciec zawołał mnie i zapytał, dokąd idę. Wtedy poczułam, że mocz wzbiera w moim ciele, jakby zaraz miał ze mnie wytrysnąć, więc ścisnęłam nogi. Bałam się. Ojciec na pewno już się dowiedział o moim małżeństwie, bo ludzie bez przerwy gadają.

W pracy nosiłam płaszcz zapinany na guziki. Miałam go na sobie tamtego dnia, na ulicy. Ojciec powiedział: „Wróć ze mną do swojego zakładu", a ja odparłam, że muszę zanieść koszule do warsztatu, w którym robi się dziurki na guziki. Byłam zmieszana i zaczęłam się jąkać. Ojciec krzyknął: „Idź przede mną!", podniósł rękę i TRZASK! – uderzył mnie w samym centrum Kairu, na rogu ulic Abdel Chalek Sarwat i Szerif. Potem rozejrzał się dokoła, żeby się upewnić, iż żaden z przechodniów nie zamierza wystąpić w mojej obronie. Gdyby któryś spróbował to zrobić, z pewnością i on poczułby na sobie ciężką rękę mojego ojca. To bardzo trudny człowiek! Krzyczał, żebym szła przed nim i robiła, co mi każe.

Wcześniej opowiedziałam o wszystkim szefowi, a on uznał, że działałam zbyt pochopnie, bez zastanowienia. Tamtego dnia wróciłam do zakładu z ojcem depczącym mi po piętach. Kiedy szef zobaczył moją minę, zapytał: „Co się stało, Dunio?" Odpowiedziałam: „Nic, ale mój ojciec idzie za mną", a on natychmiast zrozumiał, co się dzieje. Powiedziałam: „Co mam teraz robić? Wszystko przez niego! Gdyby tylko miał więcej cierpliwości!"

Rodzice prowokują swoje córki. Gdyby pozwalali im swobodnie wybierać kandydatów na męża, nic takiego by się nie działo. Gdyby mój ojciec był rozsądny, z pewnością zaczekałabym, aż sprawa ucichnie, a potem wypełniłabym swoje przeznaczenie albo wróciła do Ezza. Kiedy jednak jestem wzburzona i wszystko się we mnie gotuje, nie słucham nikogo i za nic w świecie nie ustąpię. Dopóki mój wewnętrzny głos nie może porozmawiać z głosami z zewnątrz – dopóki spokojnie wszystkiego nie przemyślę – nic nie skłoni mnie do zmiany zdania.

Kiedy przyszedł mój ojciec, szef kazał mi się schronić wśród dziewcząt na zapleczu. Ojciec był gotów złapać leżące na ladzie nożyce i wbić mi je w pierś. Wykrzykiwał, że zabierze mnie do domu, a wtedy mój szef powiedział, że pod koniec dnia sam mnie odwiezie. Ojciec się upierał, aż w końcu mój przełożony powiedział: „Kiedy twoja córka przyszła dla mnie pracować, zrobiła to z własnej woli. Nie przyprowadziłeś jej do mnie. Nie może teraz wyjść, ale pod koniec dnia odwiozę ją do domu". Wtedy ojciec kazał mu przysiąc na swój honor, że odwiezie mnie do domu, mój szef to zrobił i ojciec wyszedł.

Szef spełnił swoją obietnicę, a ja wstydziłam się zaprosić go do naszego domu, który był bardzo skromny. Powiedziałam mu o tym, a on odparł: „Dunio, człowieka nie sądzi się po jego zamożności ani ubóstwie, lecz po tym, jaki jest". Dzięki tym słowom poczułam się swobodnie.

Kiedy weszliśmy, mój szef zapytał ojca, czego sobie życzy, a on odparł, że muszę znaleźć jakiś sposób, żeby się rozwieść. Powiedziałam, że się zgadzam, ale pod jednym warunkiem – że ojciec nie będzie mnie zmuszał do poślubienia Ezza. On na to: „Wyjdziesz za Ezza ze stopami związanymi wokół szyi". Wtedy krzyknęłam w gniewie, że zrobiłam to wszystko, aby się przed nim bronić, i ani myślę wracać do punktu wyjścia. Powiedziałam: „Poślubiłam tego człowieka, żeby obronić się przed tobą". Byłam u kresu wytrzymałości. Błagałam w duchu: „Boże, pozwól mi umrzeć! W końcu umiera się tylko raz. Niech to wszystko wreszcie się skończy".

Mój szef wyszedł, a ojciec wstał i kazał matce zebrać wszystkie swoje ubrania. Spakował swoje noże i rzeczy osobiste i wyszedł. W ten sposób dał nam do zrozumienia, że z powodu mojego zachowania nie chce mieć z nami nic wspólnego i odtąd nie będzie nam już pomagał. Zostawił nas własnemu losowi.

Mój brat pracował wtedy w sklepie mięsnym, a mąż kazał mi rzucić pracę, obiecując, że będzie przysyłał nam pieniądze – ale nie przysłał ani grosza. Szybko skończyły się nam pieniądze i nie mieliśmy widoków na przypływ gotówki. Doskonale pamiętam dzień, kiedy zostało mi w kieszeni siedem i pół piastra – i nic więcej.

Dałam matce pięć piastrów, a dwa i pół zostawiłam sobie i poszłam na grób Sajjidy Zeinab* w jej meczecie. Lubię odwiedzać święte grobowce. Poszłam się więc pomodlić z nadzieją, że Sajjida Zeinab wstawi się za nami. Kiedy wróciłam do domu, dowiedziałam się, że Libijczyk przysłał nam dwadzieścia funtów, więc podziękowałam Bogu. Ale ten człowiek – który wcześniej zapowiedział, że wróci po mnie dopiero w grudniu następnego roku – dołączył do pieniędzy wiadomość, iż przyjedzie wcześniej, zaledwie cztery miesiące po swoim wyjeździe, już w kwietniu.

W tym czasie nie widywałam się z Ezzem, ale ludzie mówili mu: „Dunia wyszła za mąż, ten człowiek jest cudzoziemcem, ma pieniądze i jest młody, a ona zostawiła cię dla niego" – i tym podobne bzdury.

Tak się złożyło, że Ezzo i ja spotkaliśmy się po narodzinach pierwszego dziecka mojej siostry, Lolli. Ezzo wziął mnie na stronę i powiedział: „Nie wstyd ci, Dunio, że mnie zdradziłaś? Czy ja też nie jestem młody?" Odparłam: „Myślisz, że tak postąpiłam? To powinno cię uspokoić – popatrz na jego zdjęcie!" Spojrzawszy na fotografię, Ezzo skulił się w sobie. Było mu wstyd.

Ten mężczyzna był stary i pomarszczony, ciemny i brzydki, chudy i żylasty. Zdjęcie, które pokazałam Ezzowi, było wyretuszowane, więc mój mąż i tak wyglądał na nim lepiej niż w rzeczywistości. Powiedziałam więc: „Popatrz tylko, Ezzo, to zdjęcie z pewnością rozwieje twoje złudzenia i rozwiąże ten problem raz na zawsze".

Kiedy szłam z Hagg Alim ulicą, zaczepkom nie było końca. Ludzie mówili: „Staruszku, dlaczego nie zostawisz swojej wnuczki w spokoju?" Wstydziłam się tak bardzo, że chciałam zapaść się pod ziemię.

Kiedyś prostowałam włosy i nosiłam przedziałek na środku głowy. Miałam długie włosy. Zakrywałam nimi obie części twarzy, więc kiedy ludzie o mnie gadali, włosy zasłaniały mi oczy i niemal całą twarz. Zawsze noszę przy sobie chusteczkę, którą zasłaniałam usta i nos, więc kiedy szliśmy ulicą, wyglądałam jak

---

* Sajjida Zeinab – czczona przez szyitów wnuczka Mahometa, patronka Kairu (przyp. tłum.).

anonimowa postać o ludzkim kształcie. Boże drogi, te dni wydawały mi się bardziej czarne niż włosy na mojej głowie, ciemniejsze nawet niż skóra mojego męża!

Przyjechał którejś niedzieli i oświadczył, że nasze małżeństwo musi zostać skonsumowane w najbliższy czwartek. „W czwartek?" – powtórzyłam i nagle mgła, która do tamtej pory spowijała mój umysł, zaczęła się rozwiewać. Obudziłam się.

W naszych stronach o kimś, kto się pogubił, mówi się, że ostre cięcie odebrało mu zmysły i tylko ono może mu je przywrócić. Kiedy więc ten mężczyzna powiedział, że nasza noc poślubna odbędzie się za niespełna tydzień, przeżyłam wstrząs, który przywrócił mnie do rzeczywistości. Ludzie wiele razy radzili mi, żebym się jeszcze zastanowiła, żebym nie marnowała swojej młodości, lecz było już za późno. Być może Ezzo mógł mnie uratować. Myślę, że próbował. Cóż z tego, że ze mną zerwał? Mówił, że z nami koniec, ale już po chwili wybuchał płaczem. Jego łzy wzmagały gniew mojego ojca i jego determinację, aby wydać mnie za Ezza, jeśli będę wolna. Dla Ezza byłam pierwsza po Bogu i chociaż rozum nakazywał mu zostawić mnie w spokoju, serce nie chciało go słuchać.

Ludzie litowali się nade mną, a ja dodawałam sobie otuchy, powtarzając: „Och, nie współczujcie mi. Wyjdę za mąż, rzucę to wszystko, będę podróżować i zobaczę Libię!" Nie pociągają mnie ani jaskrawe kolory ani przygody, ale wtedy czułam, że nie ma odwrotu.

Małżeństwo zostało skonsumowane w sposób zgodny z naszą tradycją. Wieczorem panna młoda udaje się do pokoju dziennego, w którym kobiety myją i depilują jej ciało – nogi, pachy, okolicę łonową. Kiedy to robiły, byłam zdumiona i pytałam: „Dlaczego usuwacie mi włosy?" Nie miałam o niczym pojęcia. Sądziłam, że po ślubie mężczyzna i kobieta po prostu mieszkają razem. Nie wiedziałam, skąd się biorą dzieci. Matka nigdy nie rozmawiała z nami o takich sprawach i trzymała nas z dala od sytuacji, które by się z nimi wiązały. Nawet kiedy wyskubywała sobie brwi, kazała nam wychodzić z pokoju.

Tamtego wieczoru kobiety ubrały mnie na biało, a potem nałożyły na moją głowę welon i koronę. Moja siostra do dzisiaj przechowuje zdjęcie, na którym stoję z uniesionymi rękami i z oczami zwróconymi ku niebu, mówiąc: „O, Boże!"

Libijczyk wynajął na tę okazję umeblowane mieszkanie w dzielnicy Zamalek, a rodzina zawiozła mnie tam taksówką. Pojechałam do tego mieszkania z matką i z pewną starą kobietą, która miała mnie przytrzymywać podczas ceremonii defloracji. Mężczyźni pojechali drugą taksówką – mieli zabić owcę na uroczystości weselne.

Ta stara kobieta była przyjaciółką rodziny. Wybrano ją, ponieważ była wysoka i silna. Moja matka nie czuła się na siłach, żeby być przy mnie podczas defloracji.

Chwytają dziewczynę i rozkładają jej nogi. Silna kobieta siada tuż za panną młodą, aby ją mocno przytrzymać. W przeciwnym razie dziewczyna mogłaby się wić i wyrywać, a wtedy mąż mógłby ją zranić, wpychając jej palec do pochwy. Dlatego kobiety mocno mnie chwyciły, a wtedy przypomniałam sobie, że już kiedyś doświadczyłam czegoś podobnego. Pomyślałam: „Przecież to już było – dawno temu, kiedy byłam dzieckiem!" Oczywiście. Miałam sześć lat, o dwa więcej niż Muna – córka Lolli i Fuada, którą adoptowałam – kiedy zostałam obrzezana.

Doskonale pamiętam zabieg obrzezania. Kiedy ostrze noża wbiło się w moje ciało, poczułam, jakby przypiekano mnie żywym ogniem. Później skręca się kawałek czystego prześcieradła lub gazy, nasączony środkiem odkażającym i proszkiem sulfa, i opatruje się nim ranę. Wielkie nieba! To gorsze niż ogień i przez wiele dni trzeba leżeć w łóżku – bez ruchu, z rozłożonymi nogami!

Nigdy nie zrobiłabym czegoś takiego swojej córce. Nie chciałabym zadać jej bólu. Jednak kiedy mnie samą to spotkało, nie miałam nic do powiedzenia. Nie mogłam wyrazić swojego zdania ani się sprzeciwić. Gdybym była dorosła, z pewnością bym się zbuntowała, ale dziecko nie ma własnego rozumu – myśli tak, jak jego rodzice.

Ponieważ podjęłam się wychowywania Muny, wystąpię w tej sprawie w jej imieniu. Przecież istnieje coś takiego, jak wolność słowa! Jeżeli jednak jej rodzice będą się upierać przy tym, aby została obrzezana, to mogę się znaleźć w niezręcznej sytuacji. Mogę usłyszeć od nich coś, co zrani mnie do żywego: „Ona nie jest twoim dzieckiem!" Poczułabym się wtedy jak gołębica, która unosi się coraz wyżej i dalej, by nagle runąć na ziemię, ugodzona kamieniem z procy. Rodzice Muny mogą mnie zranić, ale wiem, że mają do tego prawo.

Słyszałam, że w Ameryce adoptowane dziecko naprawdę staje się dzieckiem ludzi, którzy się nim opiekują. U nas jest inaczej. Pod pewnymi względami cudzoziemcy przejęli typową dla nas łagodność usposobienia, pod innymi zaś to my przejęliśmy ich hardość. Poznałam wielu obcokrajowców, co najmniej czterech. Ci ludzie zawsze traktują innych uprzejmie, niezależnie od swej sytuacji życiowej. Spójrz jednak na Egipcjanina – jeśli dostanie dziesięć funtów, to będzie się puszył i trzymał cię na dystans, dopóki nie wyda całej kwoty. Wtedy przestanie stroszyć pióra i będzie przystępny jak dawniej.

Gdyby Bóg pochwalał zwyczaj obrzezania dziewcząt, z pewnością nie stworzyłby nas takich, jakie jesteśmy! Jego mądrość widać na każdym kroku – dał mężczyznom gęste, grube włosy, żeby podkreślić ich męskość, kobiety zaś obdarzył delikatnym puszkiem na całym ciele, aby z łatwością mogły się wydepilować i wyglądać pięknie!

Mówi się, że obrzezanie jest niezbędne, ponieważ picie wody z Nilu sprawia, że dziewczynka wyrasta na kobietę namiętną. Obrzezanie ma jej pomóc w panowaniu nad sobą, żeby w przyszłości nie zamęczała męża i aby mogła się obyć bez spraw łóżkowych po jego śmierci lub po rozwodzie. Rzadko się zdarza, aby egipska kobieta inicjowała współżycie z mężem. To on powinien jej pożądać, chociaż nie zawsze tak się dzieje. Nigdy nie narzucałabym się Ezzowi, nawet gdyby wyjeżdżał na dziesięć lat i mielibyśmy przed sobą ostatnią wspólną noc. Kobieta powinna mieć swoją dumę.

Ezzo i ja pobraliśmy się w roku 1974, po tym, jak w roku 1970 rozwiodłam się z Libijczykiem. W tym roku Ezzo – jak wielu egipskich mężczyzn – dostał pracę w Arabii Saudyjskiej. W przeddzień wyjazdu Ezza nocowały u nas jego matka i ciotka. Zwykle przedzielamy nasze dwa pokoje kotarą, która tego dnia była opuszczona. Kiedy nadszedł wieczór, ciotka Ezza powiedziała: „Śpij w ramionach swojej matki, niech się tobą nacieszy, zanim wyjedziesz". Ezzo odparł: „Nie, ty i matka śpijcie w łóżku i przykryjcie się kocem. Dunia i ja rozłożymy sobie kołdrę na podłodze". Zrobiliśmy, jak powiedział, ale ta noc była jedną wielką przepychanką, ponieważ Ezzo chciał ze mną współżyć, a ja się na to nie zgadzałam, wiedząc, że jego matka i ciotka są tuż za zasłoną.

Żeby robić te rzeczy, trzeba być spokojnym i odprężonym. Niezbędne są też wzajemne ustępstwa. Nie wierzę w kradzione momenty rozkoszy i nie lubię się przechwalać swoim życiem intymnym z mężem. Niektórzy ludzie nie mogą zasnąć, jeśli nie leżą tuż obok siebie – spleceni w uścisku, obejmując się nogami. Ja natomiast nie mogę spać, jeżeli nie mam swobody ruchów. Niektóre kobiety szczycą się tym, jak często sypiają ze swoimi mężami, dlatego rano paradują z głową owiniętą ręcznikiem na dowód tego, że się wykąpały i umyły włosy – co musimy robić po każdym stosunku. Ja nie znoszę takich zachowań i nie chcę, żeby inni wiedzieli cokolwiek o moim życiu intymnym.

Na przykład kiedy gotuję – gdy pragnę zaspokoić głód smażonym bakłażanem, zapiekaną papryką czy kawałkiem chleba z serem – zachowuję to dla siebie. Kiedy gotuję, otwieram drzwi do zewnętrznego pokoju, żeby zapach gotowanej potrawy i gorąco bijące od pieca mogły się swobodnie ulotnić, ale gdy tylko danie jest gotowe, wkładam je pod szafę, przykrywam i zamykam drzwi aż do pory posiłku lub do czasu, kiedy Ezzo wróci z pracy i usiądziemy do stołu. Matka nauczyła nas, żebyśmy nigdy nie jedli przed powrotem ojca, a ja przestrzegam tej zasady w swoim małżeństwie.

Jednak w innych sprawach nie posuwam się tak daleko jak ona. Kiedy mój ojciec wracał z pracy, czekałyśmy na niego. Matka zdejmowała mu buty, a my, Lolla i ja, obmywałyśmy mu stopy. Jedna z nas polewała je wodą, a druga wycierała ręcznikiem – palec po palcu i między palcami. Ojciec lubił, kiedy polewałam mu stopy wodą, ponieważ robiłam to delikatniej niż Lolla. Rano matka pomagała mu się ubrać i codziennie szykowała dla niego czystą galabiję.

Nasze pokolenie już tego nie robi, ale te kobiety z sąsiedztwa nie zachowują niczego dla siebie. Nawet kiedy mają do przebrania trochę grochu czy soczewicy, wychodzą ze swoich pokojów i siadają w korytarzu, skąd mogą zobaczyć, kto wchodzi do budynku, kto z niego wychodzi i która sąsiadka ma na sobie nową sukienkę. Gotuję, a potem zamykam drzwi, a gdyby w progu mojego mieszkania stanęło jakieś dziecko, dałabym mu kanapkę, lecz nie zaprosiłabym go do środka. Nakarmiłabym je – przecież trzeba pomóc dziecku – ale powiedziałabym: „Proszę, weź kanapkę, a teraz idź i zjedz ją w domu swojej matki".

Tak więc tamtej nocy, przed swoim wyjazdem, Ezzo przysunął się do mnie ze słowami: „Dunio, przecież wyjeżdżam na cały rok. Chciałbym się tobą nacieszyć. Będę za tobą tęsknił". Odparłam: „Niech cię szlag, idź spać. Ja też ciebie pragnę. Proszę bardzo, powiedziałam to, ale to moja rodzina czy twoja? Wyrzuć swoje krewne, a wtedy zrobimy, co zechcesz". Wtedy Ezzo przewrócił się na drugi bok, ale przez całą noc wiercił się i marudził. Nie zmrużyliśmy oka aż do porannego wezwania do modlitwy.

Przed wyjazdem Ezza nie spaliśmy ze sobą przez co najmniej dziesięć dni. Jego przyjaciele – wiedząc, że Ezzo ma wyjechać na długi czas – zgadywali: „Pewnie ostatnio codziennie łapiesz rybkę", co oznaczało, że Ezzo z pewnością każdej nocy ze mną sypia. Ale to nie była prawda. Ezzo i ja robimy to nie częściej niż raz na dwa tygodnie. Nasze małżeństwo opiera się na przyjaźni, a nie na miłości. Nawet jeśli na początku się kochaliśmy, to nasza miłość wygasła pod wpływem problemów, z jakimi przyszło się nam borykać. Wiem jednak, że jeżeli dwoje ludzi naprawdę się kocha – darzy się namiętną miłością – to seks może być najcudowniejszą rzeczą na świecie. Ich wspólnym światem. Nawet jeśli kobieta jest obrzezana, to dzięki kochającemu sercu może doznawać wielkiej przyjemności.

Kwestia obrzezania nie daje mi spokoju. W naszym budynku mieszka kobieta, która została obrzezana tak jak ja, a mimo to sypia z mężem o każdej porze dnia i nocy. To okropne! Wierzę, że każdy człowiek jest inny, a różne rodzaje ludzi przypominają kiście winogron na winorośli.

Weźmy na przykład mnie i moją siostrę, Lollę. Poczęłyśmy się z tych samych lędźwi i wzrastałyśmy w jednym łonie, a jednak jesteśmy bardzo różne. Może pewną rolę odgrywa tu nauka – nie edukacja, jaką pobiera się w szkole, ale wiedza, którą zdobywamy, obserwując świat i starając się go zrozumieć. Ktoś kiedyś powiedział, że gdybym umiała czytać i pisać, mogłabym wiele osiągnąć. Moja siostra zna tylko targ, swój dom, dzieci i sprawy łóżkowe. Poza tym rzadko kontaktuje się ze światem, podczas gdy ja pracowałam już jako nastolatka.

W naszej okolicy mieszka pewna kobieta. Jej mąż często ją bije, lecz z drugiej strony pragnie, aby żona z nim sypiała, a ona się na to zgadza. Jak tak można? Tak zachowują się zwierzęta.

Dobry Boże, kiedy Ezzo rani mnie choćby słowem, nie chcę mieć z nim nic wspólnego. Musi mnie wtedy pocieszać i obiecywać, że się poprawi. Kiedy jestem na niego wściekła z powodu czegoś, co powiedział lub zrobił, śpię po drugiej stronie łóżka, zwinięta w kłębek. Mamy wielkie łóżko, szerokie na sto sześćdziesiąt centymetrów. Kiedy Ezzo przychodzi do łóżka, przewraca się z boku na bok tak długo, aż w końcu na mnie wpada. Mówi: „Wyprostuj się!”, a ja na to: „Idź spać do domu swojej matki”. Wtedy Ezzo kładzie się na sofie w drugim pokoju. Czasami sypia tam przez pięć lub dziesięć dni, a czasem – przez cały miesiąc. Gotuję mu i piorę jego ubrania, ale zaznaczam: „Jestem tylko służącą w twoim domu”. To on musi pierwszy przeprosić i obiecać poprawę.

Nie rozumiem, jak kobieta, która jest źle traktowana przez męża, może nadal z nim sypiać. Zdarza się, że mężczyzna pali haszysz i w przypływie namiętności nie zostawia jej wyboru. Powiadają, że haszysz wzmaga pożądanie i może zmienić mężczyznę w zwierzę. Mężczyzna nie chce tego robić, ale nie umie nad sobą zapanować. Lepiej, jeśli mężczyzna pozostaje w swoim naturalnym stanie. Wtedy kobieta doświadcza od niego łagodności i dobroci, dzięki czemu między małżonkami może istnieć wzajemna sympatia i życzliwość.

Zatem w dniu *duchla* – skonsumowania mojego małżeństwa z Libijczykiem – usadzono mnie naprzeciw męża, a tamta stara kobieta, nasza znajoma, przytrzymywała mnie od tyłu. Libijczyk owinął palec gazą i wepchnął go we mnie. Pociemniało mi w oczach i zaczęłam wrzeszczeć, przeklinając swojego męża i wszystkich obecnych – kobiety, które były ze mną w tym pokoju. Krzyknęłam: „Ty sukinsynu, ty plugawy psie, oby Bóg zesłał zarazę na religię twojej matki”, a kiedy zobaczyłam krew, poczułam jeszcze większą wściekłość i wrzasnęłam: „Puśćcie mnie, dranie! Dlaczego robicie we mnie dziurę, dlaczego mnie przebijacie? Puśćcie mnie!”

Przez cały ten czas kobiety zgromadzone pod drzwiami hałasowały i śpiewały, jak to się zwykle robi podczas aktu defloracji, żeby zagłuszyć krzyki i płacz panny młodej. Śpiewały piosenkę zaczynającą się od słów: „Czy wybieliłaś gazę, panno młoda?”, co oznacza: „Czy przyniosłaś zaszczyt swojej rodzinie, dowodząc, że jesteś dziewicą?”

Czy wybieliłaś gazę, panno młoda?
Twój mąż to żartowniś, panno młoda.

Daktyle zakwitły i dojrzały,
Czy przyniosłaś zaszczyt swoim czterem wujom?

Spójrzcie na krew tej dziewczyny,
Popatrzcie, jest jasnoczerwona jak owoc jabłoni.

Na metalowym łóżku, czy płaczesz, czy też nie,
Ta noc jest warta krocie.
Na mosiężnym łóżku, czy szlochasz, czy też milczysz,
To tylko jedna z wielu nocy –

Wkrótce nadejdzie świt.
Na jedwabnym prześcieradle pocałuj mnie, panno młoda.
O, panie młody, noc jest długa.

Na słomianej macie pocałuj mnie, panno młoda.
O, panie młody, niech Bóg da twoim bliskim długie życie!

Kiedy było już po wszystkim, wszyscy zgromadzeni przekonali się, że naprawdę byłam dziewicą. Puścili mnie, mówiąc: „Wstań i włóż sobie do pochwy kostkę cukru". Moja matka czekała pod drzwiami, ale druga żona mojego ojca nie przyjechała, chociaż powinna była to zrobić, żeby się przekonać, że jestem przyzwoitą dziewczyną. Ci, którzy nie widzieli splamionej krwią gazy w noc weselną, przychodzą ją zobaczyć następnego ranka. To tak, jakbyś miała ozdobną wazę, z której byłabyś bardzo dumna, i jakbyś wyniosła ją na zewnątrz, aby ją pokazać wszystkim zgromadzonym. Oczywiście zakrwawionej gazy nie pokazuje się każdemu. Wśród osób, które przychodzą ją obejrzeć, są bliskie krewne oraz mężczyźni, których panna młoda nie mogłaby poślubić ze względu na więzy pokrewieństwa – na przykład jej ojciec, brat oraz bracia ojca i matki, ale nie kuzyni, którzy mieli prawo ubiegać się o jej rękę. Mojego ojca nie było wśród zgromadzonych krewnych.

Wstałam i umyłam się, lecz nie posłuchałam rady, aby włożyć do pochwy kostkę cukru. Kiedy się myłam, z pochwy wypływała krew, a ja mówiłam do siebie: „Utop się, Dunio". Skąd miałam wiedzieć cokolwiek o tych sprawach, skoro nikt nigdy nie powiedział mi, czego mam się spodziewać? Lecz kiedy skończyłam, wstałam i zaczęłam tańczyć. Boże, co za głupota! Czy możesz sobie wyobrazić coś równie głupiego? Wstałam i tańczyłam jak idiotka, a mój mąż siedział na zewnątrz i wydawał się zadowolony z tego, że pozbawił pannę młodą dziewictwa.

Zaczęło się przyjęcie weselne, z muzyką i tańcami. Ktoś zaśpiewał kwestię panny młodej:

Mój śniady chłopcze, taki spokojny i opanowany,
Mój śniady mężczyzno, taki chłodny i obojętny,
Zechciej pozostać w moim sercu przynajmniej przez siedem minut.
Starannie dobieram słowa, zmiękczę najtwardsze serce,
A potem doprowadzę ukochanego do szaleństwa...

Te słowa oznaczają, że panna młoda zarzuca przynętę, a kiedy mężczyzna złapie się na haczyk, dziewczyna robi z nim, co się jej podoba. Piosenkę tę śpiewano przez cały wieczór, dodając kolejne zwrotki. Zwykle goście weselni wymyślają słowa na podstawie własnych doświadczeń. Widząc szczęście panny młodej w dniu ślubu, kobiety śpiewają o cierpieniach, jakie zadali im ukochani mężczyźni. Kobieta, która straciła najbliższą osobę – nieszczęśliwa żona porzucona przez męża – zaśpiewała:

Między brwią a źrenicą oka
Wyfrunął biały gołąb.

Mija siedem lat,
Odkąd stałam się jego łodzią,
Aby mógł bezpiecznie przepływać na drugi brzeg.
Ale ten niewdzięczny tchórz kupił mnie, a potem sprzedał.

Podczas jednego z wesel, w jakich uczestniczyłam wkrótce po tym, jak oddałam Ezzowi pierścionek i bransolety, byłam bardzo przybita. Zaśpiewałam te słowa, aby dać upust swojemu smutkowi i rozdrażnić matkę Ezza:

Usiądź przy mnie i posłuchaj,
Pozwól mi się wypłakać na swoim ramieniu;
Wszystko to spadło na mnie za sprawą twojej matki.

Usiądź przy mnie i posłuchaj,
Otrzyj moje łzy chusteczką;
Wszystko to spotkało mnie przez twoje słodkie słówka.

Ty, mężczyzno w koszuli z kołnierzykiem,
Moja dusza czepia się każdego twojego słowa.
Oboje wciąż chodzimy po tym świecie,
A to, co nas rozdzieliło, również do niego należy,
Dlatego pewnego dnia znowu się odnajdziemy.

W trakcie swojego wesela tańczyłam, ale za każdym razem, kiedy spoglądałam na pana młodego, drżałam z przerażenia. Za każdym razem, gdy patrzyłam w jego kierunku, cała się trzęsłam. W końcu wszyscy poszli do domu, a on położył się obok mnie. Chciał ze mną spać. Powiedziałam do niego: „Co ci chodzi po głowie, ty draniu? Zwariowałeś?", a on odparł: „To konieczne". Wtedy zapytałam, przedrzeźniając go: „To konieczne? A może po prostu podziękujesz Bogu za to, że dał ci piękną żonę o twarzy jak księżyc w pełni, i pójdziesz spać, ty stary capie?" Tak właśnie zrobił i przez kolejnych kilka nocy nie zbliżał się do mnie, ale zaczął się na mnie skarżyć.

Wtedy przyszła do mnie moja siostra, Lolla, i powiedziała: „Musisz mu ulec, Dunio. Przecież właśnie po to wychodzimy za mąż". Odparłam: „O ponury dniu, nie mogę na niego patrzeć!" Kobiety poradziły mi, żebym zakryła twarz, kiedy mąż położy się obok mnie, ale ich nie posłuchałam. Pogasiłam światła, żeby go nie widzieć. Robię to do dzisiaj. Stało się to moim zwyczajem, a Ezzo bez końca przekomarza się ze mną z tego powodu.

Po jakimś czasie ten mężczyzna znowu się do mnie zbliżył. Wydawało się, że moje rany już się zagoiły, ale kiedy we mnie wszedł, zaczęłam krwawić. Zakrwawiłam prześcieradła oraz swoją koszulę nocną i halkę. Następnego ranka przyszła do mnie matka, a ja zapytałam ją: „W imię Proroka, kobieto, gdybyś to ty go poślubiła, czy miałabyś ochotę sypiać w jego ramionach, chociaż jesteś już stara?" Matka zapłakała nade mną. Ja też szlochałam i w rozpaczy biłam się po twarzy.

Zostaliśmy w Egipcie przez siedemnaście dni, a potem zebraliśmy wszystkie dokumenty i wyjechaliśmy do Libii. Mąż powiedział mi: „W swoim kraju mogłaś liczyć na ochronę i pomoc swoich krewnych, ale teraz będę z tobą postępował, jak mi się podoba". Bił mnie, żeby zmusić mnie do współżycia. Przyjmowałam jednak te razy i znosiłam je lepiej niż sypianie z nim. Używał skórzanego bicza – takiego, jakie wytwarza się w Sudanie. Zachowywał się jak wygłodniały lub wściekły pies, lecz pewnego dnia, zaraz po takim laniu, powiedziałam mu: „Gwiazdy na niebie są bliżej ciebie niż ja".

Po przyjeździe do Libii dowiedziałam się, że mój mąż miał cztery inne żony. Z dwiema spośród tych kobiet już się rozwiódł, ale dwie pozostałe nadal były jego małżonkami. Wbrew wcześniejszej obietnicy Libijczyk nie przygotował dla mnie mieszkania, lecz umieścił mnie pod jednym dachem z libijską (a nie egipską) żoną swojego syna. Kobieta ta była dla mnie dobra i dawała mi tabletki, które miałam wkładać sobie do pochwy, aby uniknąć ciąży, gdyby mojemu mężowi udało się we mnie wejść. Mówiła: „Nie przejmuj się, Dunio, staraj się być cierpliwa i znosić swojego męża. W przeciwnym razie nigdy nie przestanie cię bić".

Ludzie, którzy widzieli, w jak nieznośnej znalazłam się sytuacji, poradzili mi, żebym napisała list do matki, prosząc ją, by przysłała mi telegram z wiadomością, że jest ciężko chora i pragnie, abym do niej przyjechała. Tak właśnie zrobiłam. Spędziłam w Libii czterdzieści trzy dni – w tym czasie Hagg Ali zdołał przespać się ze mną zaledwie dwa razy. Pamiętam dokładnie – miesiąc i trzynaście dni. Nie sposób zapomnieć o złych doświadczeniach.

Myślę, że tabletki, które dostawałam od tamtej Libijki, spowodowały podrażnienie będące przyczyną moich dzisiejszych problemów. W każdym razie pewnego dnia syn Hagg Alego przyniósł telegram od mojej matki, a ja zaczęłam błagać męża, żeby pozwolił mi pojechać do Egiptu. On jednak odparł, że nie ma pieniędzy na bilet. Wtedy powiedziałam: „Oto bransolety, które mi podarowałeś. Sprzedaj je i kup bilet". Posłuchał mnie, a ja poleciałam do Egiptu samolotem. Spośród prezentów, jakie od niego dostałam, został tylko złoty pierścionek. Dzisiaj nosi go moja siostra, Lolla.

Gdy wyjeżdżałam z Kairu, mój brat, Jehja, był zaręczony z pewną dziewczyną z Gizy. Miał zostać powołany do wojska, ale ktoś mu powiedział, że jeśli mój ojciec rozwiedzie się z matką, Jehja będzie zwolniony ze służby wojskowej jako jedyny żywiciel rodziny. Kiedy więc przyjechałam do domu, dowiedziałam się, że moja matka jest rozwiedziona, a Jehja się ożenił i zamieszkał w jej pokoju. Odtąd moja matka sypiała w jednym pokoju z właścicielką budynku, w którym mieszkaliśmy. Nazywaliśmy ją *Chalti* – ciocią. Podczas mojej nieobecności dużo się zmieniło, a ja zastanawiałam się, co ja i matka mamy teraz począć.

Nie podobało mi się to, że matka oddała swój pokój i meble Jehji. Kiedy jej to powiedziałam, odparła: „Ty byłaś w Libii, twoja siostra jest mężatką, a ja pomyślałam, że dobrze byłoby mieć kogoś, o kogo mogłabym się troszczyć, i być blisko twojego brata". Ja na to: „Mieszkasz u *Chalti* Umm Labib, ale ja nie mogę tego zrobić, bo nie lubię się nikomu narzucać, wiesz o tym".

Udało nam się znaleźć inny pokój w pobliżu mieszkania Jehji. Jadłyśmy i piłyśmy z moim bratem, a na noc wracałyśmy do swojego pokoju. Jehja i jego żona dzielili się z nami wszystkim, co ugotowali, ale ja czułam się bardzo źle po swoich libijskich doświadczeniach i wiedziałam, że nie mogę tak dalej żyć. Po jakimś czasie Hagg Ali przysłał po mnie swego syna, ale nie zgodziłam się z nim wyjechać. Powiedziałam, że jeśli mąż pragnie mnie odzyskać, to musi sam po mnie przyjechać.

Niedługo potem ludzie z naszej ulicy przybiegli do mnie, wołając: „Hagg Ali tu jest! Hagg Ali tu jest!" Przyszedł do nas i powiedział, że skoro nie chciałam wrócić do Libii z jego synem, musiał sam po mnie przyjechać. Po podpisaniu kontraktu małżeńskiego Hagg Ali dał mi wiano w wysokości stu funtów. Uzgodniliśmy, że później dostanę od niego jeszcze trzysta funtów. Potem pożyczył ode mnie sto funtów, które mi wcześniej wypłacił, i zostawił mojej matce weksel na tę kwotę.

Kiedy usłyszałam, że Hagg Ali jest w drodze do naszego domu, postanowiłam, że zrezygnuję z całej kwoty, jaką był mi winien, jeśli on zgodzi się na rozwód. Kiedy przyszedł, zaproponowałam mu taki układ, ale odmówił ze słowami: „Byłbym głupcem, gdybym się z tobą rozwiódł. Gdzie znajdę drugą taką żonę?" Odparłam: „Jeśli rzeczywiście tak myślisz, to dlaczego nie traktujesz mnie tak, jak powinieneś – jak córkę? Zapomnijmy o tych wieczornych głupotach".

Jednak on nie chciał się na to zgodzić, więc próbowałam go przekonać słowami: „Oby Bóg dał ci mądrość. Nie jestem kobietą dla ciebie. To zupełnie jasne, więc dlaczego się ze mną nie rozwiedziesz? Rozejdźmy się w pokoju. Koran powiada: kiedy łączycie się ze sobą i gdy się rozstajecie – czyńcie to w dobrej wierze. Skonsumowaliśmy nasze małżeństwo z okrzykami radości, nie rozstawajmy się z żałosnym zawodzeniem". On pozostawał niewzruszony, a ja odchodziłam od zmysłów. Czułam, że za chwilę wybuchnę, i rzeczywiście tak się stało, kiedy Hagg Ali stwierdził, że bliżej mi do gwiazd na niebie niż do upragnionego rozwodu.

Zdjęłam pantofle i jednym z nich sprawiłam mężowi okrutne lanie. Myślałam, że zatłukę go na śmierć. Krzyczał: „Dopadnę ją! Dopadnę ją!" Ludzie gromadzili się wokół nas, żeby popatrzeć, a ja odpowiedziałam mu kolejnym głośnym uderzeniem. Moja matka była w samym środku tego zamieszania, a wszyscy sąsiedzi zebrali się, żeby mnie wspierać. „Jak śmiesz bić mnie pantoflem! Ja ci pokażę!" – wrzasnął, a ja odpowiedziałam między zadawanymi ciosami: „Ty stary kapciu, przez cały czas próbuję ci powiedzieć: Rozwiedź się ze mną! Kiedy wreszcie odzyskasz rozum?" Czy to było do pomyślenia, abym spała w jego ramionach? Czy on oszalał? Jednak ani perswazja, ani mój pantofel nie zdołały go przekonać do wypowiedzenia słów, które tak bardzo pragnęłam usłyszeć: „Rozwiodę się z tobą". Więc w końcu go puściłam.

Wkrótce potem przysłał do nas dwóch policjantów. Zapukali do drzwi i zapytali, czy Dunia Osman jest w domu, a kiedy weszli, spojrzeli na moją matkę, pewni, że to ona jest żoną, której szukają – ze względu na jej wiek. Wtedy jednak zrobiłam krok naprzód i powiedziałam: „To ja jestem Dunia Osman. Jak mogę panom pomóc?" Spojrzeli na mnie zdumieni i zapytali: „To pani?" Potem wyjaśnili, że muszę iść z nimi na komisariat, więc ubrałam się i wyszłam z nimi na ulicę, otoczona tłumem sąsiadów. Właśnie wtedy przyszedł do nas mój kuzyn ze strony ojca. Pobiegł za nami razem z moim bratem, Jehją, który wrócił z pracy, powiadomiony o całym zajściu.

Kiedy wyszliśmy z budynku, zobaczyliśmy Libijczyka czekającego na zewnątrz w towarzystwie teściowej swojego syna, którą wezwał na pomoc. Stali po drugiej stronie ulicy – tej, która graniczy z brzegiem Nilu. My znajdowaliśmy się po stronie zabudowanej. Ruszyliśmy przed siebie – oni po jednej stronie ulicy, my zaś po drugiej, a ja nie szczędziłam mu wyzwisk, aż dotarliśmy do posterunku policji w Embabie. Ta scena była taka komiczna i smutna zarazem! On idący po jednej stronie ulicy, a ja – po drugiej, w towarzystwie rodziny i sąsiadów!

Komendant komisariatu miał na imię Tamer, niech Bóg ma go w opiece. W tym czasie nosił na ramieniu dwie gwiazdki i miał nadzieję na trzecią, a kiedy ją dostał, przeniesiono go do innego komisariatu. Przedstawiłam mu swoją wersję wydarzeń, a potem zeznawał Libijczyk. Po długich sporach i pomimo zastrzeżeń wysuwanych przez Libijczyka w końcu doszliśmy do porozumienia. Ja miałam mu darować dług, w zamian za co on obiecał się ze mną rozwieść.

Tak też się stało. Spisano stosowne porozumienie – on złożył pod nim odcisk swojego kciuka, a ja się podpisałam. Jestem niepiśmienna, ale kiedyś nauczyłam się pisać swoje imię i nazwisko, a także imiona mojego brata i siostrzeńca, żebym nie musiała się wstydzić, kiedy trzeba będzie podpisać jakiś dokument.

Nazajutrz poszliśmy do sądu i przeprowadziliśmy rozwód do końca. Bardzo dobrze pamiętam ten czas, ponieważ rozwiodłam się zaledwie trzy lub cztery dni po śmierci Gamala Abdela Nasera*. Pochowano go w pewną sobotę, w październiku 1970 roku, a ja dostałam rozwód w następną środę.

Libijczyk wyjechał, ale moje problemy wcale się nie skończyły. Zastanawiałam się, jak powinnam żyć, dokąd pójdę i co będę robić. Hagg Ali próbował się ze mną pogodzić. Najpierw przysłał swojego syna, potem jego teściową, aż wreszcie sam do mnie przyjechał. Jednak dla mnie wszystko było skończone. Myślałam przede wszystkim o tym, z czego będę żyć.

W tym czasie mój stary przyjaciel Zain dostał nową pracę w Gizie. To było chyba w roku 1971, a ponieważ wcześniej zmarła jego żona, Zain odesłał swoje dzieci z powrotem do Aswanu. Tam gdzie pracował Zain, potrzebowali jeszcze kogoś do pomocy, więc powiedziałam matce, że chciałabym mu pomagać, a ona się zgodziła. Nie chciałam siedzieć w domu i pozwalać, aby brat rzucał mi ochłapy jak bezpańskiemu psu. Moja matka też chciała pracować, żeby pomóc mi wiązać koniec z końcem, ale była już wtedy po czterech operacjach i nie dawała rady. Namawiałam ją, żeby zrezygnowała z pracy i została w domu, ale właśnie wtedy mój brat zaczął narzekać na to, że musi dzielić się wszystkimi posiłkami z matką i ze mną. Pomyślałam więc: „Pieniądze, które zarabiam, nie wystarczą na nasze utrzymanie". Musiałam znaleźć jakieś rozwiązanie.

W tym czasie odwiedziła nas pewna znajoma. Powiedziała, że jeden z jej braci widział moją matkę, a ona zrobiła na nim tak wielkie wrażenie, że chciałby się z nią ożenić. Rozmawiałyśmy o tym, a ja powiedziałam matce, że przecież nie wyjdzie za niego dla przyjemności, lecz zamiast pracować jako służąca w cudzym domu, mogłaby zarobić na swoje utrzymanie w małżeństwie, kładąc chleb na stole, który przynajmniej będzie należał do niej. Moje rodzeństwo – brat Jehja i siostra Lolla – nie pochwalało tego pomysłu, gdyż ów mężczyzna był trochę młodszy od matki, ale łatwo im było mówić – siedzieli sobie we własnych domach i nie mieli pojęcia o trudnościach, z jakimi się borykałyśmy. Żyłyśmy jak uchodźcy.

W końcu moja matka wyszła za mąż, zwolniłyśmy pokój, a ja znowu zostałam sama, zastanawiając się, co robić i jak żyć. Po ślubie mojej matki znowu straciłam własny kąt. Nie mogłam zostać w pokoju, który wynajmowałyśmy razem, ponieważ nie byłam już mężatką i nie wypadało, żebym mieszkała sama.

Przez jakiś czas mieszkałam u mojego brata, ale płaciłam mu za swoje utrzymanie. Mówiłam do szwagierki: „Będziesz dzisiaj gotować, Nariman?

---

* Gamal Abdel Naser Husajn (1918–1970) – egipski oficer i polityk, prezydent Egiptu w latach 1954–1970, uważany za jednego z najwybitniejszych przywódców arabskich w historii (przyp. tłum.).

Proszę, weź te pieniądze, to mój wkład". Albo: „Idziesz dzisiaj na zakupy, Nariman? Weź te pieniądze, to moja część". Mówiłam tak, żeby moja szwagierka nie miała poczucia, że wzięła sobie lokatorkę. Mimo to rzadko jadłam w ich domu i w miarę możliwości starałam się schodzić im z drogi. Spędzałam parę nocy u matki, innym razem nocowałam u Lolli, ale nigdy nie zostawałam na noc u ojca, który miał tylko jeden pokój.

Od czasu do czasu Ezzo przyjeżdżał na przepustkę, ale jako żołnierz zarabiał zbyt mało, aby myśleć o małżeństwie. Przychodził do mnie i pytał, jak się miewam, a ja odwzajemniałam jego pozdrowienia i troskę. Pytałam, czy nie zamierza się ożenić i ustatkować. Czasami odpowiadał, że podoba mu się jakaś kobieta, ale wydaje mi się – choć wtedy nie miałam o tym pojęcia – że przez cały ten czas zależało mu na mnie. Ja nie myślałam o nim w ten sposób.

Latem tego samego roku pracodawca Zaina poszedł na dwumiesięczny urlop i musiałam poszukać sobie innej pracy, aby mieć z czego żyć. Zajrzałam do zakładu krawieckiego, w którym kiedyś pracowałam, ale nie mieli wolnego miejsca. Spotkałam tam jednak znajomego, który zaproponował, żebym spotkała się z jego kuzynem ze strony matki – właścicielem butiku na placu Ataba*. Ten znajomy znał historię mojego małżeństwa i rozwodu i pomyślał, że może mi pomóc. Okazało się, że jego kuzyn rzeczywiście potrzebował ekspedientki, a ja nadawałam się do tej pracy. Mój znajomy i jego kuzyn rozmawiali o mojej sytuacji, lecz postanowili nie mówić o niej starszemu z dwóch braci prowadzących sklep, ponieważ w naszych okolicach panuje przekonanie, że po wyjściu za mąż kobieta staje się chciwa, a to przemawiałoby przeciwko mnie.

Zaczęłam więc tam pracować. Zarabiałam osiem funtów miesięcznie, a ludzie byli dla mnie bardzo mili. Kiedy na przykład kupowali melon lub arbuz, zawsze mnie częstowali. Nalegali też, żebym zachowywała dla siebie wszystkie napiwki od klientów.

Starszy z braci nadał mi przezwisko „Sfinks", gdyż nie lubiłam żartować ani przekomarzać się z klientami, a także dlatego, że bezbłędnie rozpoznawałam klientów, którzy przychodzili do sklepu tylko dla zabawy albo dla zabicia czasu. Kiedy taki ktoś wchodził do butiku albo kiedy jakiś niezdecydowany klient prosił, żebym podała mu z półki to czy tamto, patrzyłam mu prosto w oczy i mówiłam: „Nie sądzę, żebyśmy mieli to, czego pan potrzebuje. Proszę przyjść kiedy indziej". Klient pytał wtedy: „Dlaczego pani tak mówi?", a ja powtarzałam: „Nie sądzę, żebyśmy mieli to, czego panu potrzeba. Proszę zajrzeć do nas później". Klient wychodził, a właściciel, który siedział tuż przed wejściem do sklepu, chichotał i mówił: „A niech cię, jesteś jak Sfinks". Chodziło mu o to, że

---

* Ataba – plac położony między europejską częścią Kairu a starymi dzielnicami miasta (zwanymi Kairem muzułmańskim). Znany ośrodek handlowy – na placu mieści się duży targ owocowo-warzywny, a także liczne sklepy (przyp. tłum.).

jestem chłodna i niewzruszona, lecz ja doskonale wiedziałam, że niezależnie od tego, czy będę się uśmiechać do klientów, czy też nie, oni i tak zrobią ze swoimi pieniędzmi to, co zechcą.

Pewnego razu, jakieś pięć lat temu, policjant i żołnierz wdali się w bójkę na ulicy w pobliżu naszego butiku. Zamknięto wszystkie sklepy na placu Ataba, autobusy przestały kursować, a wszyscy mundurowi szybko przebierali się w cywilne ubrania i wkładali galabijje, aby uniknąć akcji odwetowych między wojskiem a policją.

Nie mogłam wrócić do domu, więc właściciel sklepu zaprosił mnie do siebie. Jego rodzina mieszkała w tradycyjnym domu w dzielnicy Salah Salem, na tyłach meczetu Sultan Burquq. Mieli jeden pokój na parterze i dwa na piętrze. Mój szef powiedział: „Tej nocy będziesz spała w opiekuńczych ramionach Umm Salem, z dziećmi mojego brata". Wszyscy mieszkańcy tego domu należeli do rodziny, a jej najmłodsi członkowie byli dziećmi jednego z braci, który pracował w Arabii Saudyjskiej. Ludzie ci byli bardzo mili, a ponieważ pochodzili z Górnego Egiptu, dodawali do potraw mnóstwo cebuli.

W tym czasie mój kuzyn ze strony ojca poprosił o moją rękę. Ojciec stanowczo odmówił: „Jeśli oddam Dunię komukolwiek, to tylko Ezzowi". Kuzyn przysięgał, że uczyni mnie szczęśliwą i wynagrodzi mi wszystkie nieszczęścia, jakie mnie spotkały. Wszyscy w rodzinie znali moją historię. Ale ojciec powiedział: „Nie".

Ezzo również węszył wokół mnie. Ale ja miałam już dosyć takiego życia – jednego dnia tutaj, następnego gdzieś indziej, bez własnego kąta. Brat Ezza, Fuad, mówił Lolli: „Twoja siostra mieszka u nas, a mimo to nie chce poślubić mojego brata". To stawiało mnie w niezręcznej sytuacji. Byłam w potrzasku.

Kiedy matka tego kuzyna – siostra mojego ojca – przyszła do ojca, żeby porozmawiać z nim o moim małżeństwie ze swoim synem, byłam zadowolona. Ale ojciec nie ustąpił ani nie dał się przekonać. Doszło nawet do awantury. Mój ojciec spoliczkował swoją siostrę i potem przez długi czas nie rozmawiali ze sobą. Ciągle powtarzał: „Dunia jest dla Ezza. Od początku był jej przeznaczony i to jego powinna była poślubić". Jednak moje uczucia do Ezza bardzo ochłodły. Wydaje się, że czas przynosi zapomnienie, a może miłość, jaką do niego żywiłam, była tylko miłością siostrzaną. W każdym razie moje serce zobojętniało na niego, a problemy, jakie nas dotykają, pozostawiają w duszy ślad, który sprawia, że trudno powrócić do tego, co było.

W tym czasie chciałam wyjść za mąż za tamtego kuzyna. Nieźle zarabiał, a ja miałam już dość ciągłej walki o przetrwanie. Nie chciałam się dłużej męczyć w zbyt ciasnej sukience, a właśnie tak wyglądało moje życie. Pragnęłam choćby niewielkiej swobody ruchów, marzyłam u sukience, w której mogłabym swobodnie nabrać powietrza, nie rozrywając tkaniny, nawet gdyby sukienka miała być poszerzona tylko o jeden szew. Z tego powodu skłaniałam się ku swojemu kuzynowi i byłam mu przychylna.

Kiedy w sklepie na placu Ataba nie było dużego ruchu, właściciel mówił: „Nałóż wierzchnią suknię i idź do domu". W te dni odwiedzałam ciotkę, siostrę mojego ojca, która mieszkała w pobliżu klasztoru Deir el-Malak, niedaleko Kasr el-Gumhur. Kuzyn często odprowadzał mnie do domu. Mówił o małżeństwie i o tym, jak bardzo poruszyły go moje nieszczęścia. Zapewniał, że pragnie mi oszczędzić trudów całodziennej pracy w sklepie i chciałby mi wynagrodzić cierpienia, jakich doznałam. Wiedział, że nie lubię rozmawiać o miłości i tym podobnych bzdurach, więc był wobec mnie bardzo szczery.

Ja także pragnęłam poślubić tego mężczyznę, dlatego poprosiłam o pomoc męża mojej matki, mając nadzieję, że się za mną wstawi. On jednak odmówił. Powiedział, że to nie jego sprawa, za kogo wyjdę za mąż, i dodał, że przecież mam ojca i to on powinien podjąć tę decyzję. Mój brat był przychylny temu małżeństwu, więc kuzyn poprosił go o wstawiennictwo. Ale Jehja nie zdołał przekonać ojca, który powiedział: „Moja siostra jest dla nas zbyt zamożna. Poza tym Dunia ma gwałtowne usposobienie, podobnie jak jej kuzyn, więc nie mogliby żyć w zgodzie. Ezzo, który ją kocha, będzie tolerował jej sposób bycia".

Zapytałam siebie: „Czy już zawsze będę musiała walczyć i cierpieć?" Poszłam do ojca, żeby po raz ostatni spróbować go przekonać, aby pozwolił mi poślubić mojego kuzyna. Wysłuchał mnie, a potem powiedział: „Mam dla ciebie tylko dwa słowa. Możesz je przyjąć albo odrzucić, to zależy od ciebie". Przypomniał mi, co mnie spotkało, kiedy ostatnio postąpiłam po swojemu. Powiedział: „Jeżeli znowu zrobisz coś bez mojej zgody, nie będziesz już moją córką. Staniesz się dla mnie kimś zupełnie obcym i już nigdy nie będziesz mogła liczyć na moją pomoc. Jeśli jednak poślubisz Ezza, cokolwiek zrobi twój mąż, zawsze będę przy tobie, abyś mogła czuć się bezpieczna". Oczywiście słowa to nie to samo co czyny, ale najwyraźniej Ezzo i ja byliśmy sobie pisani. Płakał i mówił, że Dunia powinna być z nim, a on z nią – i rzeczywiście tak się stało, chociaż wtedy chciałam poślubić swojego kuzyna.

Mój kuzyn ożenił się w tym samym czasie, kiedy ja wyszłam za mąż za Ezza. Teraz jest policjantem. Jednak ja skonsumowałam swoje małżeństwo wcześniej niż on. Poślubił dziewczynę, która chodziła do szkoły, jakby chciał mi powiedzieć: „Widzisz? Nie chciałaś mnie, a teraz ja znalazłem sobie kogoś lepszego od ciebie". Ale przed swoim ślubem, po moich zaręczynach, dzwonił do mnie i pytał, dlaczego zgodziłam się na ślub z Ezzem. Mówił też: „Choćbyś miała dziesięciu mężów, w końcu i tak się z tobą ożenię", a ja odpowiadałam: „To już koniec. Myślisz, że przejmuję się takimi groźbami, mądralo?", i rzucałam słuchawką.

To był koniec. Cóż mogłam zrobić? Byłam zaręczona i musiałam żyć dalej. Taka już jestem. Kiedy coś jest przesądzone, nie oglądam się za siebie. Gdybym zaczęła to robić, mogłabym się potknąć i przewrócić. Patrzę więc prosto przed siebie, przyjmuję życie takie, jakie jest, i staram się trzymać tego, co jasne i oczywiste.

Z takim nastawieniem Ezzo i ja zebraliśmy pieniądze, jakie udało się nam zaoszczędzić, i wpływy ze spółdzielni, do których przystąpiliśmy, i kupiliśmy komplet mebli do sypialni. Mój ojciec zapłacił za bawełnę na tapicerkę, a teściowa – za pokrycie dwóch kołder, dwóch materacy i dwóch poduszek. Wynajęliśmy pokoje, w których teraz mieszkamy. Byliśmy gotowi do rozpoczęcia wspólnego życia.

Te spółdzielnie są bardzo pożyteczne. Kilka lub kilkanaście osób co miesiąc wpłaca określoną kwotę do wspólnej kasy. Co miesiąc jedna z nich dostaje całą uzbieraną sumę. Właśnie w ten sposób kupiłam Munie pierwsze złote kolczyki. Nie odmawiam jej niczego, chociaż nie zapominam o przysłowiu: „Karm mnie i ubieraj, ale pewnego dnia i tak znajdę drogę do tych, którzy wydali mnie na świat". Dla Muny przystąpiłam do spółdzielni, do której wpłacałam po trzy piastry dziennie, a kiedy przyszła moja kolej, wypłaciłam całą kwotę i kupiłam dziewczynce kolczyki.

Kiedy Ezzo i ja zamieszkaliśmy razem, czułam się tak, jakbym nigdy wcześniej nie była mężatką. Nie straciłam niczego poza dziewictwem. Wtedy jednak pojawiły się problemy, z którymi borykam się do dzisiaj. Moje miesiączki stawały się coraz mniej obfite. Podejrzewam, że przyczyniły się do tego tabletki, które wkładałam sobie do pochwy, kiedy byłam w Libii. Co miesiąc krwawienie było coraz słabsze, aż wreszcie zupełnie ustało. Zamiast miesiączki pojawiły się bolesne skurcze, które nadal mnie prześladują.

Po ślubie powiedziałam do Ezza: „Nie czuję się dobrze, nie mogę znieść w sobie nawet małego palca, więc jak wepchniesz we mnie swój członek?" Ezzo był jednak bardzo delikatny. Nie spieszył się. Dopiero po dwóch czy trzech dniach poczuł się ze mną swobodnie. Odtąd, kiedy mówię mu „tak", naprawdę tego chcę, a moje „nie" znaczy „nie". Ezzo jest pod tym względem bardzo dobry, a ja przyzwyczaiłam go do tego, by postępował zgodnie z moją wolą. Jak mówi przysłowie: „Twój mąż, dopóki go nie wyszkolisz, i twój syn, dopóki go nie wychowasz", co oznacza, że jeśli będziesz wytrwała, z czasem możesz sprawić, że każdy z nich będzie postępował tak, jak tego pragniesz.

Skonsumowałam małżeństwo z Ezzem dwa miesiące przed ramadanem i zrezygnowałam z pracy w sklepie, ale dwa razy w tygodniu pomagałam Zainowi w Gizie. Nie mogłam pracować w sklepie od dziesiątej do piątej, pomagać Zainowi i troszczyć się o potrzeby męża.

W tym czasie Lolla była w ciąży z Muną. Dziewczynka przyszła na świat trzy miesiące po moim ślubie. W ciągu tych trzech miesięcy moje krwawienia miesięczne były skąpe i nieregularne, a ja zaczęłam podejrzewać, że nie będę mogła mieć dzieci. Kiedy więc Lolla urodziła córeczkę, nadałam jej imię i zapytałam siostrę, czy nie oddałaby mi dziewczynki na wychowanie. Moja siostra odparła: „Dlaczego nie? Ty i ja jesteśmy jak jedno". Lolla karmiła Munę, a ja zajmowałam się dziewczynką w domu siostry. Innym razem Lolla przychodziła do mojego domu, żeby karmić Munę, a ja się nią opiekowałam. Robiłyśmy tak do czasu, kiedy Lolla odstawiła córkę od piersi.

Niektórzy radzili mi, żebym poddała się badaniom, aby się dowiedzieć, co mi dolega. Posłuchałam ich. Okazało się, że mam niedrożne wejście do macicy, być może z powodu tabletek, które brałam w Libii. Znam jednak kobiety, które wkładały sobie do pochwy egipską aspirynę, żeby uniknąć ciąży, i nic im się nie stało. Nie wiem, dlaczego pigułki, które stosowałam, okazały się szkodliwe. Może dlatego, że była to zagraniczna aspiryna. W każdym razie poszłam do darmowego szpitala, a tam powiedziano mi, że muszę się poddać operacji. Zostałam więc w tym szpitalu – nazywał się Szpital Faruk. W ciągu dwóch tygodni miałam dwie operacje, a potem wypisali mnie do domu.

Kiedy nadchodziła pora krwawienia miesięcznego, wiedziałam o tym, ponieważ bolesne skurcze budziły mnie w środku nocy z najgłębszego snu. Były tak silne, że ledwie mogłam wytrzymać. To było już po dwóch operacjach, więc ludzie powiedzieli mi: „Zapomnij o darmowych szpitalach i darmowych operacjach. Są do niczego. Idź do płatnego szpitala".

Poszłam do lekarza w Bab el Luq, który powiedział: „Trzeba panią zoperować. To będzie kosztowało trzydzieści funtów plus funt za konsultację i funt za opiekę pielęgniarską". Przemyślałam to i jakoś zdobyłam pieniądze. Zostałam zoperowana w klinice, w której pracował ten lekarz. To było podczas ramadanu, w roku 1976.

Kiedy przyszłam do siebie, mój kuzyn ze strony matki, Ezzo, jego kuzyn ze strony matki oraz moja przyjaciółka, która dzisiaj pracuje jako inżynier w egipskiej telewizji, zabrali mnie do domu. Całe to zamieszanie miało przywrócić mi miesiączkę. Wróciłam do lekarza, który mnie operował. Co dwa dni zgłaszałam się na konsultację, co dwa dni miałam badanie, aż wreszcie doktor powiedział: „Musimy zrobić prześwietlenie, to będzie kosztowało trzydzieści funtów".

Wtedy pomyślałam sobie, że to wszystko nie ma sensu, i zaczęłam tracić nadzieję. Nie wszyscy lekarze są mądrzy, a niektórzy młodzi doktorzy wiedzą więcej niż starzy, ale trudno jest ocenić, który jest dobry, a który nie. Inni ludzie, którzy chodzili do tego lekarza, żalili mu się na swój ciężki los, a on operował ich za darmo. Ale ja zawsze przychodziłam do niego ładnie ubrana i byłam zbyt dumna, żeby mu powiedzieć, że nie mam tylu pieniędzy. Powiedziałam, że przyjdę do niego na kolejną wizytę, ale nigdy tego nie zrobiłam.

Po powrocie do domu rozpłakałam się. Wydałam już siedemdziesiąt funtów – bez skutku. Pomyślałam: „Mój Boże, czy człowiek nieszczęśliwy już zawsze musi cierpieć?" Kiedy przychodziła pora krwawienia miesięcznego, skręcałam się z bólu. Żeby go uśmierzyć, wypijałam fiolki novalginy. Tak bardzo cierpiałam! Novalgina w płynie miała być podawana w zastrzykach i była strasznie gorzka, ale skurcze były o wiele gorsze.

Pewnego dnia skurcze dopadły mnie, kiedy byłam w domu matki w Matarijji. Jej mąż zobaczył mnie i powiedział: „Słuchaj, Dunio, chociaż nie czuję bólu, którego ty doznajesz, mam wrażenie, że mógłbym go odczuwać we własnym ciele. Jutro zabiorę cię do szpitala chorób kobiecych w dzielnicy Abassijja. Zobaczymy, co tamtejsi lekarze mogą dla ciebie zrobić". Każdy, kto widział mnie w takim stanie, bardzo mi współczuł.

Pojechaliśmy więc. Lekarz napisał odręcznie diagnozę, którą potem przepisano na maszynie, i powiedział: „Pobierzemy próbkę z macicy". Odparłam, że to już zostało zrobione, i podałam mu diagnozę poprzedniego lekarza. Wtedy on powiedział: „W takim razie zbadamy panią pod znieczuleniem i zobaczymy, co tam się dzieje". Dodał, że mam pół godziny na przygotowanie się do badania. Nie było czasu do stracenia, gdyż lekarz wcisnął mnie między nagłe przypadki, wyświadczając w ten sposób przysługę znajomemu naszego znajomego, który pracował w tym szpitalu.

Było wcześnie rano, ale ja zawsze jestem umyta i przygotowana, więc powiedziałam doktorowi, że jestem gotowa. Pewne części kobiecego ciała wymagają szczególnej troski, dlatego trzeba dać kobiecie czas na wypadek, gdyby chciała się umyć lub wydepilować przed badaniem. Ja jednak byłam gotowa, bo wiedziałam, czego się spodziewać.

Dali mi zastrzyk, a ja podałam im swoje imię, a później już nic nie czułam. Kiedy się ocknęłam, poczułam ból w tym miejscu i zobaczyłam, że krwawię. Spojrzałam na nich i zapytałam: „Czy byłam operowana?", a oni odparli: „Nie, przeprowadziliśmy badanie pod znieczuleniem". Wtedy zapytałam, co ustalili, a lekarz powiedział, że wejście do macicy jest niedrożne. Zapytał, kiedy miałam pierwszą miesiączkę, a ja odparłam: „To się zdarzyło, kiedy miałam trzynaście lat. Krew wypływała ze mnie jak miód, zupełnie bezboleśnie. Trwało to trzy lub cztery dni, a krew była koloru czerwonych róż". Wyjaśniłam, że miesiączka zanikła po rozwodzie z pierwszym mężem. Lekarz powiedział, że jeśli Bóg pozwoli, przeprowadzą operację poszerzenia wejścia do macicy. To powinno rozwiązać problem.

Przyjęto mnie do szpitala. Spędziłam w nim miesiąc i pięć dni, choć miałam wrażenie, że trwało to parę lat. Większość pacjentów tego szpitala to ludzie biedni, którzy muszą nosić szpitalne ubrania i jeść szpitalne jedzenie. Ja nie musiałam robić ani jednego, ani drugiego. Matka uszyła dla mnie długą białą suknię z bufiastymi rękawami. Czasami wkładałam też białą galabijję Ezza. Matka odwiedzała mnie codziennie i przynosiła mi posiłki. Dawałam jej pieniądze na mięso, a ona gotowała i przynosiła mi przyrządzone przez siebie potrawy.

W szpitalu wszyscy ubierają się na biało, a ja zakrywałam głowę białą chustą, która zasłaniała uszy. Chociaż nosiłam własne ubrania i jadłam własne posiłki, czułam się jak więzień. Mówiłam do innych kobiet: „Kiedy to się wreszcie skończy? Czuję się jak byk czekający na rzeź!" One wybuchały śmiechem, a wtedy ja też się śmiałam, lecz w głębi ducha bardzo się martwiłam. Z dnia na dzień byłam coraz bardziej niecierpliwa. Najgorsze w tym wszystkim było czekanie, ale zabierali nas na operacje kolejno i nie można było nic na to poradzić. Pytałam członków personelu: „Kiedy wreszcie otworzycie bramę stajni i wypuścicie wszystkie byki?" Oni się śmiali, kobiety też chichotały i nadal czekałyśmy.

Wreszcie zostałam zoperowana, a kiedy przywieźli mnie z powrotem do łóżka, obudziłam się pełna radości. Ezzo płakał wraz ze mną nad moją udręką, ale dla mnie to, co najgorsze – czekanie – już się skończyło. Byłam pełna nadziei, lecz mój optymizm nie trwał długo. Przyszedł do mnie lekarz, który mnie operował, i powiedział, że nie mogli nic dla mnie zrobić. „Okazało się, że jest tam bardzo wąsko" – wyjaśnił. „Bałem się, że mogę przedziurawić pani macicę, jeśli będę działać w pośpiechu". Oczywiście chciał przez to powiedzieć, że gdyby przedziurawił mi macicę, byłoby po mnie – na pewno bym umarła. Zanim skończył mówić, łzy pociekły mi z oczu i rozpłakałam się. Wtedy lekarz powiedział surowym tonem: „Wolałaby pani, żebym panią zabił i przy okazji posłał się do diabła?" Płakałam, a on wyszedł z pokoju.

Po operacji wiele osób przyszło mnie odwiedzić. Ludzie wchodzili do szpitalnej sali z pozdrowieniem *mabruk* na końcu języka i ze słowami gratulacji, a ja biłam się w rozpaczy po twarzy i szlochałam. Czułam fizyczny ból i rozpaczałam z powodu nieudanej operacji. Lekarze podali mi znieczulenie i próbowali włożyć do środka instrument używany do poszerzania wejścia do macicy – bez powodzenia. Znowu biłam się po twarzy i płakałam, a moja rodzina i przyjaciele płakali razem ze mną. Szlochałam, a oni płakali ze mną i mówili: „Nie martw się, Dunio, Bóg jest miłosierny, Bóg jest mądry" – i wszystkie te słowa, którymi dodajemy sobie otuchy w ciężkich chwilach.

Później zażądałam, aby wypisano mnie ze szpitala. Zrozumiałam, że cała ta walka do niczego nie prowadzi. Jednak doktor powiedział, że jest na to za wcześnie i że następnego dnia zbada mnie jakiś ważny lekarz. Przyszedł, obejrzał ranę i zaczął ze mną rozmawiać. „Posłuchaj, Dunio, muszę z tobą szczerze porozmawiać. Będę mówił zrozumiałym językiem, bo, rzecz jasna, nie znasz się na medycynie". Poprosiłam, żeby mówił dalej.

Powiedział: „Spróbuję zilustrować twój problem. Wyobraź sobie, że masz cukinię, którą chcesz napełnić farszem. Gdybyś wsunęła do niej nóż i próbowała usunąć cały miąższ od razu, co by się stało?" Odparłam: „Przedziurawiłabym ją", a on przytaknął: „Dobrze. Bystra z ciebie dziewczyna i doskonale mnie rozumiesz. A teraz wyobraź sobie, że bierzesz nóż i wydrążasz cukinię po trochu. Prawdopodobnie usunęłabyś miąższ, nie uszkadzając ścianek. Mogłabyś napełnić cukinię farszem i bez problemu ją ugotować, prawda?" Przytaknęłam, a on mówił dalej. Powiedział, że podobnie jak cukinię, trzeba mnie poszerzać stopniowo, żeby nie uszkodzić macicy. Zanim wyszedł, dodał, że za trzy miesiące mogę się zgłosić na kolejny zabieg.

Krwawienie i skurcze nie ustępowały przez kilka dni po operacji, a później wypisano mnie do domu. Pojechałam do mojej siostry Lolli, ponieważ jej dom jest większy niż mój i łatwiej było mi pomieścić gości, którzy mnie odwiedzali. Moja matka zamieszkała z nami, ojciec często nas odwiedzał, a Ezzo był troskliwy i opiekuńczy, ale nigdy nie zostawał zbyt długo.

Po jakimś miesiącu skurcze powróciły. Były tak silne, że w desperacji waliłam głową w ścianę i krzyczałam: „Po co były te wszystkie cierpienia i wydatki, skoro taki jest skutek?" Miałam dwie darmowe operacje w Szpitalu Faruk, jedną, za którą zapłaciłam, a potem jeszcze trzy – w sumie sześć operacji, podczas których podano mi tyle środków znieczulających, że wystarczyłoby to, aby zabić osła. Nie jestem osłem, tylko człowiekiem. Kiedy dopadały mnie skurcze, wypijałam jedną ampułkę novalginy za drugą i tłukłam się pięścią w brzuch. Krzyczałam: „Boże, zesłałeś na mnie ten straszny ból, ale poradzę sobie lepiej niż Ty!", i znowu okładałam się pięściami. Było ze mną źle.

Ludzie, którzy widzieli mnie w takim stanie, mówili, że powinnam iść na kolejną operację. Ale ja już skończyłam z operacjami. Odpowiadałam więc: „Nigdzie nie pójdę". Czułam, że to na nic. Przekonałam się, że lekarze – zwłaszcza jeśli robią coś za darmo – nie mają sumienia i zapominają, że Bóg wszystko widzi. Cóż więc mogę zrobić? Gdybym tylko odzyskała miesiączkę, mój wielki problem byłby rozwiązany. Bez tego jednak nie mogę począć dziecka, a jeśli nie będę mogła mieć dzieci, będę żyła w ciągłym strachu, że Ezzo weźmie sobie drugą żonę.

Chociaż żyję dobrze i mam wszystko, czego mi potrzeba – mikser, telewizor, radio i magnetofon – ten problem wisi nad moją głową i wpływa na całe moje życie. Utrzymuję dom w czystości, dbam o siebie, troszczę się o potrzeby męża i na ogół jestem zadowolona z życia, ponieważ jednak nie mam dzieci, czuję się niepewnie.

Życie bez własnych dzieci to straszny problem. To jak życie w cieniu klątwy – czegoś, o czym nie mogę i nie wolno mi zapomnieć i co sprawia, że całe życie staje się dużo trudniejsze. Gdybym tylko znowu miała miesiączkę, tak jak dawniej! Gdyby zamiast tych okropnych skurczów zaczęła ze mnie wypływać krew! Poczułabym się szczęśliwa. Oto moja niedola. Oto moja historia, którą opowiedziałam wraz z chwilami smutku i łez, niczego nie dodając ani nie ujmując.

„Byłam w ciąży trzy razy
i urodziłam troje dzieci.
Później Bóg nie dał mi
już ani jednego.
W końcu dałam za wygraną
i pogodziłam się z losem”.

Umm Naima

Żona rybaka

Życie w rodzinie, w której jest więcej niż jedna żona, jest bardzo ciężkie. Druga żona zawsze budzi nienawiść pasierbów, a wszyscy powtarzają: „Oby Bóg skrócił jej dni na tym świecie". Czy jedna żona może ufać innej żonie (lub żonom) swojego męża? To niemożliwe – te kobiety mogą tylko życzyć sobie cierpienia i nieszczęścia. Na dowód tego opowiem kilka historii.

W sąsiedniej wiosce pewna kobieta niedawno zabiła syna drugiej żony swojego męża. Była zazdrosna i wiedziała, że odkąd to dziecko przyszło na świat, ona będzie tylko służącą i niewolnicą drugiej żony swego męża i jej syna. Dlatego postanowiła zabić chłopca. Pewnego dnia wzięła go, kiedy nikogo nie było w pobliżu, i wrzuciła do glinianego dzbana z wodą. Znaleziono tam chłopca martwego. Nie miał jeszcze roku.

W naszych stronach jest tak: jeśli jesteś pierwszą żoną i nie masz dzieci, a twój mąż bierze sobie drugą żonę, zadasz sobie pytanie: „Czy mogę się z tym pogodzić? Mam pozwolić, żeby ta kobieta wypełniła dom swoimi dziećmi, gdy tymczasem ja będę cierpieć – bezpłodna i samotna – usługując jej dzieciom? Mam siedzieć bezczynnie, kiedy on wodzi za nią kochającymi oczami i szczyci się jej osiągnięciami?" To niełatwe.

Będziesz się zastanawiać: „W jaki sposób mogę mu za to odpłacić? Jak mogę złamać mu serce i sprawić, aby ta kobieta cierpiała do końca swoich dni?" Najpewniejszy sposób to wyrządzenie krzywdy jej dzieciom. To najczulszy punkt każdej kobiety. Jeśli dziecko jest chore, umiera albo nagle znika, matka będzie usychać z rozpaczy i straci chęć do życia. Już nigdy nie uczerni sobie rzęs ani nie umaluje twarzy, aby wyglądać pięknie. Już nigdy nie będzie miała ochoty śmiać się, żartować i przekomarzać się z mężem, nigdy też nie zechce spać w jego ramionach. Odepchnie go, a dzięki temu pierwsza żona zemści się na nim za swoje cierpienie. Zrani drugą żonę poprzez jej dzieci, a męża – poprzez drugą żonę.

Inna kobieta – także z sąsiedniej wsi – zemściła się, podając dziecku drugiej żony potas do wypicia. Tej żrącej substancji używa się jako wybielacza. Potas zabił dziecko, rozrywając jego wnętrzności na strzępy. To było tak. Matka zostawiła synka pod opieką pierwszej żony. Ta zabrała dziecko i powiedziała do niego: „Masz tu kubek mleka, kochanie. Wypij to". Chłopiec ufał jej, więc wypił mleko. Po powrocie matki dziecko zaczęło płakać: „Weź mnie na ręce, mamo, weź mnie na ręce!", a ona zapytała: „Co się stało, moje serduszko?" Chłopiec odparł: „Boli mnie brzuszek".

Kiedy jego ojciec wrócił z pola, dziecko bardzo cierpiało, więc rodzice zapytali je, co jadło i piło, a chłopiec odpowiedział: „Fathijja dała mi duży kubek mleka". Ojciec postanowił, że zabierze synka do lekarza, ale zanim skończył to mówić, dziecko już nie żyło. Jego matka, podejrzewając przestępstwo, upierała się: „Nie pochowam synka, dopóki nie zostanie przeprowadzona sekcja zwłok". Kiedy przeprowadzono autopsję, wszystko się wydało i macocha chłopca trafiła do więzienia. Teraz jest już na wolności, a wszyscy obchodzą ją z daleka z lękiem i trwogą. Nikt nie chce mieć z nią nic wspólnego. Tylko jej ojciec przyjmuje ją w swoim domu.

W naszej wiosce żyła kiedyś matka trojga dzieci. Jej mąż uległ wdziękom innej kobiety i pojął ją za żonę. Nowa żona z pewnością rzuciła na niego urok – w przeciwnym razie nie wziąłby jej do swego domu, wiedząc, że takie sytuacje zawsze dzielą rodziców i dzieci. Pierwsza żona pałała żądzą zemsty, podburzana przez swoich krewnych, którzy mówili: „Dlaczego mielibyśmy cię zostawić w niedoli? Skoro twój mąż ożenił się ponownie, ty też możesz to zrobić. Pokażemy mu. Zostaw mu dzieci, niech poczuje brzemię odpowiedzialności za ich wychowanie".

Jej bracia, którzy byli szczególnie rozgniewani na męża tej kobiety, powiedzieli: „Jeśli ten człowiek pragnął mieć urodziwą żonę – miał ją. Jeżeli chciał, by jego żona była świetną panią domu – nasza siostra właśnie taka jest. To bystra kobieta, naprawdę mądra. Czego więcej chciał? Jak mógł w dobrej wierze pojąć za żonę córkę tego i tego i postawić ją ponad naszą siostrą?" Wszystko to zatruło atmosferę, a rodzina tej kobiety zaczęła spiskować przeciwko jej mężowi.

W trakcie postępowania rozwodowego mężczyzna zaproponował pierwszej żonie: „Dam ci tyle i tyle pieniędzy na utrzymanie trojga dzieci". Lecz ona, podburzona przez swoją rodzinę, odrzuciła jego propozycję i powiedziała, żeby zabrał dzieci. Jej matka krzyknęła: „Weź je na grzbiet i zabierz je sobie. Niech zginą marnie razem z tobą". Wtedy mężczyzna zabrał dzieci, oczekując, że jego druga żona będzie się nimi opiekować.

Przez jakiś czas rzeczywiście się nimi zajmowała, ale potem zaczęła mieć ich dość. Były dla niej ciężarem – zwłaszcza najmłodsze, które było jeszcze niemowlęciem i wymagało dużo uwagi – a przecież nie wiązały jej z nimi więzy krwi. Drugą żonę denerwowało także to, że jej mąż nie tylko poświęcał swoim dzieciom większość czasu i uwagi, ale też sypiał z najmłodszym z nich w ramionach. W tym czasie matka pierwszej żony powiedziała do córki: „Zobaczysz, będzie poświęcał dzieciom tyle uwagi, że zabraknie mu czasu dla nowej żony, a ona w końcu od niego odejdzie".

Pewnego dnia mężczyzna poszedł na pole i jak zwykle zostawił najmłodsze dziecko pod opieką drugiej żony. Jednak tym razem zazdrość zawładnęła nią bez reszty. Zabiła dziecko. Poćwiartowała jego ciało, włożyła je do kosza i właśnie miała je wynieść z domu, kiedy weszło jedno ze starszych dzieci. Było jeszcze za małe, żeby zrozumieć to, co zobaczyło. Zapytało: „Co robisz, matko?", a jego macocha odparła: „Gotuję dla was". Wtedy chłopiec powiedział zdziwiony: „Ale tu jest bardzo dużo mięsa", a ona odrzekła: „Zachowamy część na jutro". Potem wzięła kosz i zakopała ciało w oborze.

Kiedy ojciec wrócił z pola i zapytał o dziecko, kobieta powiedziała, że nie wie, gdzie ono jest. Pewnie dokądś poszło. To był paroletni chłopiec. Szukali go wszędzie i wołali jego imię przez głośnik z wieży meczetu, jak to się zwykle robi, kiedy ginie dziecko. Jego ojciec płakał i podejrzewał pierwszą żonę, że zabrała synka. Wysłał jej wiadomość, a jego pierwsza żona i jej matka natychmiast przybiegły do jego domu, przeczuwając, że stało się coś złego. Serca tłukły im się w piersiach jak oszalałe.

Matka zaginionego chłopca wzięła jedno ze starszych dzieci na stronę i zaczęła je wypytywać: „Nie wiesz, dokąd poszedł twój braciszek? Jak traktuje was macocha? Co daje wam do jedzenia?" I tak dalej. Dziecko odpowiedziało: „Przynosi do domu mnóstwo mięsa, ale nie dała nam ani trochę". Jego matka zapytała: „Więc co z nim zrobiła?", a dziecko odparło: „Niedawno zakopała trochę mięsa w oborze".

Te słowa wzbudziły podejrzenia matki. Kobieta otwarcie obwiniła drugą żonę o zniknięcie dziecka. Mąż, którego dotknęły te oskarżenia, zareagował na nie gwałtownie, mówiąc: „Ty i twoja rodzina próbujecie zrujnować mi życie i marzycie tylko o tym, żeby mój dom legł w gruzach. Czy nie wyrządziliście już dość złego?" Zaczął jednak dochodzić prawdy, a później poszedł za swoim synkiem do obory. Tam wykopano ciało dziecka. Najpierw pojawiła się jego noga, a potem cała reszta. Wtedy mężczyzna zwołał krewnych drugiej żony i wraz z nimi próbował zatuszować całą sprawę, ale słuchy o tym, co się wydarzyło, dotarły do uszu matki zabitego dziecka, która przybiegła na miejsce ze swoją rodziną w samą porę, żeby zobaczyć, jak wynoszą szczątki jej synka.

Kobieta wezwała policję. W ten sposób pierwsza żona, która czuła się skrzywdzona przez drugie małżeństwo swego męża, wysłała tego mężczyznę i jego drugą żonę za kraty. Zostali skazani na piętnaście lat więzienia. Nie zdążyli się nacieszyć wspólnym życiem – nie czekało ich nic oprócz cierpienia i niedoli. Tak już jest z mężczyznami i kobietami.

Pozostali dwaj chłopcy zamieszkali u swojego stryja, a ich ojciec ma sądowy zakaz zbliżania się do domu pierwszej żony – matki chłopców. Ale to z pewnością nie koniec tej historii. Kiedy chłopcy dorosną, będą czyhać na swoją macochę, żeby się na niej zemścić. Mogą także zabić swoich wujów – krewnych ze strony matki – jeśli uznają ich za winnych podburzania matki do tego, by po rozwodzie zostawiła dzieci ojcu. Mogą ich także obwinić o to, że ponownie wydali ich matkę za mąż, co spowodowało rozłam między nią a jej dziećmi.

Uważa się, że kiedy kobieta powtórnie wyjdzie za mąż, nie może już odczuwać dawnej więzi macierzyńskiej z dziećmi spłodzonymi przez pierwszego męża. Tak już jest w naszych stronach. Ludzie rozpościerają nad sobą parasol wzajemnej nienawiści i braku zaufania, a życie staje się długim łańcuchem małżeństw, rozwodów, dzieci, zazdrości i śmierci.

Moja matka była drugą żoną ojca. Jego pierwsza żona mieszkała wtedy w jego domu. Wcześniej urodziła mu tylko dwie córki, które miały po kilkanaście lat, kiedy ojciec ożenił się z moją matką. Ludzie radzili mu: „Dlaczego nie ożenisz się jeszcze raz, Ahmadzie, i nie sprawisz sobie syna, który będzie cię utrzymywał na stare lata?"

Moja matka była wcześniej żoną pewnego grubasa, ale nie miała z nim dzieci. W domu tego mężczyzny również była drugą żoną. Ludzie mówili, że pierwsza żona tego człowieka rzuciła na moją matkę zaklęcie, aby ta widziała swego męża jako małpę, pałała do niego nienawiścią i nie znosiła jego bliskości. Między żonami jednego mężczyzny nigdy nie ma miłości. Poprzez to zaklęcie pierwsza żona doprowadziła do tego, że tamten mężczyzna rozwiódł się z moją matką. W ten sposób pozbyła się rywalki, a jednocześnie umożliwiła mojej matce powtórne małżeństwo.

Matka zaszła w ciążę niemal natychmiast po ślubie z moim ojcem. Jej pasierbice, które, rzecz jasna, nie znosiły nowej żony ojca, zaczęły spiskować ze swoją matką, próbując za wszelką cenę utrudnić macosze życie. Ponieważ chciały się dowiedzieć, czy dziecko wzrastające w łonie mojej matki jest chłopcem, który z pewnością zepchnąłby je na drugi plan, poszły do czarownika z kilkoma należącymi do niej przedmiotami i poprosiły go, by spróbował coś z nich wyczytać.

Czarownicy to ludzie, którzy widzą więcej niż przeciętny człowiek. Pasierbice mojej matki ukradły jedną z jej chust i zmierzyły kawałkiem sznurka jej suknię, która suszyła się w słońcu. Sznurek symbolizował jej wzrost. Pokazały czarownikowi te przedmioty i zapytały, jakiej płci jest dziecko, które nosi w sobie nowa żona ich ojca. Powiedział, że to chłopiec. Kiedy dziewczęta przekazały tę wiadomość swojej matce, ta zaczęła płakać i rzekła: „Już po mnie, matka dziewcząt traci wszystko, nadchodzi czas matki chłopców". Jej najstarsza córka odparła: „Na Boga, matko, jeśli pozwolę tej przybłędzie odziedziczyć to, co nam się należy od ojca, albo jeśli pozwolę ojcu choćby przez jeden dzień cieszyć się tym synem, nie nazywam się Fatma!"

Fatma poszła do swojego wuja, który również zajmował się czarami, i poprosiła go o pomoc. Chciała rzucić na moją matkę zaklęcie, które uczyniłoby ją odrażającą w oczach męża i skłoniłoby go do porzucenia nowej żony. W tym celu zaniosła temu mężczyźnie kosmyk włosów matki, jej chustę, sznurek symbolizujący jej wzrost, jej bieliznę i pięciofuntowy banknot – zapłatę za usługi wróżbity.

Zaklęcie zostało rzucone i wkrótce mój ojciec uległ jego mocy. Pewnego dnia wstał i oznajmił wszystkim, że nie chce już tej kobiety – swojej drugiej żony. Ludzie mówili mu: „Pomyśl tylko, Ahmadzie, ta kobieta jest w ciąży i może dać ci syna". On jednak nie chciał tego słuchać. Powiedział: „Niech idzie do diabła. Nie chcę jej. Kiedy stoi przede mną, widzę małpę". Odepchnął nową żonę i odesłał ją do domu jej ojca. Tam urodziła swoje pierwsze dziecko, mojego najstarszego brata. Wtedy ludzie znowu przyszli do mojego ojca i próbowali go przekonać: „Bądź rozsądny, Ahmadzie, zabierz ją do siebie. Masz syna". Ale on się upierał: „Nie chcę ani tego chłopca, ani jego matki".

Krewni mojej matki zaczęli podejrzewać, że niezrozumiałe zachowanie ojca to sprawka jego pierwszej żony i jej córek. Postanowili rozwikłać tę zagadkę i przeciwstawić się knowaniom tych kobiet. Poszli do innego wróżbity, który orzekł: „To skutek zaklęcia, które zostało umieszczone w grobowcu. Włożono je tam razem z nieboszczykiem. Dajcie mi trzy funty, a ja znajdę to zaklęcie i przyniosę je wam, a wtedy będziecie mogli zdjąć zły czar". Posłuchali go. Wróżbita przyniósł im paczuszkę zawierającą magiczne napisy i rzeczy mojej matki, a oni uradzili, że wystawią je na światło gwiazd, aby uwolnić moją matkę od złego uroku. W tym celu włożyli zawartość paczuszki do wiadra z wodą, a nocą, kiedy niebo było usiane gwiazdami, postawili wiadro na dachu, aby napełniło się gwiezdnym blaskiem. Nad ranem, przed wschodem słońca zdjęli wiadro z dachu. Powtarzali te czynności trzy noce z rzędu. Czwartego dnia wrzucili zawartość wiadra do rzeki – zaklęcie zostało zdjęte.

Następnego dnia ojciec przysłał pośrednika, który w jego imieniu poprosił moją babkę, aby odesłała córkę do jego domu. Domyślił się, dlaczego wcześniej czuł do niej odrazę, a kiedy odkrył, że to Fatma rzuciła na niego zaklęcie, związał ją i zostawił na trzy dni i noce – zupełnie samą – w budynku, w którym przechowuje się karmę dla zwierząt. Potem pokłócił się z pierwszą żoną i z jej bratem, oskarżając go o udział w spisku. Brat mojej macochy zaprzeczył tym oskarżeniom, a po interwencji ludzi z wioski konflikt został zażegnany. Jednak pierwsza żona mojego ojca żyła w obawie przed problemami, jakie nowo narodzony chłopiec miał ściągnąć na nią i na głowy jej córek, a Fatma – chociaż przez pewien czas zachowywała się ulegle – chowała w sercu urazę do tego chłopca i postanowiła się z nim rozprawić, kiedy tylko nadarzy się po temu okazja.

Pewnego dnia mój brat został sam ze swoją przyrodnią siostrą. Miał wtedy około roku. Dziewczyna, widząc, że w pobliżu nie ma nikogo, chwyciła chłopca za szyję i zaczęła go dusić. Jego twarz przybrała kolor błota, kiedy nagle do pokoju wszedł mój ojciec i uratował synka. Zbił Fatmę, a potem posłał po pierwszą żonę. Kiedy przyszła, powiedział jej: „Będziesz dbała o mojego syna jak o własne dziecko albo musisz odejść. Nie możesz tu zostać, jeśli nie uznasz tego chłopca za brata swoich córek". Jego żona odpowiedziała: „Prosisz mnie o rzecz niemożliwą, Ahmadzie. Czy nosiłam tego chłopca w swoim łonie, żebym miała go kochać jak własne dziecko? Jak mogę go uznać za swojego i oczekiwać, że kiedy dorośnie, będzie chodził przede mną i dźwigał moje pakunki jak przykładny syn? To niemożliwe. Chłopiec jest bratem swoich sióstr i synem matki, która go urodziła. Moje dziewczęta nie mają brata, który by się o nie zatroszczył, i tak już zostanie do końca ich dni. Ty zaś z czasem o nich zapomnisz, będziesz widział tylko swojego syna".

Moja macocha opuściła więc dom wraz ze swoimi córkami, a zaraz potem – w ciągu czterdziestu ośmiu godzin – zachorowała i umarła. Fatma zamieszkała ze swoim dziadkiem, ale nigdy nie wybaczyła nam utraty matki. W końcu jej młodsza siostra wróciła do naszego domu i obawiając się losu, jaki spotkał jej matkę, starała się traktować przyrodniego brata z czułością i troskliwie się nim opiekować.

Moja matka była drugą żoną i poślubiła ojca, kiedy ten zaczął się już starzeć. Urodziła mu czterech synów i trzy córki. Rodziła niemal co rok i przez większość czasu karmiła piersią jednocześnie dwoje dzieci. Ja urodziłam się przedostatnia, a mój młodszy brat jest ostatnim z naszej gromadki. Mieliśmy zaledwie trzy lub cztery lata, kiedy umarł mój ojciec. Najstarszy brat stał się dla nas jak ojciec, a matka często zwracała się do niego jak do swego męża. Ojciec zmarł w roku, w którym mój najstarszy brat został powołany do wojska. Wpadł w rozpacz na myśl, że będzie musiał rozstać się z synem, który był jego oczkiem w głowie. Próbował wykupić go ze służby wojskowej, co było wówczas możliwe, ale okazało się, że nie ma dość pieniędzy ani wystarczających wpływów, aby to zrobić. To go załamało. Umarł wkrótce po wyjeździe mojego brata.

Po śmierci ojca nagle znaleźliśmy się sami na wzburzonym morzu, niczym gromada rozbitków. Starsze dzieci rozumiały znaczenie śmierci i wiedziały, jak wielkie nieszczęście nas spotkało. Odtąd byliśmy skazani na ciężką walkę o przetrwanie. Powiedziano mi, że w chwili jego śmierci siedziałam na polu, grając na bębenku i śpiewając, a jego koza pasła się obok mnie. Pamiętam jednak płacz i zawodzenie, kiedy kobiety zgromadziły się wokół mojej matki, bijąc się po twarzach, aby dać wyraz swemu współczuciu i pokazać, że łączą się z nią w bólu.

Pamiętam, jak moja matka płakała i wołała: „O ja nieszczęsna, czuję się, jakbym tonęła. Dokąd teraz pójdę? Któż mi pozostał? Nie mam ani brata, ani siostry, na których mogłabym się oprzeć, ani bezpiecznego brzegu, na którym mogłabym odpocząć. W czyich rękach złożyłeś mój los, o utracony?" Płaczki odpowiadały: „Siostro, pomyśl o Bogu w tej godzinie rozpaczy", a matka zawodziła: „Co się stanie z moimi dziećmi? Biedactwa! Życie nie będzie wam szczędziło ciosów, moje maleństwa". Miała rację. Żaden z wujów ani stryjów nie przyjął nas pod swój dach. Żaden z krewnych nie zaglądał, żeby zapytać, jak nam się wiedzie. Wcześnie nauczyliśmy się pracować nie tylko na swoim polu, ale także jako robotnicy najemni, zbierając słodkie ziemniaki na cudzych polach za siedem lub osiem piastrów dziennie.

Dorastając, często pytaliśmy matkę: „Gdzie jest nasz ojciec?", a ona odpowiadała: „Bóg jest waszym ojcem. On zapewni wam środki do życia". Nieobecność ojca dawała nam się we znaki szczególnie w czasie świąt, kiedy inne dzieci paradowały w nowych strojach, trzymając w dłoniach kolorowe lalki i wielbłądy z cukru – symbole świąt, w których mogliśmy uczestniczyć tylko częściowo ze względu na nasze ubóstwo. Innym razem, kiedy pytaliśmy, gdzie jest ojciec, matka mówiła: „Wasz ojciec pojechał na targ, który jest daleko stąd. Wróci jutro. Jutro". Odpowiadała nam w ten sposób, pragnąc oszczędzić nam cierpienia, a my mogliśmy tylko przesiadywać na polach i spoglądać z zazdrością na tych, którzy mieli swoich ojców przy sobie.

Jak przez mgłę pamiętam nasze życie przed śmiercią ojca. Budził nas rano, przytulał i pieścił, prosząc, żebyśmy usiedli wokół niego. Jeśli miał dla nas coś do jedzenia, karmił nas, a my siadaliśmy i jedliśmy przy nim. Po śniadaniu wyprowadzał zwierzęta na pastwisko, a my szliśmy za nim, a potem strzegliśmy pasących się zwierząt, podczas gdy ojciec pracował. Siadaliśmy blisko niego, kiedy orał albo przekopywał ziemię. Matka zwykle zostawała w domu, żeby zemleć pszenicę lub kukurydzę na mąkę, z której piekliśmy chleb. Gotowała, sprzątała i prała, a na pole przychodziła tylko wtedy, kiedy ojciec jej potrzebował. Zanim zaczęliśmy rozumieć, kim jesteśmy, i staliśmy się dość duzi, aby służyć ojcu tak, jak on służył nam, ojciec odszedł na spotkanie ze Stwórcą, a my musieliśmy radzić sobie sami.

Dzierżawiliśmy niewielkie poletko od bogatego właściciela ziemskiego. Uprawialiśmy na nim kukurydzę, pszenicę albo koniczynę. Nasze zbiory zwykle nie wystarczały na utrzymanie rodziny i wyżywienie zwierząt. Mieliśmy krowę, osła i kozę. Kiedy nie starczało dla nich koniczyny, kupowaliśmy trochę od sąsiada. Po śmierci ojca matka sama uprawiała tę ziemię. Pomagaliśmy jej, jak tylko mogliśmy. Matka dawała nam rydel i pokazywała, jak pleć grządki, podczas gdy sama ścinała kukurydzę. W dni, kiedy to my musieliśmy nawadniać pola uprawne, zaprzęgaliśmy krowę do koła wodnego i jedno z nas, dzieci, jeździło na niej w kółko, podczas gdy matka kierowała strumień wody na pola. Kiedy nasza kolej przypadała w nocy – co się czasami zdarzało – sąsiedzi mówili: „Ta kobieta jest sama i ma małe dzieci. Nie możemy pozwolić, żeby pracowała w nocy przy kole wodnym". Zamieniali się z nią – oddawali matce swój czas nawadniania przypadający w dzień w zamian za jej nocne godziny.

Ludzie troszczyli się o nas, lecz nie nasze rodziny. Od czasu do czasu któryś z sąsiadów przynosił nam kosz pomarańczy, używane ubrania bądź miskę mleka, z którego matka robiła aromatyczne ciasto albo pudding ryżowy, lecz nasi krewni zajmowali się własnymi sprawami i nie interesowali się naszym losem.

Kiedy miałam siedem lat, matka poddała mnie zabiegowi obrzezania. Zabiegi obrzezania dziewcząt przeprowadza się latem, w miesiącach *Abib* i *Misra*, przed świętem *Id el-Fitr**. Obrzezanie ma pomóc dziewczynie w zachowywaniu spokoju i w panowaniu nad pragnieniami seksualnymi. Chłopców poddaje się temu zabiegowi dlatego, że – jak się powszechnie uważa – w przeciwnym razie nie mogliby współżyć z kobietą ani płodzić dzieci.

W wioskach najczęściej przeprowadza się ten zabieg równocześnie u grupy dziewcząt. Potem kobiety obmywają je w rzece, każdą z osobna. Później opatrują ich rany czystym płótnem nasączonym oliwą i jodyną. Jeśli dziewczęta zostały obrzezane w tym samym domu, nie mogą sobie zaszkodzić, jeżeli jednak zostały obrzezane osobno, a później przypadkowo spotkały się nad rzeką, to ta z nich, która zjawiła się tam później, powinna powiedzieć o tym matce pierwszej dziewczynki.

Matka pyta wtedy: „Czy córka tej i tej spotkała cię nad rzeką?", a dziewczynka odpowiada: „Tak". Matka nic na to nie mówi, lecz kiedy rana się zagoi, radzi córce: „Gdybyś po wyjściu za mąż nie mogła zajść w ciążę, idź do córki tej i tej, która została obrzezana tego samego dnia co ty. Spotkała cię przypadkowo nad rzeką, kiedy przyszła obmyć swoją ranę. Poproś ją, żeby zrobiła niewielkie nacięcie na swoim palcu, a potem trzykrotnie wyssij krew z ranki. Zabierz ze sobą kawałek bawełny, nasącz go krwią tej kobiety, a potem włóż sobie do pochwy. Zrób to w czasie, kiedy nie będziesz wychodzić z domu, najlepiej wieczorem, tuż przed pójściem spać". To zdejmie z dziewczyny zaklęcie, które ta druga mimowolnie na nią rzuciła, gdy spotkała ją nad rzeką w nieodpowiednim momencie.

Gdyby przytrafiło ci się coś takiego, musisz koniecznie powiedzieć o tym matce tej drugiej dziewczynki, jeśli nie życzysz jej źle. Jeżeli tego nie zrobisz, możesz na zawsze ją „zablokować", tak że nie będzie mogła zajść w ciążę ani urodzić dzieci. Przekazywanie takich informacji to przysługa, którą kobiety starają się odwzajemnić, kiedy tylko nadarzy się po temu okazja.

Pewnego dnia moja matka powiedziała do swego ojca, który był kimś w rodzaju pielęgniarza: „Chcemy obrzezać dziewczynkę", a on odparł: „Dlaczego nie? Zrobię to". Pewnego ranka przyszedł do naszego domu z brzytwą. Starannie ją naostrzył, żeby operacja odbyła się tak szybko i bezboleśnie, jak to tylko możliwe. Bałam się. Po części wiedziałam, co mnie czeka – widziałam dziewczęta, które zostały obrzezane przede mną, i słyszałam ich płacz. Jednak w przeciwieństwie

---

* *Id el-Fitr* (Święto Przerwania Postu), zwane także „małym świętem" – trzydniowe święto obchodzone przez muzułmanów na zakończenie ramadanu (przyp. tłum.).

do położnej, która często ma ciężką rękę i tępy nóż, mężczyzna na ogół jest bardziej zręczny, a jego brzytwa – lepiej naostrzona. Pielęgniarz zwykle podaje też dziewczynkom środek znieczulający. To łagodzi wstrząs związany z zabiegiem.

Pamiętam, że w dniu mojego obrzezania matka wezwała pewnego mężczyznę z sąsiedztwa, który miał mnie przytrzymywać, żebym nie rzucała się podczas zabiegu i nie zraniła się brzytwą. Pamiętam też, że kiedy przyszedł mój dziadek, na zewnątrz była jeszcze gęsta mgła, jak to często bywa na wsi wczesnym rankiem. Gdy nóż wbił się w moje ciało, niczego nie poczułam, ale później, kiedy lek przeciwbólowy przestał działać i wróciło mi czucie, około południa tego samego dnia, bolało mnie tak bardzo, że miałam wrażenie, iż niebo za chwilę runie mi na głowę. Płakałam. Matka martwiła się o mnie, więc sprowadziła dziadka, a on powiedział: „Nie martw się. Brzytwa zrobiła swoje, a ból to spóźniona reakcja na wstrząs. Dziewczynka wyzdrowieje. To, przez co teraz przechodzi, jest zupełnie naturalne".

Po obrzezaniu matka opatruje dziewczynkę kawałkiem tkaniny skręconej w rodzaj liny i nasączonej oliwą i jodyną. Przymocowuje ją do pasa przewiązanego w talii dziecka. To właśnie zrobiła moja matka, każąc mi się położyć z miseczką na mleko między nogami, żebym nie zacisnęła ud, co mogłoby spowodować zarośnięcie rany. Gdyby tak się stało, konieczny byłby kolejny zabieg.

Pierwszego dnia bardzo cierpiałam i bez przerwy płakałam. Matka płakała ze mną i powtarzała: „Nie martw się, córeczko, to twój dzień. To minie". Ugotowała dla mnie jajko, potem karmiła mnie winogronami i daktylami, żeby mnie wzmocnić. Co chwila mówiła: „Kiedy to zjesz, wyzdrowiejesz". Rozpuściła też trochę cukru w wodzie i dała mi ją do picia, pocieszając mnie słowami: „Wypij to, skarbie. To złagodzi pieczenie i ochłodzi ranę". Robiła to do czasu, gdy poczułam się lepiej, a wtedy przestała się o mnie martwić.

Nazajutrz po obrzezaniu matka przygotowała czyste bandaże i zabrała mnie nad rzekę, żeby przemyć ranę. Niektórym dziewczętom pomaga woda, innym zaś błoto – wysuszone i starte na uzdrawiający proszek. Wybór metody zależy od tego, co zrobiono z łożyskiem po tym, jak dziewczynka przyszła na świat. Córki zwykle są podobne do matek. Jeśli po narodzinach dziewczynki łożysko wrzucono do rzeki, to rana po obrzezaniu powinna się zagoić pod wpływem uzdrawiającej mocy wody. Jeśli natomiast łożysko zamurowano w ścianie z suszonych cegieł (które wyrabia się z błota), to po obrzezaniu należy użyć błota jako środka uzdrawiającego. Matki często zmieniają sposób pozbycia się łożyska, kiedy ich dziecko umiera. Mają nadzieję, że jeśli po urodzeniu kolejnego dziecka zamienią wodę na błoto lub na odwrót, to noworodek będzie miał większe szanse na przeżycie.

Ponieważ moja rana powinna się zagoić pod wpływem wody, drugiego dnia po zabiegu matka zabrała mnie nad rzekę i przemyła ranę kurzym piórem, które zanurzyła w wodzie. Potem kazała mi zrobić siusiu na stojąco, tak by mocz obmył ranę. Mocz przyżega ranę i jest doskonałym środkiem gojącym, lepszym nawet niż jodyna. Kiedy skończyłyśmy, wróciłyśmy do domu. Musiałam trzymać nogi w rozkroku i nadal czułam ból. Trzeciego dnia matka zrobiła to samo i ponownie opatrzyła ranę czystym bandażem, a po pięciu dniach przyszedł mój dziadek, przemył ranę środkiem odkażającym o nazwie mercurochrome i oświadczył, że proces gojenia dobiegł końca.

Od pewnego czasu w naszej wiosce był lekarz. Mógł wykonywać zabiegi obrzezania i miał to robić przy użyciu nożyczek, odcinając zaledwie niewielką część łechtaczki, a nie cały ten narząd, jak to robią położne i mężczyźni-pielęgniarze (i co jest zgodne z naszą tradycją). Jednak ani rodziny, ani same dziewczęta nie zgłaszały się do niego na zabieg. Kobiety z naszej wsi rzadko korzystają z pomocy lekarza podczas obrzezania i porodu. Przyjmują ją tylko w wypadku wyjątkowo ciężkiego porodu, lecz nawet wtedy skorzystanie z usług lekarza przynosi im wstyd. Zwrócenie się o pomoc do lekarza w wypadku skomplikowanego porodu jest spostrzegane jako przejaw słabości kobiety. To położna powinna asystować przy porodach, biorąc funta za każdego urodzonego chłopca i pięćdziesiąt piastrów za dziewczynkę. Miejscowy pielęgniarz nie uczestniczy w porodach, ale liczy sobie funta za obrzezanie dziewczynki i półtora funta za przeprowadzenie tego zabiegu u chłopca. Te różnice w wysokości opłat wynikają z faktu, że w naszych stronach chłopcy są bardziej wartościowi niż dziewczynki, dlatego wynagrodzenie za zabieg przeprowadzony u chłopca jest większe niż w wypadku dziewczynki.

Z powodu tej różnicy między wartością dzieci płci męskiej i żeńskiej kobieta, która urodziła zbyt wielu synów, może próbować ukryć fakt przyjścia na świat piątego czy szóstego chłopca, mówiąc wszystkim, że urodziła dziewczynkę. W ten sposób stara się ochronić nowo narodzone dziecko przed złymi urokami, jakie mogliby na nie rzucić ludzie nieżyczliwi. Siódmego dnia po narodzinach chłopca ojciec często zabiera go do meczetu Sajjida Badawiego lub Dessukiego, bądź też w inne miejsce, w którym może go obrzezać po cichu, bez muzyki i zamieszania. To także ma ochronić dziecko przed zaklęciami. Z jakiegoś powodu zwykle to najbiedniejsze rodziny mają wiele dzieci, a zwłaszcza chłopców. Tylko nędza chroni je przed zawiścią innych ludzi, którzy uważają takie rodziny za niesprawiedliwie obdarzone dużą liczbą męskich potomków, lecz poza tym – dotknięte nieszczęściem.

Kiedy moja rana po obrzezaniu zagoiła się i znowu poczułam się dobrze, matka zaczęła mnie uczyć, jak należy zajmować się domem. Powiedziała: „Ani się obejrzysz, jak wyjdziesz za mąż i zostaniesz panią domu, dlatego powinnaś przestać pracować w polu. Musisz się nauczyć, jak prowadzić dom. Zanim nauczę cię wszystkiego, co powinnaś umieć, młodzi mężczyźni będą się tłoczyć wokół nas, aby prosić o twoją rękę, a ty będziesz musiała dogodzić jednemu z nich". Zaczęłam więc uczyć się gotowania i pieczenia, a także tego, jak należy mleć pszenicę i kukurydzę, doić krowę, sprzątać dom i przygotowywać opał z mieszaniny łajna i słomy. Ta nauka trwała dwa i pół roku.

Uczyłam się, towarzysząc matce podczas jej codziennych zajęć. W dniu pieczenia chleba dzieliłam ciasto na kule, a ona spłaszczała je i wrzucała do pieca, aby uzyskać okrągłe bochny, jakie wypieka się w naszej wiosce. Za każdym razem zostawiała mi trzydzieści lub czterdzieści bochenków, żebym je uformowała i wsunęła do pieca, aż nauczyłam się robić to jak należy. Brała mnie za rękę i prowadziła ją, przestrzegając mnie, żebym nigdy nie obawiała się pieca ani ognia, jeśli nie chcę się ich bać do końca życia. Kiedy była zadowolona z mojej pracy w domu, pozwalała mi przejąć swoje obowiązki, a sama szła w pole, aby pracować razem z moimi braćmi.

Zwykle dzień rozpoczynał się dla mnie o świcie. Często wstawałam dwie godziny przed pozostałymi domownikami. Myłam twarz, brałam miskę na mleko, którą stawialiśmy na noc do góry dnem na piecu z suszonej cegły, wycierałam ją do czysta i szłam wydoić krowę. Potem karmiłam ją, wybierałam łajno i sprzątałam oborę. Zanosiłam łajno do domu w dużej drewnianej balii, którą stawiałam sobie na głowie. Zabierałam krowie łajno na dach, mieszałam ze słomą i formowałam w płaskie brykiety, jakich używamy do palenia w piecu. Rozkładałam je na dachu, żeby wyschły i stwardniały na słońcu.

Później brałam kostkę mydła i dzbanek na wodę i szłam nad rzekę. Myłam ręce, napełniałam dzbanek i wracałam do domu. Po powrocie zamiatałam podłogę, przygotowywałam mleko i ser i podgrzewałam chleb na śniadanie. W tym czasie wstawali moi bracia. Myli twarze, jedli i wychodzili do pracy w polu, a ja ruszałam do kolejnych obowiązków. Jeśli uzbierało się trochę brudnych ubrań, prałam je albo zanosiłam nad rzekę garnki, żeby je dobrze wyszorować, a potem wracałam do domu i zabierałam się do gotowania. Kiedy bracia potrzebowali mojej pomocy w polu, wychodziłam z nimi.

Matka zwykle zostawała w domu tylko w dniu pieczenia chleba. Robiłyśmy to razem. Matka rozpalała w piecu, a ja zagniatałam ciasto. Matka formowała je w kule i zostawiała, aby wyrosło, a kiedy bochny były gotowe, wsuwałam je szybkim ruchem do pieca, podczas gdy matka pilnowała ognia. Ponieważ jeden bochenek piecze się tylko kilka minut, trzeba być ciągle na miejscu i pracować bardzo szybko. Przed dniem pieczenia chleba mełłyśmy pszenicę i kukurydzę i przechowywałyśmy mąkę w koszach, gotową do użycia.

Dzień albo dwa wcześniej brałyśmy trochę ciasta od sąsiadki, która piekła chleb, i smarowałyśmy nim wnętrze miski. Później kładłyśmy miskę – do góry dnem – na piecu, a w dniu pieczenia dodawałyśmy wody do substancji wyściełającej wnętrze miski, aby otrzymać drożdże, które dodawałyśmy do ciasta na chleb. Takich drożdży domowej roboty używa się do pieczenia chleba kukurydzianego – dzięki nim chleb długo utrzymuje świeżość. Kiedy piekłyśmy chleb pszenny, używałyśmy kupnych drożdży, ale wtedy chleb psuł się szybciej.

Tak minął czas mojego przygotowania do roli gospodyni domowej, a kiedy miałam nieco ponad piętnaście lat, wyszłam za mąż za kuzyna mojego ojca ze strony matki, który był – i nadal jest – rybakiem na Nilu w Kairze. Tak się złożyło, że na krótko przed jego oświadczynami o moją rękę poprosił inny młody człowiek, który nie był moim krewnym.

Mój najstarszy brat przyjechał wtedy z Tanty, żeby wydać mnie za mąż. Siedział w miejscowej kawiarni, kiedy do środka wszedł brat Hameda, mojego obecnego męża. Przysiadł się do mojego brata i powiedział: „Chcemy, żeby Aisza wyszła za mąż za Hameda". Po śmierci dziadka nasza rodzina nie była już tak spójna jak dawniej, a brat Hameda miał nadzieję, że dzięki naszemu małżeństwu więzy rodzinne znowu się zacieśnią. Mój brat zgodził się na to małżeństwo, mówiąc: „Byłbym szczęśliwy, gdyby twój brat poślubił moją siostrę, i cieszyłbym się, widząc, że to małżeństwo odnowiło i umocniło nasze więzy rodzinne". Decyzja zapadła.

Jednak mój najmłodszy brat nie był z tego zadowolony. Wolałby, żebym wyszła za mąż za pierwszego kandydata, gdyż pracował z nim w polu i widywał się z nim codziennie. Hamed natomiast mieszkał daleko od naszej wsi, na rzece w Kairze, i nie miał kontaktu z ziemią. Oderwał się od swoich chłopskich korzeni w wieku dwunastu czy trzynastu lat, kiedy to postanowił zarabiać na życie łowieniem ryb. Moi bracia długo się o to spierali, lecz w końcu starszy z nich postawił na swoim. Poparła go także matka, która powiedziała: „Ten chłopak jest dla mnie jak piąty syn. Jest bratem moich dzieci i moim oczkiem w głowie. Wydałam już dwie córki za obcych, lecz ten mężczyzna będzie nam najdroższy i najbliższy ze względu na łączące nas więzy krwi i dlatego, że jesteśmy bardzo związani z jego ojcem. Jego ojciec i ojciec tych dzieci bardzo się kochali i z pewnością pochwaliliby ten związek. Niech więc tak będzie".

Do ceremonii ślubnej przygotowano mnie tak, jak to się zwykle robi. Kobiety umyły i wydepilowały moją twarz i całe ciało, a potem nałożyły hennę na moje dłonie. W naszej wsi skonsumowanie małżeństwa na ogół odbywa się w dniu podpisania kontraktu małżeńskiego, żeby pan młody ani jego rodzina nie mogli się rozmyślić. Tak się jednak złożyło, że naczelnik wioski pokłócił się z żoną mojego szwagra i postanowił wykorzystać mój ślub, aby wziąć odwet na naszej rodzinie. Spotkał się z sędzią, który miał spisać kontrakt małżeński i skompletować niezbędne dokumenty, i przekonał go, aby w dniu mojego ślubu pojechał do odległego miasta. Kiedy więc byliśmy gotowi do rozpoczęcia ceremonii, okazało się, że sędzia wyjechał, a ja pozostawałam w stanie zawieszenia – z dłońmi umazanymi jasnopomarańczową henną – przez dwa dni i dwie noce. Byłam wstrząśnięta i zdezorientowana, a wszyscy wokół mnie błąkali się bez celu, zastanawiając się, co robić.

Naczelnik dobrze wiedział, że mój brat oraz inni krewni wzięli urlop, żeby przyjechać do wsi na ceremonię ślubną. Celowo wybrał tę okazję na wyrównanie starych porachunków, ponieważ wiedział, że w ten sposób przysporzy naszej rodzinie dużo zmartwienia i kłopotów. Żeby nas jeszcze bardziej zdenerwować, powiedział też, że nie osiągnęłam jeszcze wieku uprawniającego do wyjścia za mąż, i nalegał, by zaprowadzono mnie do miejscowego lekarza, żeby ten potwierdził mój wiek. To prawda, nie skończyłam jeszcze szesnastu lat, więc zgodnie z prawem nie mogłam wyjść za mąż. Rodzina próbowała obejść tę przeszkodę, zabierając inną dziewczynę do pobliskiej wsi, do lekarza. Doktor zbadał tę dziewczynę i wydał zgodę na ślub. Kazał jej złożyć odcisk kciuka pod dokumentem potwierdzającym jej wiek. Okazało się, że nie wszystkie odciski są takie same. To niedopatrzenie ściągnęło na naszą rodzinę kolejne kłopoty.

Naczelnik domyślił się, co się stało, i wymierzył oskarżycielski palec w lekarza, zarzucając mu sfałszowanie dokumentów. Doktor się wściekł i zażądał od dziewczyny, która zjawiła się u niego zamiast mnie, sześciu funtów, a od pana młodego – dziesięciu funtów. Ostatecznie obie kary musiał zapłacić Hamed z pieniędzy, które dostaliśmy w prezencie ślubnym. Jednak naczelnik wciąż jeszcze nie był zadowolony i chciał nas zaprowadzić na policję. Wtedy odezwał się mój wujek, który był odważnym i porywczym człowiekiem. Powiedział: „Jeśli zaciągniesz gdziekolwiek moją siostrzenicę, dopilnuję, żeby ta wieś spłynęła krwią jeszcze przed zachodem słońca". Naczelnik zdał sobie sprawę, że mój wujek nie ma nic do stracenia i rzeczywiście może go zabić. Pragnąc wzmocnić swoją groźbę, wujek dodał: „Przysięgam trzykrotnie na imię Proroka, że jeśli opuścisz tę wioskę, aby sprowadzić na nas kolejne nieszczęścia, już nigdy do niej nie powrócisz ani nie przekroczysz progu swego domu. Biorę na świadków wszystkich zebranych. Więc niech się dzieje, co ma się zdarzyć – zrobisz z tym biednym dzieckiem, co zechcesz. Co takiego zrobiła ci ta dziewczyna, że chcesz odebrać jej szanse na szczęście?"

W końcu naczelnik zaczął tłumaczyć się mojemu wujowi ze swego postępowania, a konflikt został zażegnany. Tego samego dnia małżeństwo zostało skonsumowane. Byłam wstrząśnięta tym, co się wydarzyło, i bałam się tego, co miało mnie spotkać. Dodawałam sobie odwagi, powtarzając bez końca, że nic, co mnie czeka w związku z małżeństwem, nie może być gorsze ani bardziej bolesne niż rytualne obrzezanie, którego doświadczyłam jako dziecko. Ta myśl dodawała mi otuchy.

Tej samej nocy przeprowadziliśmy zwyczajowy, publiczny pokaz krwi, który udowadnia panu młodemu i wszystkim zebranym, że panna młoda jest dziewicą. Położna, moja matka i zamężne kobiety z rodziny towarzyszyły mi w pokoju podczas defloracji. Przygotowano dwie czyste białe chusty z gazy, z jakich robi się turbany. Pan młody owinął jedną z nich swój palec i wepchnął go we mnie, aż popłynęła krew. Kiedy przekonał się o moim dziewictwie, położna powiedziała do niego: „Gratulacje. Teraz usiądź w drugim końcu pokoju, a ja zajmę się resztą". Po tych słowach kilkakrotnie wsunęła we mnie palec, plamiąc moją krwią dwa białe szale, aż uznała je za wystarczająco udekorowane. Potem zawiesiła je na kijach, które wyniesiono z pokoju, żeby wszyscy mogli je zobaczyć. Następnie zaniesiono je w uroczystym pochodzie do domu pana młodego. Jest to tak zwany rytuał prezentacji.

Po ceremonii pan młody położył się obok mnie, ale dopiero po siedmiu czy ośmiu dniach przywykłam do niego. Był cierpliwy, lecz dobrze wiedział, czego chce. Ożenił się w tym samym czasie co kilku innych młodych mężczyzn. W tym okresie młodzi mężowie często przesiadywali razem. Nie wiem, o czym rozmawiali, ale po tych spotkaniach mój mąż wydawał się bardziej zdeterminowany, aby przyzwyczaić mnie do współżycia. Przez kilka pierwszych dni moje ciało obrzmiewało, a jego dolna część piekła mnie żywym ogniem. Po stosunku siadałam w garnku z gorącą wodą, żeby uśmierzyć ból, jednak z czasem uodporniłam się i przestałam cokolwiek odczuwać.

Ślub w wiosce może być wielkim wydarzeniem. To nie tylko rozrywka, ale także okazja do spotkań. Wśród gości weselnych są nie tylko rodziny panny młodej i pana młodego oraz mieszkańcy ich wsi, ale często także przybysze z sąsiednich wiosek i miasteczek. W moich czasach wesele odbywało się na ulicy. Ustawiano drewniane ławy dla gości, wydzielając odrębne strefy dla kobiet i dla mężczyzn. Goście przynosili w prezencie pieniądze, przy czym starannie zapisywano, kto ile podarował nowożeńcom, aby w przyszłości mogli oni odwzajemnić się darczyńcy przy okazji ślubu któregoś z jego dzieci.

Wesela bywają wykorzystywane jako okazja do załatwienia porachunków i rozstrzygnięcia długotrwałych waśni rodzinnych, dlatego czasami przeradzają się w krwawe jatki. Wesele może być okazją do wzięcia odwetu, wszczęcia lub zaognienia sporu, lub też wybuchu awantury, ponieważ ogólne zamieszanie, hałas i tłok są przykrywką dla przemocy.

Dzisiaj na wsiach nie brak młodych ludzi, którzy chodzili do szkoły i nie mają szacunku dla tradycji ani dla wiejskich obyczajów. Zdarza się, że podczas wesela któryś z takich młodzieńców wchodzi do strefy przeznaczonej dla kobiet i bezwstydnie przygląda się siedzącym tam ładnym dziewczętom.

Mężczyźni czujnie wypatrują takich zachowań. Kiedy tylko widzą coś takiego, zrywają się z ławek, podbiegają do winowajcy i każą mu się wycofać. Jeśli młody człowiek posłusznie odchodzi, wszystko jest w porządku. Jeżeli jednak stawia opór, jeden z mężczyzn pyta: „Dlaczego przyglądasz się córce tego i tego? Wstydu nie masz? Widok mężczyzn ci nie wystarcza?" Potem mężczyźni odnajdują ojca chłopaka. Często nie obywa się bez wymachiwania kijami i bez wymiany ostrych słów. Jeśli ojciec młodzieńca przeprasza i wyprowadza syna ze strefy dla kobiet, problem zostaje rozwiązany. W przeciwnym razie taki incydent może dać początek animozjom, które będą się ciągnęły latami, a po jakimś czasie – być może pod osłoną kolejnego wesela – zwaśnione strony będą próbowały wziąć na przeciwnikach srogi odwet.

Jednak takie wybuchy agresji są powszechne dopiero od jakichś pięciu czy sześciu lat. Ich przyczyną często bywają chłopcy uczący się w szkole, którzy w trakcie wesela zbierają się w grupki, udając, że chcą pogratulować panu młodemu, podczas gdy w rzeczywistości zamierzają płatać figle i łamać zasady skromności. Czasami jednak winowajca chowa w sercu urazę i celowo wszczyna awanturę, bądź też zachowuje się w taki sposób, aby zakłócić szczęśliwe wydarzenie.

Jakiś czas temu w sąsiedniej wiosce odbywało się wesele. Bębny wybijały głośny rytm, ludzie śpiewali i tańczyli. Ojciec pana młodego znajdował się w samym centrum radosnej wrzawy, kiedy nagle rozległ się strzał. Kula ugodziła go prosto w szyję – mężczyzna upadł i zmarł na miejscu. Na wsi wystrzały z broni palnej są oznaką radości i zabawy. Pan młody strzelił w powietrze, aby dać wyraz swojemu szczęściu. W tym samym czasie któryś z gości wymierzył broń w jego ojca i pociągnął za spust, zamieniając uroczystość weselną w pogrzeb.

Tymczasem żona zabitego mężczyzny rzuciła się na jego zwłoki. Zawodziła i tarzała się w jego krwi, wołając: „To mój syn popełnił ten straszny uczynek. Zabił własnego ojca". Młodzieniec odparł, oszołomiony: „Co ty mówisz, matko? Przestań!" Jednak kobieta z uporem oskarżała syna o tę zbrodnię. Kiedy zjawiła się policja, oficer nadzorujący śledztwo orzekł: „To niemożliwe, aby chłopak z dłońmi poplamionymi henną dla uczczenia własnego ślubu zmienił to radosne wydarzenie w dzień żałoby".

Właśnie takich słów oczekiwała od policjanta rodzina pana młodego. Matka młodzieńca oskarżyła swego syna, aby ukryć fakt, że widziała, kto zamordował jej męża. W ten sposób rodzina odsunęła od sprawy obcych – w tym wypadku policję – aby móc pomścić zbrodnię własnymi rękami. Odtąd krewni zabitego mężczyzny będą okazywać mordercy uprzejmość i życzliwość, aż ten wyzbędzie się podejrzeń, że wiedzą, co zrobił, a gdy już uśpią jego czujność, któryś z nich zaatakuje – bardzo możliwe, że uczyni to podczas wesela syna tego człowieka. Tak to się odbywa w naszych stronach.

Takie waśnie mogą się zaczynać rozmaicie, ale jedną z głównych przyczyn przemocy jest zazdrość. Ludzie myślą na przykład: „Dlaczego twój syn paraduje syty i dobrze ubrany, podczas gdy mój chodzi głodny, a twój szydzi z niego i go obraża?" Albo: „Jak twoje pole może przynosić większe plony niż moje?" Powodzenie jednego człowieka budzi wrogość innych.

Może się na przykład zdarzyć, że młody człowiek poprosi o rękę córki innego mężczyzny, lecz jej rodzice wybiorą innego, bogatszego kandydata. Biedniejszy z zalotników zdenerwuje się i pomyśli: „Gdybym był zamożniejszy, wybraliby właśnie mnie". Rozwścieczony odrzuceniem, może zakraść się na pole ojca swej wybranki i powyrywać wszystkie rośliny. Może też otruć krowę tego człowieka. Wszystko jest możliwe. Wtedy narzeczony tej dziewczyny, który od chwili zaręczyn należy do jej rodziny, może włączyć się w spór. Oto początek kolejnej waśni rodowej. Tacy właśnie są ludzie na wsi.

W naszej wsi zakazano organizowania tłumnych przyjęć i orszaków weselnych, aby powstrzymać tego rodzaju przemoc. Odtąd spisanie kontraktu małżeńskiego odbywa się rano, a świadkami tego wydarzenia są wyłącznie rodziny państwa młodych. Goście wypijają razem szklaneczkę szarbatu*, a wszyscy obecni doskonale się znają. W dzisiejszych weselach nie uczestniczą obcy. Państwo młodzi barwią dłonie henną we własnych domach, a wszystko jest doskonale widoczne i nie wymyka się spod kontroli.

Mniej więcej po roku małżeństwa urodziło się moje pierwsze dziecko. To był chłopiec, nazwałam go El-Bajum. Wydałam go na świat, nie do końca zdając sobie sprawę z tego, co się dzieje. Hamed był wtedy na rzece, a ja mieszkałam w jego domu rodzinnym z jego dwoma braćmi i z ich żonami. Każde z małżeństw miało własny pokój. Była zima, więc w moim pokoju sypiała także owca. Pewnej nocy poczułam w brzuchu szarpiący ból – to macica zaczęła się kurczyć. W wypadku dziecka płci męskiej skurcze są dużo słabsze i łagodniejsze niż przed urodzeniem dziewczynki. Na podstawie siły skurczów i dotkliwości bólu kobieta zawsze wie, czy wyda na świat chłopca, czy dziewczynkę.

Moja siostra i siostry przyrodnie mieszkały wtedy w tej samej wsi. Jedna z nich miała sześciu synów i córkę. Pozostałe także urodziły dużo dzieci. Wszystkie były doświadczone w tej dziedzinie. Jedna z nich przyszła do mnie w przeddzień porodu i powiedziała: „Nie pozwól, żeby bóle porodowe cię zaskoczyły. Miej się na baczności, żebyś nie zaczęła płakać i jęczeć, przynosząc nam wstyd". Inna powiedziała: „Twój brzuch wyraźnie się obniżył. Kiedy zaczną się bóle, staraj się nie wydać z siebie nawet jednego dźwięku. W przeciwnym razie wszyscy zaczną paplać i powtarzać, że córka tego i tego rodziła przez dwa dni. Nazwą cię niezgułą i powiedzą, że do niczego się nie nadajesz".

Jeśli kobieta ma ciężki poród, nikt jej nie oszczędza. Dokuczają jej i starają się ją zawstydzić. Kiedy więc odeszły mi wody i zaczęły się bóle porodowe, siedziałam cicho i powtarzałam moim szwagierkom, że to nic takiego. Jednak tamtej nocy, kiedy leżałam w swoim pokoju, któryś ze skurczów wypchnął na zewnątrz główkę dziecka, a ja mimowolnie krzyknęłam. Wtedy mój szwagier, który spał w sąsiednim pokoju, wstał i podszedł do drzwi mojej sypialni, żeby sprawdzić, co się dzieje. Krzyczałam, a owca beczała. Szwagier pobiegł do swojej żony, wołając: „Wstawaj, kobieto, i zobacz, co się dzieje z tą dziewczyną", a ona weszła do mojego pokoju i zobaczyła główkę dziecka oraz wydobywające się ze mnie łożysko. Jej mąż wybiegł w samej koszuli, żeby sprowadzić położną, która była

---

* Szarbat (*sharbat*) – tradycyjny napój owocowy, który w Egipcie pije się dla uczczenia ważnych wydarzeń życiowych, takich jak narodziny dziecka, ślub czy ukończenie studiów (przyp. tłum.).

bardzo zła, że wezwano ją tak późno. Moja szwagierka wyjaśniła: „Kiedy widzieliśmy ją wcześniej, stała jak głupia i nawet nie pisnęła".

Położna przecięła pępowinę i posłała po jakieś stare ubrania, żeby owinąć w nie dziecko. Nigdy nie kupujemy ubrań dla dziecka przed jego narodzinami z obawy, że mogłoby umrzeć. Potem położna kazała mi położyć się na wznak i masowała mi brzuch, mocno uciskając go kolanami, żeby reszta krwi, jaka mogła pozostać w moim ciele, wypłynęła na zewnątrz. Robimy to, żeby po urodzeniu dziecka nie został nam wystający brzuch. Później kazała mi usiąść w miednicy napełnionej gorącą wodą z dodatkiem środka odkażającego. Po pewnym czasie opatuliła mnie kołdrą i zaparzyła dla mnie helbę – napar ziołowy. Tamtej nocy spała ze mną w pokoju.

Trzeciego dnia położna wróciła i przetarła oczy dziecka piórkiem zanurzonym w czarnym kohlu*. Posmarowała tą czarną substancją jego brwi i rzęsy, aby urosły gęste i kształtne. Potem wzięła kawałek masła i poruszała nim w ustach dziecka, żeby nigdy nie zakrztusiło się jedzeniem. Siódmego dnia przyszła jeszcze raz. Ujęła w dłonie sutki dziecka i ścisnęła je, żeby pozbyć się mleka, które mogło się w nich nagromadzić. Robimy to, żeby ciało dziecka nie zaczęło wydzielać nieprzyjemnej woni – dzięki temu, kiedy już dorośnie i przez jakiś czas będzie musiało obyć się bez kąpieli, jego ciało i tak będzie ładnie pachniało. Czterdziestego dnia położna starła cebulę i zmieszała jej sok z solą, a potem nałożyła tę miksturę na oczy i uszy dziecka, żeby były zdrowe i aby dziecko zawsze dobrze widziało i słyszało. Używamy także pudru, by uchronić dziecko przed wysypką pieluszkową.

Na wsiach niemowlęta obwiązuje się bardzo ciasno, zostawiając tylko niewielki otwór umożliwiający zmianę pieluszki. Pieluszka zrobiona jest ze skrawków materiału złożonych w niewielki kwadrat, który wkłada się między uda dziecka. Gdybyś podrzuciła jedno z naszych niemowląt w powietrze, pozostałoby sztywne jak metalowy pręt. Dzięki ciasnemu obwiązywaniu dzieci stają się silne. Główka dziecka pozostaje odkryta – opatulamy ciepło tylko jego klatkę piersiową i brzuch, gdyż te części ciała niemowlęcia są szczególnie wrażliwe. Jeśli dziecko z naszych stron przeżyje okres niemowlęcy, to stanie się odporne jak skała – niestraszne mu będą ani przenikliwe zimno, ani palące słońce.

Zawsze wiemy, czy kobieta nosi pod sercem chłopca, czy dziewczynkę – wystarczy popatrzeć na jej odsłonięty brzuch. Jeżeli kobieta nosi w łonie dziewczynkę, to jej pępek jest okrągły i wystający, a sutki – ciemne, prawie czarne. Jeśli to chłopiec, to na brzuchu ciężarnej pojawia się coś w rodzaju zielonego

---

* Kohl – egipski kosmetyk do makijażu oczu, wyrabiany ze sproszkowanych naturalnych barwników (między innymi galeny), występujący w formie proszku lub pasty. Stosowany również jako środek leczniczy i profilaktyczny. Egipskie matki nakładają kohl na oczy dziecka, aby uchronić je przed takimi chorobami, jak jaglica czy zapalenie spojówek (przyp. tłum.).

źdźbła pszenicy albo zielonego włosa, a jej sutki są jasne jak czerwone daktyle. Ludzie z naszych stron świetnie się orientują we wszystkim, co wiąże się z poczęciem i narodzinami, a ich mądrość i wiedza sięgają głęboko. To dziedzina, w której są naprawdę mądrzy. Na wsi ludzie bardzo się cieszą z narodzin dzieci i rzadko stosują antykoncepcję.

Po narodzinach mojego synka na świat przyszła dziewczynka, El-Sajjeda, a potem jeszcze jedna, którą nazwałam Naima – jedyne z moich dzieci, które utrzymało się przy życiu. El-Bajumi umarł, zanim skończył dwa miesiące. Spał tuż obok mnie, kiedy do pokoju weszła pewna kobieta i zapytała: „Dlaczego to dziecko nie śpi wewnątrz ochronnego znaku w kształcie okrągłego sita, chociaż nie ma jeszcze siedmiu dni?" Nie znałam tego obyczaju, a kiedy ta kobieta to powiedziała, zaczęłam się martwić, a później mój synek umarł.

Zaczął zaciskać piąstki, a jego twarz przybrała kolor błota. Myślę, że ktoś rzucił na niego zły urok. Pewnego dnia odwiedziła mnie ciotka Hameda ze strony matki. Spojrzała na niemowlę i powiedziała: „To dziecko odchodzi. Jego braciszkowie z innego świata utworzyli wokół niego krąg i wołają go do siebie". Pięć godzin później mój synek umarł.

El-Sajjeda umarła po siedmiu miesiącach. Miała zapalenie płuc i nic nie mogło jej uratować. Jedna z moich krewnych dawała jej zastrzyki – na próżno. Po śmierci tych dzieci moje serce było przepełnione bólem i nieszczęściem. Straciłam chęć do życia, a kiedy widziałam inne kobiety z dziećmi w ramionach, płakałam i miałam poczucie, że życie zadało mi druzgocący cios. Dlatego kiedy urodziła się Naima, nosiłam ją „w zębach", co oznacza, że córeczka była mi droższa niż własne życie. Opiekowałam się nią najlepiej, jak umiałam. Karmiłam ją piersią przez trzy lata, aż wreszcie ludzie powiedzieli: „Odstaw teraz to dziecko, żebyś mogła począć następne, kiedy twoje piersi są jeszcze gorące i pełne mleka".

Więc odstawiłam Naimę od piersi, ale nigdy więcej nie zaszłam w ciążę. Moja miesiączka stała się nieregularna, więc poszłam do lekarza, jednak bez skutku. Hamed także poszedł się przebadać, co jest upokarzające dla mężczyzny. Powiedziano mu, że ma w jądrach torbiele, które trzeba zoperować – zabieg miał kosztować trzydzieści funtów [około pięćdziesięciu dolarów amerykańskich]. Hamed jakoś zebrał tę kwotę i poddał się operacji, ale nic to nie dało.

Tak oto zostaliśmy sami z jedną córką. Kiedy moje krwawienie miesięczne ustawało, czułam się nabrzmiała jak w dziesiątym miesiącu ciąży. Dzisiaj mam ponad czterdzieści lat i już niemal nie krwawię. Mąż nadal ze mną współżyje. Mężczyzna może płodzić dzieci nawet wtedy, gdy potrzebuje laski, aby się nią podpierać, więc przez długi czas mieliśmy nadzieję, że Bóg pobłogosławi nas dzieckiem. Tak się jednak nie stało, a gdyby Bóg zaplanował dla nas więcej dzieci, z pewnością zesłałby je nam dawno temu. Byłam w ciąży trzy razy i urodziłam troje dzieci. Później Bóg nie dał mi już ani jednego. W końcu dałam za wygraną i pogodziłam się z losem.

Przyczyną mojej bezdzietności po urodzeniu Naimy mógł być zły urok.

Kiedy kobieta, która niedawno urodziła dziecko, spotyka nad brzegiem rzeki kobietę, która właśnie odstawiła swoje dziecko od piersi, albo gdy spotka ją w drodze nad rzekę, ta, która dopiero co odstawiła dziecko od piersi, powinna powiedzieć o tym swojej matce. Matka powie wówczas: „Moje dziecko, właśnie zablokowałaś tę kobietę i teraz mleko w jej piersi wyschnie".

Matka wydoi jedno ze swoich zwierząt i wleje trochę mleka do butelki. Potem zaniesie butelkę matce kobiety, która niedawno powiła dziecko. Powie: „Każ swojej córce wziąć to mleko i rozsmarować je na swoich sutkach i brzuchu, a potem nasączyć nim kawałek bawełny i wsunąć go sobie do pochwy. To zdejmie zaklęcie, jakie moja córka mogła nieumyślnie rzucić na twoją". Odtąd tamta kobieta będzie miała wobec niej dług wdzięczności za ten akt dobrej woli.

Kiedy dochodzi do takiego spotkania, a świeżo upieczona matka nie wie, kto spowodował wyschnięcie mleka w jej piersiach, albo gdy coś takiego przytrafia się młodej żonie – przez przypadek lub dlatego, że ktoś chciał jej zaszkodzić – nieszczęsna kobieta nie jest w stanie zdjąć z siebie klątwy. Odtąd już nigdy nie uwolni się od nieszczęścia i żaden lekarz nie zdoła jej pomóc.

Jeśli taki urok zostanie rzucony na bezdzietną kobietę, oto co powinna uczynić, aby zdjąć z siebie klątwę. Musi znaleźć kobietę niosącą miednicę pełną wody, którą obmyto ciało zmarłego przed pogrzebem. Zanim spotkana kobieta wyleje wodę do rzeki, ta, na którą rzucono zły urok, musi ją poprosić, żeby napełniła jej butelkę wodą z miednicy. Bierze napełnioną butelkę. Robi to bardzo dyskretnie, aby nie urazić rodziny zmarłego, a potem chowa butelkę w fałdach sukni. Zabiera ją do domu i tam przemywa wodą z butelki swój brzuch i piersi. Resztą wody przepłukuje usta. Urok zostaje zdjęty. Kobieta zachodzi w ciążę.

W Babur, jednej z wiosek w delcie Nilu, znajdują się grobowce, przy których – jak powiadają – widziano kiedyś Proroka. Jeśli kobieta nie może zajść w ciążę, powinna odwiedzać te grobowce przez trzy kolejne piątki. Trzeciego piątku musi dokonać ablucji. Potem bierze dzbanek na wodę, z którego piła od pewnego czasu, rzuca go za siebie i rozbija na kawałki. Wtedy Bóg okaże jej miłosierdzie. Kobieta zajdzie w ciążę.

Byłam zablokowana, ale nie wiem, kto to zrobił. Jestem pewna, że stało się to za sprawą jednej z moich szwagierek, które przychodziły do mnie tuż po tym, jak urodziłam dziecko. Któraś z nich musiała wejść do pokoju, mając przy sobie mięso lub nasiona koniczyny. To uniemożliwia kobiecie ponowne zajście w ciążę. Musiały to zrobić ukradkiem. Jedna z nich mogła wejść do mnie z kawałkiem mięsa lub z nasionami koniczyny ukrytymi w fałdach sukni, pod stanikiem albo w kieszeni. Jeśli któraś z nich zrobiła coś takiego przed upływem siedmiu dni od porodu, to z pewnością wyrządziła mi szkodę.

Oto jak można zdjąć klątwę nasion koniczyny. Gdybym o tym wiedziała, matka przyniosłaby mi trochę nasion tej rośliny. Wczesnym rankiem, tuż po porannej modlitwie, poszłabym na pole w towarzystwie kobiety, której ufam. Zasiałabym nasiona koniczyny w siedmiu radlinach. Później poszłabym z tą kobietą nad rzekę. Wzięłabym nasiona koniczyny do ust i zanurzyła się w wodzie. Wdmuchnęłabym nasiona do wody, wyszła na brzeg i wróciła do domu. Przez cały ten czas nie wolno by mi było z nikim rozmawiać. Gdyby ktoś się do mnie odezwał albo powiedział mi dzień dobry, moja towarzyszka odpowiedziałaby w moim imieniu. Aby zdjąć klątwę, trzeba zabrać ze sobą kobietę, która nie ma akurat miesiączki. Nie może miesiączkować, gdyż powinna być „czysta".

Po tym wszystkim zły urok prawdopodobnie przestanie działać.

Jeżeli ktoś rzucił na ciebie klątwę mięsa (zwłaszcza jeśli od porodu nie upłynął jeszcze miesiąc), oto co powinnaś zrobić. Przed upływem miesiąca idź do domu rzeźnika, który dopiero co zabił jakieś zwierzę. Pobiegnij do niego i zaczerpnij trochę krwi, która tryska z ciała zwierzęcia po tym, jak rzeźnik odciął mu głowę. Nabierz krwi w stulone dłonie i wypij ją, zanim ostygnie. Potem nasącz krwią zwierzęcia skrawek bawełny i zaraz po powrocie do domu włóż go sobie do pochwy. Rozsmaruj odrobinę krwi na swoich piersiach i brzuchu. Zaklęcie przestanie działać.

Istnieje także zaklęcie, które może rzucić na ciebie ktoś mający przy sobie narzędzia golarskie, jeśli spotka cię wkrótce po tym, jak urodziłaś dziecko. Aby zdjąć z siebie klątwę, musisz pobiec do miejscowego golarza i poprosić: „Daj mi swoją osełkę". Włóż osełkę do wody, a potem przepłucz tą wodą usta. Zły urok zostanie zdjęty.

Próbowałam też innych sposobów. Chodziłam do czarowników – tych, którzy wiedzą. Zaniosłam swoją chustę i turban mojego męża do jednej z takich kobiet w Gizie. Wzięła chustę, przyjrzała się jej, a potem ją powąchała. Powiedziała: „Ktoś musi zabić nad twoją głową kurczaka. Niech jego krew spłynie po tobie. To zdejmie zaklęcie, które uczyniło cię bezpłodną".

Kiedy podałam jej turban męża, powiedziała, że nie chce mieć z nim nic wspólnego. Wyjaśniła: „Ten człowiek nie ma w sobie zła. Wie więcej niż my. Nie dotknę go". Powąchała turban i dodała: „To członek bractwa religijnego*". To prawda. Nie mam pojęcia, jak się tego domyśliła, wąchając jego turban.

Później poszłam do kilkorga innych czarowników. Dostałam od nich rozmaite leki, między innymi ziołową tabletkę, którą miałam sobie wkładać do pochwy. Robiłam to podczas krwawienia miesięcznego. Tabletka wyciągała ze mnie mnóstwo płynu i łagodziła skurcze, ale nie przywróciła mi płodności.

---

* Prawdopodobnie chodzi tu o jedno z rozpowszechnionych w Egipcie (oraz w innych państwach muzułmańskich) bractw religijnych skupiających wyznawców sufizmu – mistycznej odmiany islamu (przyp. tłum.).

W końcu się poddałam. Pomyślałam: „Dobry Boże, jeśli uznałeś za stosowne dać mi troje dzieci i zabrać dwoje spośród nich, niech się stanie Twoja wola".

Kiedy miałam miesiączkę, krwawienie trwało trzy dni – zarówno wtedy, gdy byłam jeszcze dziewicą, jak i po ślubie.

Kiedy miesiączka opóźniała się o kilka dni (zwykle zaczynałam krwawić piętnastego dnia miesiąca), nabierałam nadziei. Myślałam: „Jestem w ciąży". Miałam okropne mdłości, wymiotowałam przez trzy miesiące. Ale nic z tego nie wychodziło.

Kiedy Naima miała jakieś trzy lub cztery lata, stałam się bardzo niespokojna. Rozpaczliwie pragnęłam mieć więcej dzieci. Żony innych rybaków rodziły co roku, a ja czułam się niepełnowartościowa i pokrzywdzona przez los. Pewnego dnia kilka z tych kobiet zaczęło szeptać mi do ucha: „Dlaczego jeszcze z nim jesteś? Przecież to przez niego nie masz więcej dzieci". Ich słowa zaczęły zatruwać moje myśli. Siedząc w naszej łodzi, mówiłam sobie: „Rzeczywiście, dlaczego jeszcze z nim jestem? Mogłabym wyjść za mąż za kogoś innego i dać sobie drugą szansę na to, by urodzić więcej dzieci". Hamed nie wiedział, że mam takie myśli, ale ja stałam się kłótliwa i zaczęłam go źle traktować. Miałam nadzieję, że w ten sposób rozgniewam go i nakłonię do tego, żeby się ze mną rozwiódł.

Pewnego dnia Hamed, który wyczuł, że coś się zmieniło, zapytał mnie: „Chciałabyś mieć więcej dzieci?", a ja odparłam ostro: „Oczywiście, że tak. A co myślałeś?" Wtedy popatrzył na mnie i powiedział: „To wola boska, Umm Naimo. Ani ja, ani ty nie mamy na to wpływu. Dlaczego więc, kiedy rozmawiam z tobą szczerze i otwarcie, ty odwracasz się do mnie plecami?" Odpowiedziałam: „Kto powiedział, że odwracam się do ciebie plecami? Czy nie pracuję z tobą ramię w ramię i nie przykładam się do pracy?" On jednak przerwał mi w pół słowa: „To nie ma nic do rzeczy. Odtąd zachowuj się jak należy, a Bóg pomoże nam przejść przez ten padół łez".

Milczałam, a on ciągnął dalej: „Czy Bóg nie dał ci trojga dzieci, które przyszły na świat? Gdyby zaplanował dla ciebie coś więcej, dałby ci to bez pomocy lekarzy czy kogokolwiek innego. Myślisz, że ja nie cierpię? Że nie chciałbym mieć więcej dzieci? Ty masz córkę, która w godzinie choroby lub zmartwienia zatroszczy się o ciebie i będzie cię pocieszać. A kogo ja mam? Czy moja córka będzie się mną opiekować, kiedy poczuję się źle? Nie. Córka jest oczkiem w głowie matki. Więc dziękuj Bogu za to, co masz, bo jeśli dalej będziesz się zachowywać tak jak ostatnio, tylko ściągniesz na siebie cierpienie". Przemawiał do mnie w ten sposób, ale potem dodał: „Jeżeli jednak nadal chcesz, żebym się z tobą rozwiódł, zabiorę cię do wsi i zrobię to". Odpowiedziałam: „Skąd mam wiedzieć, co się ze mną stanie? Nie mam majątku ani dzieci. Nie mam niczego, na czym mogłabym się oprzeć. A co będzie, jeśli umrzesz?" On na to: „Skąd możemy wiedzieć, które z nas umrze pierwsze? Czy te sprawy zależą od nas, Umm Naimo?" Ja jednak pozostałam obojętna.

Wkrótce po tym, jak Hamed powiedział mi to wszystko, zachorowałam. Trzy dni po naszej rozmowie poczułam w środku wielki ciężar. Pewnego ranka zakładałam – jak co dzień – przynętę na haczyki, gdy nagle zaczęłam wymiotować czymś ciemnym jak coca-cola. Hamed zapytał: „Mam cię zawieźć do lekarza?", a ja odparłam: „Nie, zabierz mnie do szpitala Kasr el-Aini". Zgodził się, lecz dodał: „Umm Naimo, sama sprowadziłaś na siebie to nieszczęście swymi pokrętnymi myślami". Milczałam i zaczynałam czuć się winna, a on powiedział: „Ten, kto nie przyjmuje wyroków boskich, zawsze przegrywa. Zdrowie jest dużo ważniejsze niż dzieci czy pieniądze, a ty sama się go pozbawiłaś". Cóż mogłam na to powiedzieć?

W szpitalu lekarz zbadał mnie i powiedział: „Nie jest pani chora. Nie widzę żadnych niepokojących objawów". Wtedy zapytałam: „Sądzi pan, że przyszłam tu dla zabawy, doktorze?", a on przepisał mi butelkę bladoczerwonego lekarstwa i jakieś pigułki. Sądziłam, że te tabletki mi pomogą, więc wzięłam wszystkie od razu, ale zamiast wyzdrowieć, poczułam się jeszcze gorzej. Poszłam do innego szpitala – tego, który nazywamy szpitalem coca-coli – ale tamtejsi lekarze również nie umieli mi pomóc.

Hamed należy do muzułmańskiego bractwa religijnego. Jego stryj jest szejkiem i magiem zajmującym w tym zgromadzeniu wysoką pozycję. Syn tego człowieka jest policjantem. Pewnego dnia zobaczyłam go idącego w stronę naszej łodzi. Hamed pojechał na targ, żeby sprzedać ryby, a Naima, która była wtedy małą dziewczynką, siedziała obok mnie w łodzi i czekała na powrót ojca. Podniosła wzrok i powiedziała: „Nadchodzi Gaber, syn szejka". Spojrzałam w tamtą stronę, ale byłam zbyt słaba, żeby się poruszyć. Zapytałam: „Czy przyszedł z tobą twój ojciec, Gaberze?", a on odpowiedział: „Mój ojciec jest w drodze. Niedaleko stąd zatrzymali go znajomi i zaprosili na mały poczęstunek. Zaraz tu będzie".

Kiedy szejk dotarł do naszej łodzi, zapytał: „Jesteś chora, Umm Naimo?" Odpowiedziałam, że tak, a wtedy on powiedział: „Najlepiej jest podążać prostą i wąską ścieżką, a ty z niej zeszłaś. Wiesz, że wszystko, co nas spotyka, dzieje się z woli Boga. Nie jesteśmy panami swojego losu". Przez pewien czas przemawiał do mnie w ten sposób, nie mówiąc wprost, o co mu chodzi, aż wreszcie powiedział: „Wiesz, że w naszej rodzinie małżeństwa trwają aż do śmierci. Nikt się nie rozwodzi ani nie żyje w separacji. Dlaczego więc uległaś wpływowi czczej gadaniny jakichś kobiet? Nie widzisz, że w ten sposób sprowadziłaś na siebie chorobę i cierpienie? Zobacz, w jakim jesteś stanie!"

Odpowiedziałam: „Czcigodny szejku, jestem tylko kobietą. Co mogę zrobić?", a on zapytał: „Bardzo cię boli?" Odparłam: „Tak, bardzo. Czy możesz mi pomóc?", a on powiedział: „Nie, musisz pozostać w tym stanie jeszcze przez jakiś czas". Poskarżyłam się: „Byłam u wielu lekarzy, ale nie umieli mi pomóc". Szejk odrzekł, rozgniewany: „W takim razie chodź sobie dalej do lekarzy i przekonaj się, co mogą dla ciebie zrobić!" Słysząc jego gniewny ton, rozpłakałam się. Spojrzał na mnie i dodał: „Bóg jest miłosierny. Powiedziałem ci: trzymaj się prostej, wąskiej ścieżki. Jeśli Bóg przygotował coś dla ciebie, z pewnością to dostaniesz. Bóg nie pomaga Cyganom ani prostytutkom. Pamiętaj, że jesteś żoną bogobojnego człowieka, który co roku przyzywa na pomoc wielkich świętych islamu, wołając: «Chwała niech będzie Sajjidzie Zeinab, chwała Sajjidnie el-Husseinowi, chwała Sajjidowi el-Badawi*», i który co roku udaje się na festyny organizowane na ich cześć. Powinnaś była o nim pomyśleć i mieć wzgląd na jego uczucia, kiedy tamte kobiety i sam szatan zaczęli zatruwać twoje myśli". Po tych słowach zamilkł.

W tym czasie wrócił Hamed. Uściskał stryja i wymienił z nim stosowne uprzejmości. Stryj powiedział mu: „Nie martw się. Jej choroba minie". Nabrałam więc odwagi i zapytałam jeszcze raz: „Pomożesz mi, stryju?", a on odparł: „Nie, nie pomogę ci. Sama ściągnęłaś na siebie chorobę". W ten sposób dał wyraz gniewowi, jaki w nim kipiał.

Znowu zaczęłam chodzić po lekarzach. Jeden z nich powiedział: „Proszę posłuchać: wszystkie te lekarstwa, które pani brała, mogłyby uleczyć wielbłąda, gdyby był chory. Czy dobrze się pani odżywia?" Odpowiedziałam, że przestrzegam diety, którą mi wcześniej zalecił. Wtedy przyłożył dłonie do mojego boku i stwierdził, że bolesne miejsce jest gorące. Powiedział, że prawdopodobnie mam zapalenie nerek, i przepisał mi kolejne lekarstwa. Wykupiłam je za siedem funtów – znowu bez skutku. W boku paliło mnie żywym ogniem – nadal byłam chora i czułam straszny ból.

Pewnego dnia stryj Hameda znowu do mnie przyszedł. Przyniósł słoik pełen starannie przesianych ziół i butelkę oleju *hab el-baraka*. Wymieszał siedem rodzajów ziół, z których każdy kosztował trzy funty. Leżałam w łodzi, kiedy przyszedł i powiedział: „Umm Naimo, mam coś dla ciebie. Codziennie rano i wieczorem zjedz trzy pełne łyżki tej mieszanki. Nie mieszaj ziół z wodą, ale popij je łyżką tego oleju. Wkrótce poczujesz się lepiej". I rzeczywiście – od tamtej chwili ogień, który zdawał się wypalać mi wnętrzności, przygasł, a ja zaczęłam wracać do zdrowia. To tak, jakby ktoś pokrył moje ciało lepką warstwą gęstego miodu, a potem nagle zmył go ze mnie, sprawiając, że znowu czułam się czysta i lekka.

Po trzech dniach szejk przyszedł sprawdzić, jak się miewam. Śmiejąc się, zapytał: „Czujesz się lepiej?", a ja odpowiedziałam: „Tak". Wtedy powiedział: „Posłuchaj kobieto, albo zostaniesz z nami w dobrej wierze i odtąd będziesz

---

* Sajjida Zeinab – czczona przez szyitów wnuczka Mahometa, patronka Kairu; Sajjidna el-Hussein (Husajn ibn Ali) – święty szyicki, wnuk Mahometa, który zginął w roku 680 w bitwie pod Karbalą; Sajjid Ahmad el-Badawi (zm. 1276) – święty szyicki, założyciel bractwa sufickiego Ahmadijja (przyp. tłum.).

podążać ścieżką, którą wyznaczył dla ciebie Bóg, albo odejdź i zniknij jak wychylona jednym haustem szklanka wody". Popatrzyłam na niego, a potem na męża i przyrzekłam: „Hamedzie, już nigdy nie będę przeciwko tobie. Odtąd już nigdy nie sprzeciwię się twoim życzeniom ani woli Boga". On zaś odparł cicho: „To, jak będziesz postępować, zależy od ciebie. Wybierz drogę, która najbardziej ci odpowiada. Ja mam nad sobą Boga, który mnie strzeże i prowadzi. Stworzył mnie takiego, jaki jestem, a ja poddaję się Jego woli i nadal będę zazdrośnie strzegł Jego uczuć, zachowywał Jego dobre imię i przestrzegał nauk islamu, według których zostałem stworzony". Odpowiedziałam: „Cokolwiek się stanie, nigdy cię nie opuszczę". Odtąd pozostałam wierna, a jego dobroć i wierność naukom islamu dodają mi sił.

Rozmawiając z mężczyzną, który nie jest jej krewnym, kobieta powinna starać się być bardziej męska niż on.

Kiedy nasza łódź jest przycumowana w pobliżu parowca, na którym pracują mężczyźni, muszę mieć pewność, że traktują mnie oni z szacunkiem. W przeciwnym razie natychmiast stamtąd odpływamy. Gdyby jeden z tych mężczyzn odezwał się do mnie niestosownie, nie powiedziałabym o tym mężowi, gdyż mężczyźni są porywczy i skorzy do przemocy. Po prostu popłynęlibyśmy dalej.

Jeżeli nikt nie zachowuje się wobec mnie niestosownie, kiedy mój mąż jest na brzegu i sprzedaje ryby albo kupuje prowiant, uznajemy, że to miejsce jest bezpieczne i zostajemy tam.

Uprzejmość nakazuje mi odpowiedzieć mężczyźnie, który się do mnie odezwał. Jednak przez cały czas muszę się mieć na baczności i sprawdzać, czy ma on wobec mnie uczciwe zamiary.

Mężczyzna bogatszy od nas może uważać, że ma prawo zalecać się do żony uboższego człowieka. Jak wszyscy mężczyźni, jest przekonany, że każdej kobiecie można z łatwością zawrócić w głowie.

Pokładam ufność w Bogu. Jeśli taki mężczyzna pojawi się na mojej drodze i spróbuje mnie nakłonić do porzucenia męża, na pewno nie osiągnie swego celu. Jego eleganckie ubrania i wypchany portfel nie zrobią na mnie wrażenia. Będzie próbował je wykorzystać, żeby zaspokoić swoją żądzę, a później podepce mnie i będzie mnie prześladował.

Oto mój sposób na unikanie problemów – staram się być silna. Patrzę takiemu mężczyźnie prosto w oczy, kiedy z nim rozmawiam. Pokazuję mu, że mam czyste sumienie.

Życie na rzece bywa niebezpieczne. Nie mogę się schronić w czterech ścianach pokoju ani za murami domu. Kiedy mój mąż wychodzi na brzeg, zostaję sama i muszę sobie jakoś radzić.

Kiedy mężczyzna przechodzący obok naszej łodzi zatrzymuje się i patrzy na mnie, staram się odgadnąć jego zamiary. Jeśli są dobre, to nie mam się czego obawiać. Jeżeli jednak odnoszę wrażenie, że ten człowiek ma nieczyste intencje, lub gdy on zachowuje się natarczywie, nakłaniam męża, żebyśmy stamtąd odpłynęli. Gdybyśmy zostali, musiałabym wybierać między ukrywaniem się przed takim mężczyzną (co nie jest łatwe, gdyż nie mogę opuszczać łodzi) a powiedzeniem o wszystkim mężowi. Gdybym to zrobiła, z pewnością doszłoby do bójki i spotkałoby nas nieszczęście.

Coś takiego już raz się wydarzyło. Byłam jeszcze wtedy młoda i ładna, a Naima była niemowlęciem. Siedziałam sama w łodzi, karmiąc ją piersią, kiedy podszedł do mnie pierwszy oficer z jednego z dużych parowców. Zapytał: „Moja pani, kiedy tak siedzisz sama, co z tego masz? Życie rybaka jest ciężkie. Nie ma w nim bezpieczeństwa ani wygody. Jesteś młoda i masz tylko to dziecko przy piersi, tę malutką córeczkę. Czy to powód, aby godzić się z takim losem?"

Odparłam, starając się go wybadać: „Dokąd, twoim zdaniem, powinnam pójść?", a on odpowiedział: „Spróbuj nakłonić tego mężczyznę, żeby się z tobą rozwiódł, i wyjdź za mnie. Będę dobry dla twojej córeczki". Wtedy zapytałam: „Więc chcesz, żebym odeszła od męża? Niby dlaczego?", a on na to: „Bo jestem od niego bogatszy. Zarabiam pięćdziesiąt funtów miesięcznie i mogę ci zapewnić wygodny pokój".

Wcześniej ten człowiek bywał na naszej łodzi. Jadał chleb i sól z moim mężem i pijał z nami herbatę. Pomyślałam: „Ten nielojalny i niewdzięczny drań nie ma prawa tak mówić. Jest podstępny i pozbawiony honoru".

Powiedziałam mu: „Słuchaj, idź do diabła albo dokądkolwiek chcesz. Od tej pory trzymaj się ode mnie z daleka. Gdybyś nawet miał gospodarstwo, w którym rosłyby wszystkie drzewa świata i dojrzewały najrozmaitsze owoce, brzydziłabym się ciebie dotknąć, bo jesteś zepsuty i podstępny. Gdyby mąż karmił mnie tylko suchym chlebem, zaspokoiłoby to mój głód. Mój mąż jest przykładnym muzułmaninem i człowiekiem dobrej woli – to mi wystarcza. Cieszę się, że mogę zachować swój honor i dobre imię mojej rodziny, nawet jeśli takie życie nie jest łatwe. Jeśli wydaje ci się, że możesz wyciągnąć rękę i wyrwać mnie z tego miejsca tylko dlatego, że jesteś od nas bogatszy, to bardzo się mylisz. Jesteś brudnym draniem. Czy życzyłbyś którejś ze swoich krewnych, aby spotkało ją to, co właśnie zrobiłeś córce innego człowieka? Trzymaj się ode mnie z daleka".

Ta historia wydarzyła się prawie dwadzieścia lat temu, lecz jeszcze dzisiaj, kiedy przepływamy obok jego statku, odwracam głowę i żadne z nas z nim nie rozmawia.

Mój mąż nigdy nie dowiedział się o tym, co się stało. Kiedy tamtego dnia wrócił do domu, zauważył, że jestem zdenerwowana. Powiedziałam mu, że musimy popłynąć dalej. Chciał wiedzieć, dlaczego, a ja odpowiedziałam, że jakieś dzieci kilka razy rzucały we mnie kamieniami.

Mój mąż jest dobrym człowiekiem, dlatego Bóg zsyła mu mądrość i zrozumienie. Hamed zgodził się przenieść w inne miejsce i z własnej inicjatywy przestał rozmawiać z tym podstępnym zdrajcą. Dzisiaj nie mówi mu nawet dzień dobry. Musiał wyczuć w tym człowieku zło.

Gdybym powiedziała mężowi prawdę, wznieciłabym gwałtowne namiętności. Mogłoby dojść do bójki. Dlatego pomyślałam: „Dlaczego miałabym narazić męża na coś takiego i sprawić, by stracił nad sobą panowanie i ściągnął na siebie nieszczęście przez jakiegoś nieokrzesanego drania? Czy mogę dopuścić do tego, aby mój mąż spędził resztę życia w więzieniu z powodu niepotrzebnego aktu zemsty?"

W całą tę awanturę musieliby się włączyć moi krewni i rodzina Hameda. Niezależnie od tego, jak to wszystko by się skończyło, z pewnością to mnie uznano by za winną. Ludzie mówiliby: „Ten i ten zrujnował sobie życie, ponieważ inny mężczyzna ośmielił się spojrzeć na jego żonę i próbował ją uwieść". Rodzina mojego męża wypowiedziałaby mi wojnę i zaczęłaby mnie prześladować, a moi krewni wstydziliby się za mnie. Wołaliby: „Spójrz tylko, kobieto, dla kogo odwróciłaś się od swego męża! Zobacz, do czego go doprowadziłaś!" Inni rybacy i ich żony plotkowaliby: „Ledwie mąż tej kobiety wyszedł na brzeg, w jej łóżku znaleziono innego mężczyznę".

Kobieta musi nieustannie mieć się na baczności. Ludzie będą ją winić niezależnie od tego, co się stanie (lub co się nie stanie). Są mężczyźni, którzy gadają nieprzyzwoite rzeczy, podobnie jak są psy, które szczekają. Niech więc gadają i szczekają. Kobieta powinna trzymać się od nich z daleka.

Kiedy Naima miała czternaście lat, zaręczyła się. Jej narzeczony nie należał do naszej rodziny. Kiedy moja najstarsza siostra dowiedziała się o zaręczynach Naimy, kazała swojemu mężowi przyjechać do naszego domu na wsi i przekonać nas, żebyśmy nie oddawali córki obcemu, lecz zachowali ją dla jej średniego syna.

Pewnego dnia Hamed, Abu Naima [ojciec Naimy], przygotowywał się do wieczornej modlitwy, kiedy nagle usłyszeliśmy, że drzwi się otwierają i ktoś wchodzi do domu. Wiejskie domy mają dwoje drzwi – zewnętrzne i wewnętrzne, prowadzące wprost do domu. Hamed zapytał: „Kto może wchodzić do naszego domu w taki sposób, bez zapowiedzi? To na pewno nikt obcy, lecz jeden z twoich wujów, Naimo". Zapadał zmierzch. Rozpaliliśmy w piecu, żeby było cieplej, ale w domu panował półmrok.

Po chwili rozległo się pukanie do drzwi prowadzących na dziedziniec (*mandara*). Zapytaliśmy: „Kto tam?", a on odpowiedział: „To ja, wasz szwagier z Kairu". Zmartwiliśmy się tą nieoczekiwaną wizytą męża mojej siostry, który przyjechał do nas z Kairu o tak późnej porze. Obawiając się złych wiadomości, zapytaliśmy: „Jakie wieści przynosisz? Czy coś się stało?", a on odparł: „Wszystko w porządku, nie martwcie się". Zaprosiliśmy go do środka, a kiedy wszedł, wyjaśnił: „Przyjechałem, żeby was o coś prosić. Jeśli Bóg pozwoli, nie odrzucicie mojej prośby". Mój mąż, Abu Naima, dokończył modlitwę i polecił Naimie:

„Podgrzej trochę chleba i przygotuj kolację dla męża twojej ciotki". Po kolacji mój szwagier powiedział: „Przyjechałem w sprawie Naimy. Czy nie uzgodniliśmy, że zachowacie ją dla naszego syna, Mohammada? A teraz dowiaduję się, że jest zaręczona z kimś innym".

Hamed odpowiedział: „To prawda, chciałeś dostać Naimę dla jednego ze swoich synów. Ale czy powiedziałeś nam, dla którego? Masz sześciu synów. Czy kiedykolwiek dowiodłeś, że twoje zamiary wobec Naimy są poważne? Czy powiedziałeś wszystkim, że poprosiłeś o jej rękę dla swojego syna?"

Wtedy mój szwagier powiedział: „Dobrze wiesz, że nie szukamy narzeczonych na ulicy i nie przyjmujemy do rodziny dziewcząt niewiadomego pochodzenia. Tylko córka ludzi, którzy są nam bliscy, może zostać żoną naszego ukochanego syna". Hamed milczał, a mój szwagier mówił dalej: „Przyszedłem do was z nadzieją, że małżeństwo Naimy i Mohammada zacieśni więź między naszymi rodzinami. Nie sprawcie mi zawodu, odprawiając mnie z odpowiedzią odmowną". Hamed odparł, że najpierw musi się naradzić ze swoim bratem, który mieszkał wtedy u nas.

W tym momencie wszedł jeden z moich braci i przywitał się z mężem mojej siostry: „Dobry wieczór. Co cię sprowadza o tej porze, Sajjidzie?" Mój szwagier odparł: „Przyszedłem poprosić o rękę Naimy dla mojego syna, Mohammada". Mój brat powtórzył: „Chcesz, żeby Naima wyszła za mąż za Mohammada?", a Sajjid na to: „Tak, to już postanowione". Mojemu bratu nie spodobała się ta odpowiedź. Chciał o tym porozmawiać, aby poznać prawdziwe intencje Sajjida i dowiedzieć się, dlaczego mój szwagier nagle zjawił się nie wiadomo skąd z propozycją małżeństwa. Powiedział więc: „Mówisz, że to już postanowione. Na kiedy więc planujesz ślub i jakie warunki proponujesz?"

Sajjid odpowiedział mojemu bratu nieuprzejmie i obraźliwie, dając mu do zrozumienia, że nie ma prawa się wtrącać. Oczywiście jako wuj Naimy mój brat miał prawo do wyrażenia swojego zdania. Sajjid powiedział: „Jesteś grubiański i źle wychowany. Nie rozumiesz, że to już postanowione? Co ci się nie podoba? Nie wiesz, że stworzyliśmy spółdzielnię, żeby zebrać pieniądze, i zamierzamy poczynić wszystkie niezbędne przygotowania, aby ślub mógł się odbyć za pół roku? Dziewczyna będzie już wtedy pełnoletnia i będzie można skonsumować małżeństwo".

Kiedy mój brat poczuł, że Sajjid go obraził, wstał bez słowa. Hamed nie odpowiedział żadnemu z nich. Nie chciał jeszcze podejmować decyzji w sprawie Naimy, więc milczał. Właśnie wtedy do pokoju wszedł jego brat, a dowiedziawszy się, co zaszło między Sajjidem a moim bratem, rozstrzygnął sprawę, mówiąc: „Słuchajcie, przecież Sajjid nie jest nieznajomym, który próbuje nas wykupić. Naima to nasza dziewczyna, a chłopak jest jednym z naszych synów. Skoro poczyniłeś już odpowiednie przygotowania, Sajjidzie, weź tę dziewczynę dla swojego syna. My zrobimy, co do nas należy, a ojciec Naimy zatroszczy się o jej potrzeby. Przecież nie było jeszcze żadnego małżeństwa i wolno nam zerwać zaręczyny, żeby wydać Naimę za mąż za kogoś z rodziny". Na tym sprawa się zakończyła.

Kiedy decyzja o ślubie zapadła, Sajjid zaczął nalegać, żeby ofiarować przyszłej pannie młodej podarunek ze złota – na znak czystych intencji rodziny narzeczonego i dla przypieczętowania zaręczyn. Mój mąż uważał, że zamiast kupować złotą biżuterię, rozsądniej byłoby dać młodej parze pieniądze, aby mogła je wydać na jakiś praktyczny cel, ale Sajjid odparł: „Nie. Złoto stanowi ważną część umowy. Chcemy, aby ludzie, patrząc na nas, wiedzieli, że umocniliśmy związek waszej córki i naszego syna, ofiarowując pannie młodej stosowny prezent, jak nakazuje tradycja".

Zakupiono więc złoto – osiemnastokaratową bransoletkę dla Naimy i dwie obrączki ślubne dla państwa młodych. Hamed zaś kupił dla pana młodego złoty pierścień za dwadzieścia funtów [około trzydziestu pięciu dolarów].

Zgodnie z tradycją z okazji zaręczyn rodzice narzeczonej ofiarowują rodzinie pana młodego kilka sztuk drobiu. Ponieważ jednak nie mieliśmy ptactwa domowego, Hamed powiedział: „Nie damy im kurcząt ani kaczek. Większość czasu spędzamy na rzece, więc nie hodujemy drobiu. Za pieniądze, które wydalibyśmy na drób, kupimy narzeczonemu naszej córki pierścień, który będzie mógł nosić na palcu".

Po dokonaniu wszystkich zakupów i wymianie prezentów zaręczynowych wyprawiliśmy wielką ucztę. Stryj Naimy powiedział: „Pora spisać kontrakt małżeński", lecz Sajjid odparł: „To niewłaściwy moment, gdyż panna młoda nie jest pełnoletnia. Dopiero za osiem miesięcy osiągnie wiek uprawniający kobietę do wyjścia za mąż". Hamed przytaknął: „W porządku, niech tak będzie. Pozostawmy tę sprawę losowi".

Odbyły się zaręczyny, a tuż po nich ciotka Naimy – moja siostra i matka pana młodego – zaczęła się ze mną kłócić o prezenty zaręczynowe i o to, co obie rodziny powinny podarować parze młodej i co dla niej przygotować. Powiedziała, że pierścień, który daliśmy narzeczonemu Naimy, był zbyt skromny w porównaniu z ich prezentami. Zaczęłyśmy się sprzeczać o bransolety i o pierścień, a kiedy wstaliśmy następnego dnia, Hamed powiedział do Naimy: „Zdejmij tę krótką sukienkę. Nie poślubisz tego człowieka. Los postawił go na naszej drodze, lecz, jak widać, jego rodzina dużo mówi, ale nic nie robi. Nie sądzę, byśmy mogli wiązać z nimi naszą przyszłość. Nie wyjdziesz za Mohammada, to pewne". Tak oto po zaręczynach nasza córka przez trzy lata pozostawała w zawieszeniu. Była coraz bardziej przygnębiona, ponieważ rodzina pana młodego nie chciała ani zwolnić jej z obietnicy małżeństwa, ani też jednoznacznie się wobec niej zobowiązać.

Na skutek mojej kłótni z siostrą powstała między nami przepaść, której nie sposób było zasypać. Naima została w domu swojego ojca, a my musieliśmy wrócić na rzekę, żeby zarabiać na życie.

Z czasem Mohammad coraz rzadziej interesował się narzeczoną. Pewnego dnia dowiedzieliśmy się, że ogłosił zerwanie zaręczyn – bez słowa wyjaśnienia. Myślę, że w ciągu tych trzech lat, kiedy Naima była z nim zaręczona, jego rodzina doszła do wniosku, że może znaleźć synowi lepszą partię. My byliśmy tylko ubogimi rybakami, a oni bogacili się i powodziło im się coraz lepiej. Przeprowadzili się ze wsi do Kairu, do dzielnicy Bulak. Pewnie uważali, że jesteśmy od nich gorsi, i dlatego odrzucili naszą córkę. To jednak nie przeszkadzało im przyjeżdżać do naszej wsi w czasie świąt. Wszyscy członkowie tej rodziny – cała ósemka – zjawiali się w progu naszego domu i spędzali u nas święta, jedząc i pijąc, a kiedy odjeżdżali, zabierali ze sobą kosze pełne wiejskich przysmaków. Przez te trzy lata nalegali również, żebyśmy dzielili się z nimi pieniędzmi ze sprzedaży ryb, ale Hamed się na to nie zgodził.

Pewnego dnia, jeszcze przed zerwaniem zaręczyn, w pobliżu naszej łodzi zjawił się mąż mojej siostry i zawołał mnie z ulicy na nabrzeżu. Podniosłam wzrok. Zakładałam właśnie przynętę na haczyki. Pozdrowiłam go. Zapytał: „Umm Naimo, nie przygotujesz dla swojej córki wyprawy na nowe gospodarstwo? Chcemy, żeby ślub odbył się podczas dużego święta", a ja odpowiedziałam: „Oczywiście. Przygotujemy dla niej wszystkie te piękne rzeczy". On na to: „Tak, wiem, co masz na myśli, ale mnie chodziło o parę kanap, łóżko i komodę. To właśnie miałem na myśli". Odparłam: „Czy nie zgodziliście się podarować młodej parze mebli do sypialni, kiedy omawialiśmy warunki małżeństwa? Czy nie obiecaliście też, że ubierzecie pannę młodą, podarujecie jej wszystkie potrzebne rzeczy osobiste i dorzucicie trochę dobrej biżuterii? W każdym razie my damy jej wszystko, co Bóg pozwoli nam dla niej przygotować". Sajjid wyjaśnił: „To twoja siostra kazała mi przyjść tutaj i powiedzieć to wszystko". Spojrzał na Hameda, ale ten siedział bez słowa. Nie powiedział „tak" ani „nie", nie dał po sobie poznać, co o tym myśli. Mój szwagier poczuł ciężar milczenia Hameda i zwrócił się do niego: „No cóż, w każdym razie chcemy urządzić ślub podczas nadchodzącego święta". Hamed spojrzał na niego i powiedział: „Macie zamiar urządzić ślub podczas najbliższego dużego święta? Nie mam nic przeciwko temu. Oby Bóg dał wam siłę".

Po tej rozmowie zaczęliśmy na dobre szykować córkę do ślubu. Kupowaliśmy jej wszystko, czego potrzebowała, aż pewnego dnia mój najstarszy brat przyjechał do nas z Tanty i zapytał, widząc nasze przygotowania: „Czy rodzina pana młodego wynajęła już mieszkanie dla młodej pary?", a Hamed odparł, że jeszcze nie. Wtedy mój brat spojrzał na niego i powiedział: „Więc nie będzie żadnego ślubu, a ten Sajjid jest niepoważny. Te dzieci nie mogą się pobrać, dopóki nie będą miały gdzie mieszkać". W tym momencie przyszedł najstarszy syn Sajjida, a mój brat zapytał go: „Czy twój ojciec naprawdę powiedział wam, że ślub twojego brata odbędzie się podczas dużego święta?" Młodzieniec odparł: „Niczego takiego nie słyszałem". Słysząc to, mój brat powiedział: „To jakiś żart?" Chłopiec odrzekł: „Nie, ale pozwólcie, że dowiem się, co mój ojciec ma do powiedzenia w tej sprawie, a potem wrócę i wyjaśnię wam, jak się sprawy mają".

Kiedy chłopak zapytał o to ojca, ten miał odpowiedzieć: „Czy ślub to coś, czego można się domagać?" Wtedy brat Mohammada wyjaśnił, że jesteśmy zaniepokojeni, ponieważ od oświadczyn minęło już dużo czasu, a jego ojciec odparł: „I co z tego, że powiedziałem jej ojcu, że ślub odbędzie się podczas najbliższego święta? Narzeczeństwo może trwać nawet siedem albo dziesięć lat. Minęły tylko trzy. Czym są trzy lata wobec całego życia?"

Syn Sajjida przekazał nam jego słowa, a wtedy Hamed sam poszedł do mojego szwagra. Ojciec narzeczonego powtórzył to, co powiedział wcześniej synowi, a wtedy między nim a moim mężem wybuchła gwałtowna awantura. Po tym wszystkim nasze rodziny odsunęły się od siebie, a po jakimś czasie ojciec Mohammada przyszedł do nas i powiedział: „Nie będzie żadnego ślubu. Już nie chcemy, żeby nasz syn ożenił się z dziewczyną z waszej rodziny". Zaczęli traktować nas nieuprzejmie i krok po kroku odsuwali się od naszej córki. Ludzie mówili mojej siostrze: „Nie wstyd ci, Umm Ali, że przez trzy lata trzymałaś ją na uwięzi – dziewczynę, która jest jedynym dzieckiem swoich rodziców – a teraz tak ją traktujesz?", lecz ona odpowiadała: „Tak już jest. Trudno".

Kiedy próbowaliśmy jeszcze raz przypomnieć im o danym słowie, odpowiedzieli: „Czy małżeństwo to coś, czego można się domagać?" Rozgniewani, mówiliśmy: „Oczywiście, że można! Myślicie, że możecie przez trzy lata odkładać pokaz krwi [skonsumowanie małżeństwa], a potem nagle zrzucić z siebie całą odpowiedzialność? Przez te trzy lata nie wspieraliście finansowo naszej córki ani nie pozwoliliście jej poszukać szczęścia gdzie indziej. W tym czasie mogła znaleźć inne rozwiązanie".

Jednak ojciec narzeczonego pozostał nieugięty i upierał się, że narzeczona może czekać na ślub nawet dziesięć lat. Powtarzał, że ich syn nie jest jeszcze gotowy do rozpoczęcia życia małżeńskiego. Niedługo potem przyszedł do nas wysłannik Sajjida z wiadomością, że odtąd jego rodzina nie chce mieć z nami nic wspólnego.

Pewnego wieczoru, podczas ramadanu, zjedliśmy ostatni posiłek przed całodziennym postem, zacumowaliśmy łódź w osłoniętym miejscu i położyliśmy się. Zasnęliśmy. Po jakimś czasie usłyszałam krzątaninę Hameda, który przygotowywał się do porannej modlitwy. Potem miałam widzenie. Ktoś próbował mnie obudzić. Śniło mi się, że ktoś mnie woła – trzy razy wymówił moje imię, uniósł mi głowę i potrząsnął mną. Potem powiedział: „Wstań i sama się przekonaj, zobacz na własne oczy, co się dzieje w Bulak. Zobaczysz, kto stoi na drodze do szczęścia twojej córki i zamierza ją skrzywdzić". Postać, którą zobaczyłam we śnie, była mężczyzną, lecz nie był to zwyczajny człowiek, taki, jakich widuje się każdego dnia. Skinął na mnie trzy razy, a wtedy się obudziłam.

Było bardzo wcześnie, na zewnątrz nadal było szaro i mgliście, bo dzień jeszcze się na dobre nie zaczął. Wstałam z łóżka i usiadłam na dziobie łodzi, podczas gdy Hamed odmawiał swoje modlitwy. Kiedy skończył, powiedziałam: „Nie pracujmy dzisiaj. Pojadę do Bulak". Zapytał: „Dlaczego?", a ja odparłam: „Na Boga, ktoś przyszedł do mnie we śnie i powiedział mi to i to. Chcę zobaczyć, kim jest ten nieżyczliwy człowiek, który stoi na drodze do szczęścia naszej córki".

Ubrałam się i poszłam na przystanek autobusowy w pobliżu Uniwersytetu Kairskiego. Zapytałam pewną kobietę: „Który autobus jedzie do Bulak?", a ona odpowiedziała: „Ten, na który czekam. Pokażę pani, gdzie wysiąść". Kiedy autobus dotarł do celu, powiedziała: „To tutaj, skarbie swojej matki". Kiedy byłam już w Bulak, bez trudu znalazłam drogę do domu siostry.

Kiedy stanęłam pod drzwiami jej domu, spotkałam jedną z jej sąsiadek, która zapytała: „Ty jesteś Umm Naima?", a ja odparłam: „Tak". Wtedy kobieta powiedziała: „Twoja siostra i jej rodzina planują podstępem odebrać tobie i twojemu mężowi prezenty zaręczynowe, które dali waszej córce. Chcą ostatecznie zrezygnować z waszej córki". Zapytałam: „Kto ci o tym powiedział? Skąd to wiesz?", a ona odrzekła: „Siedzieli przez całą noc, jedząc i rozmawiając, a moja siostrzenica i jej mąż byli z nimi. Spierali się i dużo gadali, a potem zaplanowali ten niecny uczynek przeciwko wam. Słyszałam ich. Chcą pójść do twojego męża i powiedzieć mu, że jeśli nie zgodzi się umeblować mieszkania dla młodej pary, to musi im oddać złotą bransoletkę".

Podziękowałam sąsiadce za to, że o wszystkim mi powiedziała, a potem podeszłam pod drzwi mieszkania siostry. Już miałam zapukać, lecz coś mnie powstrzymało. Próbowałam kilka razy, ale ręka nie chciała mnie słuchać. Odeszłam więc i stanęłam na schodach, skąd dobrze ich widziałam. Byli ubrani – gotowi do wyjścia. Chcieli nas odnaleźć. Postanowiłam ukryć się i wrócić do męża, zanim dotrą do naszej łodzi.

Wyszłam z budynku i wkrótce znalazłam się na małym skwerku. Nagle poczułam, jakby nie wiadomo skąd opadł na mnie ciężki łańcuch. Zaczął się owijać wokół moich nóg. Nie mogłam się poruszyć. Nie mogłam zrobić kroku, więc usiadłam tam, gdzie stałam.

Siedziałam bez ruchu i widziałam, jak moja siostra i jej rodzina idą w moim kierunku. Narzeczony Naimy zobaczył mnie i krzyknął: „Czy to nie moja ciotka?", a jego matka spojrzała na mnie i zawołała: „O czarny dniu, przecież to moja siostra!" Kiedy byli tuż przede mną, łańcuch, który mnie skrępował, nagle opadł, a ja przemówiłam. Powiedziałam: „Byłam pod waszymi drzwiami i słyszałam, o czym rozmawialiście. Nie boicie się gniewu Boga? Nie wstyd wam spiskować przeciwko nam w tym świętym czasie, który nadchodzi tylko raz w roku? Czy zdajecie sobie sprawę z poważnych konsekwencji swoich knowań? Rujnujecie życie niewinnej kobiety, a mimo to uważacie się za dobrych muzułmanów i czytacie Koran? Myślicie, że skoro Bóg obdarzył was synami, możecie krzywdzić bezbronną dziewczynę – jedyne dziecko swoich rodziców?”

Słowa wylewały się ze mnie same. Zanim moja siostra zdążyła cokolwiek wykrztusić, powiedziałam: „Przysięgam na Boga, który nas stworzył, i na święty miesiąc ramadanu, w którym planowaliście skrzywdzić mnie i mojego męża, wyrządzając szkodę naszej jedynej córce, że ten niecny czyn nie ujdzie tobie ani twojemu mężowi na sucho. Zapłacicie za niego smutkiem i cierpieniem. Wy możecie liczyć na regularne dochody i mieszkacie wygodnie w czterech ścianach. Ja polegam na Bogu i mieszkam tam, dokąd zawiedzie mnie mój mąż. Bóg tak chciał i w jego rękach zostawiam tę sprawę”.

Moja siostra i jej krewni nie powiedzieli ani słowa, tylko szykowali się do odjazdu. Chcieli, żebym pojechała z nimi taksówką, ale przysięgłam, że już nigdy nie wsiądę z nimi do samochodu. Kiedy wróciłam na łódź, zastałam w niej Hameda. Przyszłam tam równocześnie z nimi. Hamed najpierw spojrzał na mnie. Zauważył, że jestem smutna, a potem przywitał się z rodziną mojej siostry. Powiedziałam: „Nie witaj się z nimi. Chcą cię oszukać”. Mój mąż odparł: „Wiem o wszystkim, lecz istnieją zasady grzeczności, których powinienem wobec nich przestrzegać niezależnie od tego, co powiedzieli lub zrobili”. Potem Abd el-Megid, mąż mojej siostrzenicy, powiedział do Hameda: „Wuju, przychodzę, żeby cię odwiedzić i powiedzieć ci, co się stało”. Mój mąż odrzekł: „To nie ma znaczenia. Rób, co chcesz, i niech Bóg będzie świadkiem twoich czynów”.

Niedoszły pan młody wydawał się zaskoczony. Widocznie rodzina ukryła przed nim swoje zamiary. Powiedziano mu, że to ja jestem sprawczynią wszystkich problemów i przeszkód na drodze do jego małżeństwa z Naimą. Zapytał swoją matkę: „Czy spiskowałaś, żeby wszystkich ze sobą skłócić i schwytać mnie w potrzask?”

Jak się okazało, powiedziano mu, że to ja nie jestem zadowolona z początkowych warunków kontraktu małżeńskiego. Miałam rzekomo powiedzieć: „Nie mam ośmiu czy dziewięciu córek. Musicie zapłacić przyzwoite wiano za pannę młodą”. Wtedy niedoszły pan młody zapytał: „Więc ta kobieta chce, żebyśmy zapłacili za wszystkie przygotowania?”, a moja siostrzenica powiedziała: „Wygląda na to, że Umm Naima próbuje nas zniechęcić, bo ma na oku kogoś innego, w przeciwnym razie byłaby nam bardziej przychylna. Kto to może być?”

Wszystko to były kłamstwa. Tak naprawdę chodziło o to, że przez te trzy lata ich rodzina zdobyła wyższą pozycję, a my pozostaliśmy skromnymi rybakami. To dlatego moja siostra i członkowie jej rodziny już nie chcieli się z nami wiązać poprzez małżeństwo naszych dzieci. Nie powiedzieli tego wprost, tylko kluczyli i opowiadali bzdury. To zatruło atmosferę.

Po zerwaniu zaręczyn z Naimą moja siostra ożeniła swego syna z inną kobietą, a ja rzuciłam na niego zaklęcie, mając nadzieję, że nigdy nie zazna spokoju, a jego życie i los jego rodziny będzie niekończącym się pasmem nieszczęść.

Poszłam do jednego z tych, którzy wiedzą, i poprosiłam go, aby narysował Mohammada jako diabła, a potem napisał zaklęcie przeciwko niemu na siedmiu liściach drzewa cytrynowego. Przez siedem kolejnych dni każdego wieczoru paliłam jeden z tych liści. Za każdym razem Mohammad wpadał w szał i biegał wzdłuż rzeki, żeby nas odszukać i nakłonić do zdjęcia złego uroku. Tylko to mogło przynieść mu ulgę. Biegał po ulicach i mostach, próbując nas odnaleźć. Ogarniało go szaleństwo i nie wiedział, co się z nim dzieje. Krzyczał: „Gdzie jest moja ciotka? Gdzie jej mąż? Muszę się z nimi zobaczyć". Jego rodzina biegała za nim. Czasami ich widywaliśmy – krzyczeli, zdesperowani: „Chłopak oszalał!", a on im odpowiadał: „Wszystko przez was. To wasza wina. Rozgniewaliście moją ciotkę i jej męża, a teraz prześladuje mnie jej zła wola". Jego matka załamywała ręce, ale nie mogła nic zrobić.

Napisałam też zaklęcie, które nie pozwala jego żonie zajść z nim w ciążę. Mohammad pozostaje w jego mocy. Jego żona nadal nie ma dzieci i nigdy nie będzie ich miała. Ten człowiek nie zostawi po sobie nikogo na tym świecie.

Kiedy jeden z naszych dalekich krewnych usłyszał, że małżeństwo Naimy nie zostało skonsumowane i że zerwaliśmy zaręczyny z synem mojej siostry, przyjechał do naszej wsi i poprosił o rękę Naimy dla swojego syna. Powiedziałam, że jej ojca nie ma, ale wcześniej przysiągł, że już nigdy nie odda córki żadnemu krewnemu. Wtedy ten człowiek, Abdallah, odparł: „Ale ja nie jestem waszym bliskim krewnym!" Zaczęły się negocjacje.

Kiedy Abdallah odnalazł Hameda – Abu Naima – i poprosił o rękę Naimy dla swego syna, jej ojciec odparł: „Mam dość krewnych. Już raz stanęli na drodze do szczęścia mojej córki. Na razie nie chcę myśleć o wydaniu jej za mąż. To wszystko skończyło się dopiero dwa miesiące temu. Zostawcie ją w spokoju, dopóki nie wróci do równowagi po wstrząsie, jaki przeżyła".

Abdallah odrzekł: „Nie jestem taki jak Sajjid, twój szwagier, ani jak ktokolwiek inny. Zaręczyny mogłyby się odbyć jeszcze w tym miesiącu, a ślub – zaraz po nich, podczas święta". Jednak mój mąż trzymał ich w niepewności przez cztery miesiące pomimo ich nalegań.

W końcu Abdallah zwrócił się o pomoc do pewnego inżyniera – specjalisty w dziedzinie nawadniania pól – dla którego pracował mój mąż. Ten człowiek wynajmował naszą łódź, żeby zbierać hiacynty wodne. Abdallah poprosił go o wstawiennictwo. Pewnego dnia inżynier poprosił Hameda: „Przywiąż łódź i podejdź do mnie, chciałbym zamienić z tobą dwa słowa", a potem powiedział: „Ci ludzie chodzą za tobą od miesięcy. Dlaczego jesteś im przeciwny?" Hamed odparł: „No cóż, proszę pana, moja córka była zaręczona ze swoim kuzynem i nic z tego nie wyszło, więc zraziłem się do krewnych, a Naima jest rozgoryczona i nie chce wychodzić za mąż”.

Jednak inżynier nalegał: „To poważni ludzie, już tyle razy przyjeżdżali do ciebie tutaj, nad rzekę, i do wsi. Daj im szansę”. Hamed odpowiedział: „Ludzie ze wsi mają opinię niezbyt poważnych i nieodpowiedzialnych, a Naima jest naszym jedynym dzieckiem, więc nie chciałbym wydać jej za mąż za kogoś, kto zabierze ją daleko i nie będzie jej dobrze traktował. Ich wieś jest oddalona od naszej o trzy kilometry. Jak będę się z nią widywał? Nie miałaby tam ciotek ani wujów, którzy mogliby do niej zaglądać, i czułaby się osamotniona”. Inżynier odrzekł: „Pan młody jest teraz w wojsku, więc pewnie wynająłby jej pokój w mieście. Byłaby blisko was, w Kairze”.

Mój mąż nie wiedział, co zrobić, więc zapytał inżyniera, co tak naprawdę o tym myśli, a ten odparł: „Moim zdaniem powinieneś wydać ją za mąż”. Wtedy Hamed powiedział: „Dobrze, niech tak będzie”. Inżynier chciał mieć pewność, że Hamed nie zmieni zdania. Kazał mu przysiąc, że tego nie zrobi, a Hamed powiedział: „Mam tylko jedno słowo – już ci je dałem”.

Ponieważ do święta pozostało czterdzieści dni, postanowiliśmy zaczekać i urządzić zaręczyny w trakcie święta, a zaraz potem spisać kontrakt małżeński.

Kiedy wszystko zostało ustalone, Hamed wybrał się w odwiedziny do swojego brata, który mieszka w Munirze, innej dzielnicy Kairu, żeby mu powiedzieć o tym, co się wydarzyło, i zasięgnąć jego rady. Jego brat powiedział: „Dlaczego nie? W tych sprawach i tak trzeba zdać się na los”.

Rodzina pana młodego podarowała Naimie wiano, a my przygotowaliśmy ją do małżeństwa. Daliśmy jej wszystko, czego potrzebowała, i wszystko było w porządku. Dzięki temu porozumieniu każda z rodzin zyskała przychylność drugiej i obie działały w dobrej wierze. Nie było żadnych problemów. Przyszły pan młody zachowywał się wobec nas uprzejmie. Lubił swoją narzeczoną, a ona lubiła jego. Odbył się ślub. W tym samym czasie ożenił się także brat pana młodego – w ten sposób jego rodzinie udało się upiec dwie pieczenie na jednym ogniu.

Wieczorem, w dniu ślubu, do naszego domu przyszedł człowiek z bębnem i zabrał naszą córkę do rodziny jej męża. Wyprawili jej piękne wesele, my zrobiliśmy wszystko, co w naszej mocy, i wszyscy byli zadowoleni.

Jednak zaledwie czterdzieści dni po ślubie stało się jasne, że teściowie Naimy, jej mąż i jego siostry nie znoszą naszej córki. Jej obecność była im nienawistna. Nie mogli ścierpieć jej widoku. Dziewczyna nie mogła zrozumieć tej nagłej odmiany i była coraz bardziej nieszczęśliwa. Pytała ich: „Możesz mi powiedzieć, co takiego zrobiłam, wujku? Powiedz mi, proszę, co we mnie tak bardzo cię drażni?” Oni odpowiadali: „Nie wiemy”. Zupełnie jakby znienacka spadła na nich jakaś iskra i wznieciła w ich sercach pożar, zaszczepiając w nich pragnienie upokarzania Naimy i sprawiania jej bólu. Dziewczyna rozchorowała się. My byliśmy w tym czasie w Kairze i nie mogliśmy jej pomóc.

Pewnego dnia Naima weszła do swojej sypialni, próbując uciec od okrutnych słów, jakich jej nie szczędzono. Zamknęła za sobą drzwi. Jej mąż stacjonował wtedy poza rodzinną wsią, więc nie było go w domu. Naima położyła się na łóżku i zasnęła.

Nagle zobaczyła przed sobą jakąś zjawę. Ktoś nią potrząsał i wołał ją po imieniu, żeby ją obudzić. Odpowiedziała mu, a wtedy mężczyzna ze snu nakazał: „Wstań, przyszedłem ci powiedzieć, abyś wyszła i odnalazła magiczne zawiniątko, które sieje nienawiść w sercach ludzi, którzy cię otaczają. Wyjdź za próg domu i idź w stronę rzeki". Ale Naima znowu zasnęła. Po jakimś czasie ponownie obudził ją ten sam głos. Była zrezygnowana i przygnębiona. W końcu posłuchała – otrząsnęła się ze snu, wstała i wyszła z domu.

Nad rzeką znajduje się piaszczysta plaża. Naima szła wzdłuż brzegu. Nagle jej stopa zagłębiła się w miękkim piasku. Dziewczyna nachyliła się, sięgnęła ręką i poczuła jakąś grudkę pod stopami. Podniosła ją. Było to niewielkie zawiniątko, zawiązane na supeł. Otworzyła je i znalazła zaklęcia zapisane na kawałkach papieru, skrawek swojej bielizny, włosy i jeszcze kilka przedmiotów, które do niej należały. Wrzuciła to wszystko do rzeki i wróciła do domu.

Następnego dnia teściowie zachowywali się wobec niej uprzejmie. Kamień spadł jej z serca, a jej dolegliwości zniknęły – odtąd cieszyła się dobrym zdrowiem.

Następnego ranka teściowie zapukali do drzwi jej sypialni i zaprosili ją na śniadanie. Nigdy wcześniej tego nie robili. Szwagierka Naimy – żona brata jej męża – wydawała się zaskoczona tą zmianą. Podeszła do Naimy i powiedziała: „Naimo, Naimo", a moja córka odparła: „Słucham, Rasmijjo, o co chodzi?" Wtedy jej szwagierka zapytała: „Czy znalazłaś zawiniątko, które zakopałam tuż za progiem naszego domu?", a Naima odrzekła: „Jakie zawiniątko? Nie było żadnego zawiniątka, ale odkryłam twoje niecne knowania przeciwko mnie". Zaczęły się kłócić.

Rasmijja, która miała wtedy około czterdziestu lat, późno wyszła za mąż. Miała córkę, mniej więcej dwuletnią, i ani jednego syna. Uważała Naimę za zagrożenie, ponieważ nasza córka była młoda i mogła urodzić synów. Naima mogła zepchnąć ją na drugi plan.

Już drugi raz ktoś rzucił na tę biedną dziewczynę złe zaklęcie. Prześladuje ją pech.

Niedługo po tym, jak zamieszkaliśmy na rzece, zobaczyliśmy kobietę siedzącą nago na brzegu. To była *Szejka* – czarownica. Mój mąż odwrócił wzrok. Odpłynął stamtąd, nie chcąc jej zawstydzać. Ale mężczyźni płynący po Nilu łodzią-taksówką bezwstydnie jej się przyglądali. Drwili z niej. Ta kobieta była zupełnie naga – tak jak w dniu, w którym matka wydała ją na świat – i bardzo piękna. Była starszą kobietą – wysoką, o pełnych kształtach, złocistej cerze i zaróżowionych policzkach. Miała duże, zielone oczy. Kiedy nieco później obwiązała głowę turbanem, który zasłaniał jej czoło, jej uroda wydawała się złowroga i nieprzystępna.

Kiedy mężczyźni z taksówki nilowej zaczęli się jej przyglądać, zawołała: „Na co się gapicie, dranie?" Wtedy ja spojrzałam w jej kierunku, ona zwróciła się do mnie: „Patrzysz na mnie? Patrzysz na mnie, nieszczęsna kobieto?" Moja córka była wtedy z nami, leżała na dziobie łodzi. *Szejka* zawołała do niej, chociaż nie mogła jej widzieć. Powiedziała: „Wstawaj, jedyna córko swoich rodziców, o nieszczęsna. Ktoś cię prześladuje i rzucił na ciebie złe zaklęcie. Twój narzeczony nigdy do ciebie nie wróci. Odszedł daleko".

Zapytałam: „Kto to zrobił?", a ona odparła: „Ci, którzy mieszkają w Tancie i w Kairze. Twoi krewni użyli przeciwko wam magii. Sprawili, że brzuch twojej córki zaokrąglił się, jakby była w ciąży, chociaż nie jest jeszcze mężatką. Zrobili to, żeby okryć was hańbą".

Poprosiłam ją o pomoc. Poradziła, żebym kupiła na targu trochę ziół – *hargal* i *halfet bar*. Powiedziała: „Zaparz je i daj jej wypić z samego rana. Dzięki temu jej brzuch znowu będzie płaski. Te zioła zdejmą z niej złe zaklęcie".

Zrobiłam, jak mi poleciła. Kiedy moja córka wypiła zioła, z jej odbytu wyślizgnęła się duża, czarna jak smoła jaszczurka. Naima poczuła ulgę. Nie była w ciąży. Jej piersi były wiotkie i miękkie, a nie nabrzmiałe i pełne jak piersi ciężarnej kobiety.

Szejka chciała nam pomóc, bo wiedziała, że mój mąż jest pobożnym muzułmaninem. Tamtego dnia, nad rzeką, specjalnie czekała na nas na brzegu. Nie znaliśmy jej i nigdy więcej jej nie zobaczyliśmy.

Rasmijja, szwagierka Naimy, nadal kłóciła się z moją córką i spiskowała przeciwko niej, aż w końcu Naima załamała się i przyjechała do Kairu, aby nas odnaleźć. Powiedziała, że rodzina jej męża zamyka ją na klucz, bije i głodzi. Chcieli się jej pozbyć i zabrać jej meble.

Ojciec dał jej trochę pieniędzy na jedzenie, a sąsiedzi, widząc jej nieszczęście, zapraszali ją do siebie na posiłki, mówiąc: „Jesteśmy dla ciebie jak matka i ojciec". Jednak ona była zbyt dumna, żeby przyjąć ich pomoc. Kiedy skarżyła się mężowi, odpowiadał: „Moi krewni zachowują się tak na moje polecenie, a jeśli to ci się nie podoba, marny twój los. To jeszcze nic".

Kiedy ojciec Naimy zobaczył, jak się skurczyła i wychudła, kazał mi wrócić do naszego domu na wsi, skąd mogłam mieć na nią baczenie. Mieliśmy wtedy pomocnika – dziesięcioletniego chłopca, któremu płaciliśmy funta miesięcznie za pomoc w wiosłowaniu i zakładaniu przynęty na haczyki.

Przeniosłam się na wieś. Kiedy Naima wpadała w rozpacz, mogła uciec do mnie. Przychodziła do naszej wsi, żeby być blisko mnie. Karmiłam ją i pocieszałam, lecz po powrocie do domu męża teściowie traktowali ją jeszcze gorzej. Mówili: „Ty i twoja matka przez cały czas rozmawiacie i nastawiacie się przeciwko nam. Twoja matka cię psuje i mówi ci, żebyś postępowała wbrew naszej woli.

Namawia cię do próżniactwa". Naima odpowiadała: „Przecież robię wszystko, o co mnie prosicie". Jednak oni nie dawali jej spokoju, a Naima nadal była bardzo nieszczęśliwa.

Z czasem jej ubrania zużyły się i wytarły. Potrzebowała czegoś, w czym wyglądałaby przyzwoicie. Zapytała więc swoich teściów: „Czy kupicie mi nową sukienkę?" To ich obowiązek. Oni jednak odparli: „Nie, nie będziemy nikogo ubierać".

Wtedy przyszła do ojca i powiedziała mu o tym, a on kupił materiał na parę sukienek. Naima zabrała tkaninę do szwaczki we wsi swego męża. Wkrótce potem cała rodzina zmówiła się przeciwko niej. Zbili ją i zelżyli, a potem wypędzili z domu. Szwaczka stanęła po ich stronie. Przerażona Naima przybiegła do nas, zostawiając tkaninę na sukienki u szwaczki. Dowiedzieliśmy się, że matka jej męża kazała uszyć z tego materiału piżamę dla syna. Paradował w niej, podczas gdy Naima chodziła w łachmanach.

Dostała od nas dwie nowe sukienki, ale powiedziała, że nie może wrócić do teściów. „Krzywdzą mnie na każdym kroku, a dopóki mój mąż będzie trzymał ich stronę, nigdy nie okaże mi dobroci". Ojciec Naimy zgodził się, mówiąc: „To prawda, nie przeżyłaś w tym małżeństwie ani jednego szczęśliwego dnia. Doświadczałaś w nim samych kłopotów, moje dziecko".

Mój mąż zdecydował, że tę sprawę trzeba rozstrzygnąć w sądzie. Wniósł skargę przeciwko teściom Naimy, ponieważ odmawianie kobiecie jedzenia może być przyczyną rozwodu. Chciał przynajmniej odzyskać jej meble.

Oto co się wydarzyło. Hamed i teść Naimy poszli na policję i Hamed złożył formalną skargę. Teść naszej córki zapewnił, że w ich domu nie ma mebli Naimy, i zaprzeczył, jakoby jego rodzina krzywdziła naszą córkę. Policjant ostrzegł go: „Proszę uważać na to, co pan mówi!" Jednak on upierał się: „Mój syn i jego żona uknuli spisek i bez mojej wiedzy w środku nocy wynieśli meble".

Policjant powiedział: „Mam przed sobą spis mebli tej dziewczyny z pana podpisem jako świadka i gwaranta ich bezpieczeństwa. Jak to możliwe, że wyniesiono te meble bez pana wiedzy?" Mężczyzna odparł: „Jestem marynarzem na Nilu, nie nocuję w domu". Policjant zapytał: „To znaczy, że w domu nie ma nikogo oprócz dziewczyny i jej męża?", a teść Naimy odpowiedział: „Nie, mieszka tam również jej teściowa, ale ona chodzi spać o zachodzie słońca". Oficer na to: „Chce pan powiedzieć, że dziewczyna wzięła furmankę i zabrała swoje meble, nie czyniąc przy tym najmniejszego hałasu? A może wyniosła je na plecach?" Mężczyzna odrzekł: „Było tak, jak mówiłem".

Policjant kazał teściowi Naimy zaczekać na zewnątrz. Po chwili zawołał go i zapytał: „Gdybyśmy zdołali udobruchać pana synową i namówić ją do powrotu do waszego domu, czy dbałby pan o nią jak należy i wypełniał swoje obowiązki wobec niej?" Mężczyzna odpowiedział: „Tak", a wtedy oficer zadał kolejne pytanie: „Skoro tak, to na czym będzie spała, kiedy do was wróci?" „Na łóżku" – odparł teść naszej córki. „Gdzie jest to łóżko?" – zapytał policjant, a mężczyzna odrzekł: „W naszym domu". Wtedy oficer zapytał: „Więc jednak macie jej meble?", a teść Naimy musiał się przyznać. Policjant bez słowa spisał jego zeznanie.

Kiedy skończył, powiedział: „W takim razie proszę przekazać nam meble dziewczyny". Wtedy teść Naimy znowu zaczął zapewniać, że ich nie ma. W końcu policjant powiedział: „Proszę wyjść. Jest pan aresztowany".

Wsadził go do więzienia na dziewięć dni, a potem powiedział ojcu Naimy: „Musimy przesłuchać tego chłopaka, męża pańskiej córki, gdziekolwiek jest. Kiedy go pan znajdzie, proszę przysłać go do nas". Hamed obiecał, że to zrobi.

Wioska męża Naimy leży na północ od naszej wsi. Pewnego dnia dotarła do nas wiadomość: „Wasz zięć jest w wiosce od trzech dni. Jego rodzina go ukrywa, a jutro chłopak wyjeżdża". Wtedy nasza córka odnalazła go, schwytała i przekazała władzom.

A oto jak to zrobiła. Nieszczęście zmienia tych, którzy go doświadczają, a czasami daje swym ofiarom jasność umysłu, jakiej nie mają ludzie zadowoleni z życia. Nazajutrz po tym, jak otrzymaliśmy wiadomość o jej mężu, kiedy Hamed wrócił z porannej modlitwy w meczecie i siadaliśmy do śniadania, Naima powiedziała do swego ojca: „Ojcze, widziałam we śnie mojego męża i teścia. Jechali na rowerach, jeden za drugim. Rzuciłam się na męża i złapałam go, a on krzyknął: «Puść mnie! Mamy w rodzinie pogrzeb, muszę na nim być». Lecz ja odparłam: «Puścić cię? Nigdy. Złapałam ciebie i twojego ojca. Nie puszczę was, dopóki nie oddacie mi moich mebli i wszystkiego, co do mnie należy»".

Jej ojciec wysłuchał tej opowieści, tłumiąc śmiech. Zapytałam: „Co mogą oznaczać te rowery?", a Naima odpowiedziała: „Skąd mam to wiedzieć? Ale chyba pojadę dzisiaj na targ, może się czegoś dowiem". Ojciec zgodził się na to, a Naima dodała: „Ojcze, nie ruszaj się z miejsca na wypadek, gdybym potrzebowała twojej pomocy". Obiecał, że zostanie w domu.

Ubrała się i poszła na przystanek autobusowy, a kiedy była już blisko, zobaczyła w autobusie swojego męża. Siedział tuż obok kierowcy i opierał się o okno. Naima wsiadła do autobusu. Stała tam, nie odzywając się do niego. Przyszedł konduktor i poprosił o bilety. Naima kupiła za dwa piastry bilet do wsi, w której odbywał się targ, i spokojnie czekała.

Kiedy autobus ruszył, konduktor powiedział do niej: „Proszę się przesunąć na tył autobusu, droga pani", a ona odparła: „Dobry człowieku, kazano mi stać w tym miejscu, bo muszę załatwić pewną sprawę. Czy ma pan coś przeciwko temu, żebym tu stała?" Konduktor odpowiedział: „Nie, proszę zostać".

Naima podeszła do swojego męża, klepnęła go trzy razy w ramię, a potem odezwała się do niego sarkastycznie. Zapytał: „Czego chcesz?", a ona odrzekła: „Musisz wysiąść ze mną z autobusu i pójść na posterunek. Masz coś przeciwko temu?" Jej mąż powiedział: „Mam z tobą wysiąść po tym, jak wsadziłaś mojego ojca do więzienia? Na Boga, kobieto, każę ci biegać w kółko tak długo, aż zakręci ci się w głowie!"

Chciał przez to powiedzieć, że nie będzie spełniał jej życzeń, nie odda jej tego, co do niej należy, ani nie pozwoli jej odejść. Jego słowa oznaczały, że będzie na wszelkie sposoby utrudniał jej życie. Oznaczały, że tak bardzo zamąci jej w głowie, iż sama nie będzie wiedziała, co robi.

Powiedział: „Jeśli chcesz czegoś ode mnie, wyślij zawiadomienie do obozu wojskowego, w którym teraz stacjonuję. Jestem teraz w wojsku". Naima przeklęła i jego, i wojsko, a potem zawołała: „Czy to armia kazała ci wziąć córkę innej rodziny, kazać jej biegać w kółko do upadłego i wpędzić ją w rozpacz?"

Kłócili się, aż w końcu Naima powiedziała do kierowcy, który mieszka w naszej wsi i jest naszym krewnym: „Na komisariat policji, Ahmadzie! Tam się zatrzymaj". Kierowca spełnił jej prośbę. Naima złapała męża za kołnierz i powiedziała: „Pójdziesz ze mną, czy tego chcesz, czy nie. Zrobisz, jak mówię – po dobroci albo pod przymusem. Sam wybieraj". Nadal nie chciał z nią wysiąść, więc poprosiła kierowcę: „Zawieź nas prosto na komisariat, Ahmadzie. Tam nas wypuścisz", po czym zwróciła się do męża: „Mówiłam, że cię nie puszczę, dopóki nie oddasz mi mojej własności, ty chciwy draniu, synu chciwych łajdaków".

Kiedy to mówiła, dwóch policjantów w cywilu, którzy znali jej sprawę, wsiadło do autobusu razem z miejscowym inspektorem rządowych sklepów spółdzielczych. Aresztowali jej męża i zażądali, aby oddał im swój dowód osobisty. Jeden z nich zapytał: „Więc masz zamiar kazać tej dziewczynie biegać w kółko tak długo, aż zakręci się jej w głowie? Pójdziesz z nami czy nie?" Odpowiedział: „Pójdę, panie władzo". Wtedy policjant zapytał: „Gdzie są jej meble?", a on odrzekł: „W domu mojego ojca". „Więc dlaczego twój ojciec temu zaprzecza?" – pytał dalej policjant, a chłopak odpowiedział pytaniem: „Co mój ojciec ma z tym wszystkim wspólnego?" Oficer wyjaśnił: „Twój ojciec twierdzi, że zabrałeś te meble, a my mamy dokument podpisany przez niego w dniu ślubu, w którym zobowiązał się, że będzie dbał o ich bezpieczeństwo, a w razie rozstania zwróci je dziewczynie".

Naima wniosła do małżeństwa łóżko, szafę, dwie drewniane sofy, stolik nocny, jeszcze jeden stolik, kredens oraz mnóstwo miedzianych naczyń, garnków i patelni, a także dwa materace, dwie kołdry, dwie poduszki oraz dwa komplety bielizny pościelowej do obu sof.

Ten człowiek chciał zatrzymać to wszystko i zostawić nas w rozpaczliwej sytuacji. Skąd wzięlibyśmy pieniądze, żeby jeszcze raz kupić jej to wszystko? Bez posagu Naima już nigdy nie wyjdzie za mąż. Zostawiła u nich trochę złotej biżuterii, na której też chcieli położyć łapy. Chociaż ojciec jej męża upierał się, że nie ma żadnego z tych przedmiotów, jego syn się przyznał.

Jacyś dobrzy ludzie z wioski, którzy byli z Naimą w autobusie, dali jej trochę pieniędzy i poradzili, żeby wynajęła furmankę i przewiozła meble do domu. Odpowiedziała, że jej ojciec jest w wiosce i może jej pomóc. Zadzwoniła do niego z budki telefonicznej. Na rogu naszej ulicy także jest telefon. Ojciec Naimy poszedł zapłacić rachunek za prąd – właśnie wtedy ktoś przyniósł nam wiadomość od córki. Posłaniec przyszedł do nas i powiedział: „Niech twój mąż weźmie furmankę, żeby przewieźć meble Naimy. Twoja córka schwytała męża, a policja zamknęła go w areszcie".

Wtedy mój mąż poszedł po wujów dziewczyny – moich braci. Razem wyruszyli do domu teściów Naimy. Dziewczyna już na nich czekała. Zabrali ją do domu, a następnego dnia wzięli furmankę i pojechali tam jeszcze raz, uzbrojeni w nakaz wydania mebli. Przywieźli wszystko do naszego domu.

Po jakimś czasie ojciec chłopaka wyszedł z więzienia za kaucją, musiał zapłacić dwadzieścia funtów. Nie wiem, co zamierzają z nim zrobić.

Oto problemy, jakie mogą się wiązać z małżeństwem córki. Często powtarzam: „Boże, dałeś mi tę dziewczynę jako jedyne dziecko. Czy musisz przekreślać jej szanse na szczęście, nie dając nam ani chwili spokoju z powodu tego dziecka?"

Poprosiliśmy męża Naimy, żeby albo się z nią rozwiódł, albo pomagał jej finansowo. Nie zgodził się ani na jedno, ani na drugie. Pozwaliśmy go do sądu, ale nie stawia się na rozprawy w wyznaczonych terminach. Pod jego nieobecność nie możemy nic zrobić. Ma tylko jedną odpowiedź na naszą niedolę: „Nie rozwiodę się z nią ani nie będę jej utrzymywał. Niech radzi sobie sama". Jego rodzina próbowała nakłonić ją do powrotu. Wróciła do nich zeszłej wiosny, ale oni nadal traktowali ją bardzo źle. Przybiegła do nas w środku nocy – pobita i załamana. To nie ma sensu.

Od tamtej pory Naima od czasu do czasu przyjeżdża do nas i mieszka z nami na rzece, ale za każdym razem musi wracać do wioski z obawy, że jej teściowie mogliby się włamać do naszego domu i spalić albo zniszczyć jej meble. Potrzebuje tych mebli, jeśli będzie chciała jeszcze raz wyjść za mąż, kiedy już się pozbędzie swego obecnego małżonka.

Co możemy zrobić? Czy wolno nam kwestionować wolę Boga? Jej mąż co jakiś czas przychodzi pod nasz dom i woła: „A jeśli zszarpię ci nerwy, dziewczyno, i umrzesz ze zgryzoty? Kto wtedy będzie miał prawo do twoich rzeczy? Będą moje. Nie masz ani brata, ani siostry, którzy mogliby je po tobie odziedziczyć".

Mąż Naimy chce zamącić jej w głowie i jeszcze bardziej ją unieszczęśliwić. Pyta: „Masz brata? Nie. Przypuśćmy, że urodzisz dziecko. Czy będzie miało wuja? Nie". Zadręcza ją takim dogadywaniem. Zakłóca jej spokój i zatruwa myśli. Naima jest chora od nieustannego myślenia. Czuje się samotna i kurczy się w sobie.

Mówi tylko: „Już nigdy nie wyjdę za mąż. Zostanę sama, będę pościć i modlić się. Wiem już o małżeństwie wszystko, co powinnam wiedzieć. Nie chcę mieć nic wspólnego z mężczyznami".

Ojciec zostawia ją w spokoju. Ale ludzie gadają i dokuczają jej, zwłaszcza kobiety, które powtarzają: „Twój mąż weźmie sobie drugą żonę, Naimo", „Mąż w ogóle się tobą nie interesuje", „Twój mąż zostawił cię na pastwę losu, Naimo, wyrzucił cię jak niepotrzebny przedmiot". Takie słowa ranią i martwią naszą córkę.

Słowa nic nie ważą, ale wpływają na nasze zdrowie i samopoczucie. Naima była gotowa zrobić wszystko, aby zadowolić swoich teściów. Zmuszali ją do pracy, do której nie przywykła. Kosiła trawę i chodziła po nieznanych polach.

Powiedziała nam: „Wydaliście mnie za mąż za tego człowieka. Wolałabym żebrać u jego boku, gdyby został żebrakiem, niż przynieść ojcu wstyd swoim nieposłuszeństwem, ale oni nie dali mi żadnej szansy".

Tak więc Naima mieszka teraz we wsi. My spędzamy czas na rzece, łowiąc ryby i martwiąc się o nią. Tak to już jest w naszych stronach – na jedną kochającą osobę przypada dziesięć pałających nienawiścią.

Chcielibyśmy, żeby nasza córka rozwiodła się z tym mężczyzną. Chcielibyśmy, aby poślubiła kogoś, kto będzie o nią dbał. Możemy zrobić tylko tyle, ile w naszej mocy. Reszta jest w rękach Boga, a o wszystkim na tym świecie decyduje przeznaczenie.

Wilhelmina Wosińska
oblicza
globalizacji
cocakolonizacja
spanglish i globish
potęga internetu
outsourcing
przeludnienie
głód
miliarderzy
globalne przegrzanie
smak słowa

Tytuł: Namiot Fatimy
Autor: Miral al-Tahawy
Stron: 150; ISBN 978-83-925897-7-8
Termin wydania: luty 2009

Fatima, najmłodsza córka wodza plemienia, mieszka wraz ze swoimi siostrami w przeznaczonej dla kobiet części wioski. Jej życie naznaczone jest tęsknotą za nieobecnym ojcem, smutkiem matki, okrucieństwem brutalnej babki i pragnieniem wolności, której dziewczyna poszukuje na wszelkie możliwe sposoby. To właśnie tytułowy namiot tradycji, mitów i własnej wyobraźni więzi Fatimę.
Autorka w niezwykle poetycki, często symboliczny sposób pokazuje życie beduińskich kobiet. „The Washington Post" napisał o Tahawy: „pierwsza pisarka, która przedstawia życie egipskich Beduinów, wychodząc poza stereotypy, ilustruje przemianę beduińskich kobiet oraz ich pragnienie wolności".
Książka ukazała się dotychczas w siedmiu językach.

Tytuł: Złoty Rydwan
Autor: Salwa Bakr
Stron: 250; ISBN 978-83-925897-8-5
Termin wydania luty 2009

Siedząc w celi kobiecego więzienia, Aziza postanawia stworzyć złoty rydwan, który poniesie ją do nieba, gdzie spełnią się wszystkie jej marzenia. Pragnie zabrać ze sobą niektóre ze współtowarzyszek niedoli. Analizując losy swoich koleżanek z więziennych cel, rozważa, która z nich zasługuje na darmową przejażdżkę do raju. Jej bezlitośnie szczere komentarze dotyczące przyjaciółek i ich rozmaitych przestępstw – morderstw, kradzieży, handlu narkotykami – składają się na tom współczesnych baśni z tysiąca i jednej nocy.
Salwa Bakr przekazuje cyniczne i cierpkie spojrzenie na to, w jaki sposób kobiety o zupełnie różnym pochodzeniu – niektóre winne, inne niewinne – radzą sobie razem na jednym oddziale. Zarysowuje również obraz skomplikowanego życia najniższych warstw społecznych współczesnego Egiptu. Z opisów przestępstw popełnianych przez bohaterki wyłaniają się zarazem ich pragnienia i tęsknota za lepszym życiem oraz problemy związane z niemożnością realizacji tych marzeń w uczciwy sposób.

www.smakslowa.pl